北大社普通高等教育"十三五"数字化建设规划教材

微 积 分

主　编　许昌林　哈金才　刘　艳

本书资源使用说明

北京大学出版社
PEKING UNIVERSITY PRESS

内 容 简 介

本书是高等学校金融学等经济类非数学专业的微积分教材.全书共9章,内容包括函数、极限与连续、导数与微分、导数的应用、不定积分、定积分、定积分的应用、多元函数微分学及其应用、重积分.本书各章均选配了系列典型应用例题和主要典型问题,还提炼出了各章节主要内容概述,并附有配套教学课件及习题课课件、习题和复习题及其答案、典型问题答疑解惑、微课视频等,部分配套资源在每章最后以二维码链接的形式给出.本书最后还给出了数字资源作为附录,包括测试题库及其答案、微积分发展史简介和重要数学家简介等.

本书的例题、习题、典型问题都经过精选,力求具有代表性,更注重典型例题的应用,希望带给读者更深刻的理解.本书的内容符合经济类基础数学课程的基本要求,通俗易懂、应用性与例题典型性完美融合.

本书可作为高等学校经济管理类相关专业的微积分课程的教材,也可作为从事相关工作者的参考用书.

图书在版编目(CIP)数据

微积分 / 许昌林,哈金才,刘艳主编. -- 北京:北京大学出版社,2024.12. -- ISBN 978-7-301-35971-6

Ⅰ.O172

中国国家版本馆 CIP 数据核字第 2025DB3069 号

书　　名	微积分 WEIJIFEN
著作责任者	许昌林　哈金才　刘　艳　主编
责任编辑	刘　啸　徐书略
标准书号	ISBN 978-7-301-35971-6
出版发行	北京大学出版社
地　　址	北京市海淀区成府路 205 号　100871
网　　址	http://www.pup.cn
电子邮箱	总编室 zpup@pup.cn
新浪微博	@北京大学出版社
电　　话	邮购部 010-62752015　发行部 010-62750672　编辑部 010-62752021
印 刷 者	湖南汇龙印务有限公司
经 销 者	新华书店
	787 毫米×1092 毫米　16 开本　13.5 印张　334 千字 2024 年 12 月第 1 版　2024 年 12 月第 1 次印刷
定　　价	52.00 元

未经许可,不得以任何方式复制或抄袭本书之部分或全部内容.

版权所有,侵权必究

举报电话: 010-62752024　电子邮箱: fd@pup.cn

图书如有印装质量问题,请与出版部联系,电话: 010-62756370

PREFACE 前言

随着社会的不断进步和科技的迅猛发展,数学已渗透到自然科学、工程、经济、金融等各个领域,是各个学科进行科学研究的重要工具.微积分基础理论已成为社会学、经济学、管理学等各个学科领域的一门基础数学学科,是学习其他大学数学课程的基础,也是经济管理类等各相关专业的必修基础课.

信息技术在教学中的广泛应用,对数学教育工作者的教学理念、教学模式及学生的学习方法产生了革命性的影响,故为满足慕课、微课下高等教育教学的需求,编写适应新形势下的新型数字教材迫在眉睫.在本书编写过程中,编者结合了自身多年的教学经验,吸收了国内外同类优秀教材的优点,并结合学生多种不同的移动学习资源、学习方法改变的新趋势,将慕课平台与二维码数字资源进行有机结合,以"纸质教材+数字资源"的新方式对本书的内容和形式进行了新的设计.

本书在新型教材设计方面主要具有以下几个特点.

1. 采用"纸质教材+数字资源"的出版形式.纸质教材内容精练、典型,数字资源内容丰富、全面.数字资源内容起到对纸质内容巩固、补充、加强的作用,形成以纸质教材为主、数字资源为辅助的综合知识体系.数字资源包括各章节教学课件、习题课课件、微课视频、典型问题答疑解惑、习题自测题及其解答、微积分发展简史、数学家简介、测试题库及其答案等内容.

2. 为创新课程思政教学理念,促进大学数学课堂混合式教学和个体化自主学习的结合,增加了数学文化案例资源和课程思政资源等设计,不仅拓展了学生的知识面,做到课内外数字资源快速共享,还增强了学生对数学文化知识的了解,鼓励学生培养奋发学习的意识和兴趣.

3. 主动融合其他同类优秀教材的优点,对教学内容进行优化整合,使整个内容安排合理紧凑,例题与问题典型、精简,使学生易学、易懂.

4. 积极对编者多年教学中发现的疑难典型问题进行答疑解惑,并在每章末给出复习题和典型问题及其解答,有助于学生进行自主学习.

5. 作为经济管理类等相关专业的微积分教材,本书侧重于讲述理论知识方法在经济学中的实践应用,并将编者所在教学团队多年积累的教学系列成果、数学文化资源、应用案例资源及多样化的电子辅助教学资源吸收进来,使用者通过二维码链接可以随时登录平台获得大量数字资源.

本书是在北方民族大学基础数学教学团队的大力支持下编写完成的,本书的编写还得到了"宁夏一流建设学科(数学)大学生思想政治教育教研课题"(项目编号:sxylxksz202103)的资助,在此表示衷心的感谢,同时也向相关参考文献的作者表示深深的感谢!

本书由许昌林、哈金才、刘艳主编,付小军、滕京霖、龚维安、吴友成提供了版式和装帧设计方案,在此一并表示感谢.

由于编者水平有限,加之时间仓促,书中还存在不足甚至错误之处,敬请广大专家、同行和其他读者不吝赐教,以便在今后再版时加以修正.

编　者

2024 年 8 月

CONTENTS 目录

第1章 函数 ······ 1

1.1 函数 ······ 1
一、函数的概念 /1　二、函数的几种特性 /4　习题 1.1 /6

1.2 初等函数 ······ 7
一、基本初等函数 /7　二、复合函数 /9　三、初等函数 /10
四、建立函数关系举例 /10　习题 1.2 /11

1.3 常用经济函数 ······ 11
一、需求函数 /11　二、供给函数 /12　三、成本函数 /13　四、收入函数 /13
五、利润函数 /14　习题 1.3 /14

复习题一 ······ 15
典型问题 ······ 15

第2章 极限与连续 ······ 17

2.1 极限的概念 ······ 17
一、悠久的极限思想 /17　二、数列极限的概念 /18　三、函数极限的概念 /19
习题 2.1 /22

2.2 无穷小量与无穷大量 ······ 23
一、无穷小量 /23　二、无穷大量 /25　三、无穷小量与无穷大量的关系 /25
四、极限与无穷小量的关系 /25　习题 2.2 /26

2.3 极限的四则运算法则及极限的运算 ······ 26
一、极限的四则运算法则 /26　二、极限的运算 /26　习题 2.3 /28

2.4 两个重要极限 ······ 29
一、第一个重要极限 $\lim\limits_{x \to 0} \dfrac{\sin x}{x} = 1$ /29
二、第二个重要极限 $\lim\limits_{x \to 0}(1+x)^{\frac{1}{x}} = \mathrm{e}$ 或 $\lim\limits_{x \to \infty}\left(1+\dfrac{1}{x}\right)^{x} = \mathrm{e}$ /30　习题 2.4 /30

2.5 函数的连续性 ··· 31
　　一、函数的连续性 /31　二、初等函数的连续性 /34　三、闭区间上连续函数的性质 /35
　　习题 2.5 /35
复习题二 ··· 36
典型问题 ··· 36

第 3 章　导数与微分 ··· 38

3.1 导数的概念 ·· 38
　　一、问题引入 /38　二、导数及其基本概念 /39　三、函数可导的充要条件 /43
　　四、导数的几何意义与物理意义 /43　五、函数可导与连续的关系 /44　习题 3.1 /45

3.2 函数和、差、积、商的求导法则 ··· 45
　　一、函数和的求导法则 /45　二、函数差的求导法则 /46　三、函数积的求导法则 /46
　　四、函数商的求导法则 /46　习题 3.2 /48

3.3 复合函数求导法则和反函数求导法则 ··· 48
　　一、复合函数求导法则 /48　二、反函数求导法则 /50　三、基本初等函数的导数公式 /51
　　习题 3.3 /52

3.4 高阶导数 ·· 52
　　一、高阶导数的概念 /52　二、高阶导数的计算 /53　习题 3.4 /54

3.5 隐函数的导数与参数方程所确定的函数的导数 ······························· 55
　　一、隐函数的导数 /55　二、对数求导法 /56　三、参数方程所确定的函数的导数 /57
　　习题 3.5 /58

3.6 函数的微分 ·· 58
　　一、函数微分的概念 /58　二、基本初等函数的微分公式 /60　三、微分的四则运算法则 /61
　　四、微分形式不变性 /61　五、微分在近似计算中的应用 /62　习题 3.6 /64

复习题三 ··· 64
典型问题 ··· 65

第 4 章　导数的应用 ··· 66

4.1 罗尔中值定理与拉格朗日中值定理 ··· 66
　　一、罗尔中值定理 /66　二、拉格朗日中值定理及其推论 /67　习题 4.1 /69

4.2 洛必达法则 ·· 69
　　一、$\dfrac{0}{0}$ 型未定式 /69　二、$\dfrac{\infty}{\infty}$ 型未定式 /71　三、其他未定式 /72　习题 4.2 /73

4.3 **函数的单调性** ·· 73
　习题 4.3 /76
4.4 **函数的极值** ·· 76
　一、极值的概念 /76　二、极值的判定 /78　习题 4.4 /80
4.5 **曲线的凹凸性和拐点** ··· 80
　一、曲线的凹凸性 /80　二、曲线的拐点 /81　习题 4.5 /82
4.6 **函数的最大值和最小值** ·· 83
　一、函数在闭区间上的最大值和最小值的求法 /83
　二、实际问题中的最大值和最小值 /83　习题 4.6 /85
4.7 **导数在经济分析中的应用** ·· 85
　一、边际分析 /85　二、弹性分析 /86　习题 4.7 /88
复习题四 ·· 88
典型问题 ·· 89

第 5 章　不定积分 ·· 90

5.1 **不定积分的概念与性质** ·· 90
　一、原函数和不定积分的概念 /90　二、不定积分的性质 /92　三、不定积分的几何意义 /92
　习题 5.1 /92
5.2 **不定积分的直接积分法** ·· 93
　习题 5.2 /95
5.3 **换元积分法** ·· 95
　一、第一类换元积分法 /95　二、第二类换元积分法 /99　习题 5.3 /102
5.4 **分部积分法** ·· 102
　一、第一种基本情况 /103　二、第二种基本情况 /103　习题 5.4 /105
5.5 **微分方程初步** ·· 106
　一、微分方程的基本概念 /106　二、一阶微分方程 /107　三、一阶线性微分方程 /107
　习题 5.5 /109
复习题五 ·· 110
典型问题 ·· 110

第 6 章　定积分 ·· 111

6.1 **定积分的概念与性质** ·· 111
　一、定积分问题的引入 /111　二、定积分的概念和定积分存在定理 /113
　三、定积分的性质 /114　习题 6.1 /116

6.2 微积分基本定理 ·· 116
　　一、积分上限函数及其导数 /116　二、微积分基本定理 /118　习题 6.2 /119
6.3 定积分的换元积分法 ·· 120
　　习题 6.3 /122
6.4 定积分的分部积分法 ·· 123
　　习题 6.4 /124
6.5 反常积分 ·· 124
　　习题 6.5 /126
复习题六 ·· 126
典型问题 ·· 127

第 7 章　定积分的应用 ·· 128

7.1 平面图形的面积计算 ·· 128
　　一、定积分的元素法 /128　二、平面图形的面积计算 /129　习题 7.1 /131
7.2 立体的体积计算 ··· 132
　　一、旋转体的体积计算 /132　二、平行截面面积已知的立体的体积计算 /133
　　习题 7.2 /134
7.3 定积分在物理上的应用 ··· 134
　　一、功的计算 /134　二、液体的压力计算 /135　习题 7.3 /137
7.4 定积分在经济上的应用 ··· 137
　　一、需求函数 /138　二、成本函数 /138　三、收入函数 /139　四、利润函数 /139
　　习题 7.4 /140
复习题七 ·· 141
典型问题 ·· 141

第 8 章　多元函数微分学及其应用 ·· 142

8.1 多元函数的概念、极限与连续性 ·· 142
　　一、多元函数的基本概念 /142　二、多元函数的极限 /145　三、多元函数的连续性 /146
　　习题 8.1 /147
8.2 偏导数和全微分 ··· 147
　　一、偏导数的概念 /147　二、高阶偏导数 /150　三、全微分的概念 /150　习题 8.2 /152
8.3 多元复合函数与隐函数的微分法 ·· 153
　　一、多元复合函数求导法则 /153　二、隐函数的求导公式 /154　习题 8.3 /156
8.4 多元函数的极值与最值 ··· 156

一、极值 /156　二、最值 /158　三、条件极值 /159　习题 8.4 /160
复习题八 ··· 161
典型问题 ··· 162

第 9 章　重积分 ·· 163

9.1　二重积分的概念与性质 ··· 163
　　一、二重积分的概念 /163　二、二重积分的性质 /166　习题 9.1 /167
9.2　二重积分的计算法 ·· 168
　　一、利用直角坐标计算二重积分 /168　二、利用极坐标计算二重积分 /174
　　三、一般情形下二重积分的换元法 /178　习题 9.2 /183
9.3　三重积分 ·· 184
　　一、三重积分的概念 /184　二、三重积分的计算 /186　习题 9.3 /192
9.4　重积分的应用 ·· 193
　　一、曲面的面积 /193　二、质心 /197　三、转动惯量 /199　四、引力 /200
　　习题 9.4 /201
复习题九 ··· 202
典型问题 ··· 203

附录 ··· 204

参考文献 ··· 205

函　数

函数是对现实世界中各种变量之间相互依存关系的一种抽象,它是高等数学研究的基本对象.本章将在中学数学基础上,进一步介绍函数的知识,为以后的学习奠定必要的基础.

一、函数的概念

1. 函数的定义

定义 1　设 x 和 y 是两个变量.若当变量 x 在非空数集 D 内任取一数值时,变量 y 依照某一规则 f 总有唯一确定的数值与之对应,则称变量 y 为变量 x 的**函数**,记作
$$y=f(x), \quad x \in D.$$
这里 x 称为**自变量**,y 称为**因变量**,集合 D 称为函数的**定义域**,相应的 y 值的集合称为函数的**值域**,f 是函数符号,表示 y 与 x 的对应规则,有时函数符号也可用其他字母来表示,如 $y=g(x)$ 或 $y=\varphi(x)$ 等.

当 $x_0 \in D$ 时,称函数 $y=f(x)$ 在点 x_0 处**有定义**,并称 x_0 所对应的值 y_0 为该函数在点 x_0 处的**函数值**,记作
$$f(x_0) \quad \text{或} \quad y\Big|_{x=x_0}.$$

当我们研究函数时,必须注意函数的定义域.在考虑实际问题时,应根据问题的实际意义来确定定义域.对于用数学式子表示的函数,它的定义域可由函数表达式本身来确定,即要使运算有意义,例如:

(1) 在分式中,分母不能为零;

(2) 在根式中,负数不能开偶次方根;

(3) 在对数式中,真数要大于零;

(4) 在反三角函数式中,要符合反三角函数的定义域;

(5) 如果函数表达式中含有分式、根式、对数式或反三角函数式,则应取各部分定义域的交集.

例 1 求函数 $y = \dfrac{1}{\ln(x-1)} + \sqrt{5-x}$ 的定义域.

解 要使此函数有意义,就必须有

$$\begin{cases} x-1 > 0, \\ \ln(x-1) \neq 0, \\ 5-x \geqslant 0, \end{cases}$$

即

$$\begin{cases} x > 1, \\ x \neq 2, \\ x \leqslant 5. \end{cases}$$

因此,所求函数的定义域为 $D = (1,2) \cup (2,5]$.

2. 函数的表示法

函数的表示法通常有三种:解析法、表格法和图形法.

(1) 以数学式子表示函数的方法叫作**解析法**(又称**公式法**),如 $y = x^2, y = \cos x$. 解析法是对函数的精确描述,它便于对函数进行理论分析和研究.

(2) 以表格形式表示函数的方法叫作**表格法**,它是将自变量的值与对应的函数值列为表格,如三角函数表、对数表等. 表格法的优点是所求的函数值容易查得.

(3) 以图形表示函数的方法叫作**图形法**或**图像法**. 这种方法在工程技术上应用得很普遍,图形法是对函数的直观描述,通过图形可清楚地看出函数的变化趋势.

在实际应用中经常会遇到一类函数,它在定义域的不同区间用不同的式子来表达,这类函数称为**分段函数**. 例如:

(1) 绝对值函数

$$y = |x| = \begin{cases} x, & x \geqslant 0, \\ -x, & x < 0. \end{cases}$$

(2) 符号函数

$$y = \operatorname{sgn} x = \begin{cases} 1, & x > 0, \\ 0, & x = 0, \\ -1, & x < 0. \end{cases}$$

(3) 取整函数

$$y = [x] = n \quad (n \leqslant x < n+1, n \in \mathbf{Z}).$$

根据取整函数的定义可以看出,记号 $[x]$ 表示不超过 x 的最大整数,如 $[4.8] = 4$, $[0.6] = 0, [-7.3] = -8, [-5] = -5$.

上述三个函数的图形如图 1-1 所示.

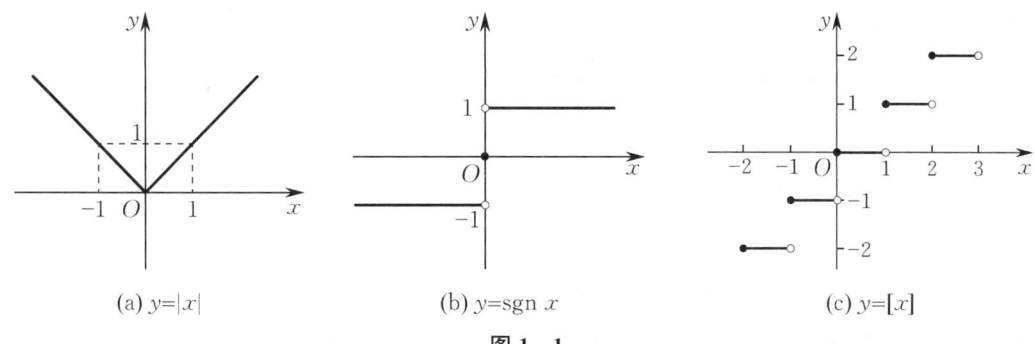

(a) $y=|x|$ (b) $y=\text{sgn } x$ (c) $y=[x]$

图 1-1

对于分段函数,我们要能够正确求其定义域及自变量取某一值时对应的函数值,下面举例说明.

例 2 分段函数

$$f(x)=\begin{cases} x+1, & -2\leqslant x<0, \\ 0, & x=0, \\ 3-x, & 0<x<3 \end{cases}$$

的定义域为 $[-2,3)$.也就是说,分段函数的定义域为各段定义域的并集.

例 3 设分段函数

$$f(x)=\begin{cases} \dfrac{1}{2}x, & 0\leqslant x<1, \\ x, & 1\leqslant x<2, \\ x^2-6x+\dfrac{19}{2}, & 2\leqslant x\leqslant 4, \end{cases}$$

求:(1) $f\left(\dfrac{1}{2}\right)$;(2) $f(1)$;(3) $f(3)$;(4) $f(4)$.

解 (1) $f\left(\dfrac{1}{2}\right)=\dfrac{1}{2}\times\dfrac{1}{2}=\dfrac{1}{4}$.

(2) $f(1)=1$.

(3) $f(3)=3^2-6\times 3+\dfrac{19}{2}=\dfrac{1}{2}$.

(4) $f(4)=4^2-6\times 4+\dfrac{19}{2}=\dfrac{3}{2}$.

3. 反函数

定义 2 设 $y=f(x)$ 是 x 的函数,其值域为 $R(f)$.如果对于 $R(f)$ 中的每一个 y 值,都有唯一确定的且满足 $y=f(x)$ 的 x 值与之对应,则可以得到一个定义在 $R(f)$ 上的以 y 为自变量,以 x 为因变量的新函数,我们称之为 $y=f(x)$ 的**反函数**,记作

$$x=f^{-1}(y).$$

习惯上,我们总是用 x 表示自变量,用 y 表示因变量,所以通常把 $x=f^{-1}(y)$ 改写为 $y=f^{-1}(x)$.

从上面的定义容易得出,求反函数的过程可分为两步:第一步从 $y=f(x)$ 中解出 $x=$

$f^{-1}(y)$,第二步交换字母 x 和 y.

例 4 求函数 $y=2^{x-1}$ 的反函数.

解 由 $y=2^{x-1}$ 解得
$$x=1+\log_2 y,$$
交换 x 和 y,得
$$y=1+\log_2 x,$$
即 $y=1+\log_2 x$ 是 $y=2^{x-1}$ 的反函数.

可以证明,函数 $y=f(x)$ 与其反函数 $y=f^{-1}(x)$ 的图形关于直线 $y=x$ 对称.

二、函数的几种特性

1. 单调性

定义 3 设函数 $y=f(x)$ 在区间 I 上有定义.如果对于任意的 $x_1,x_2 \in I$,当 $x_1<x_2$ 时,都有
$$f(x_1)<f(x_2),$$
则称函数 $y=f(x)$ 在区间 I 上是**单调增加**的;如果对任意的 $x_1,x_2 \in I$,当 $x_1<x_2$ 时,都有
$$f(x_1)>f(x_2),$$
则称函数 $y=f(x)$ 在区间 I 上是**单调减少**的.

单调增加函数的图形沿 x 轴正向逐渐上升,单调减少函数的图形沿 x 轴正向逐渐下降,如图 1-2 所示.

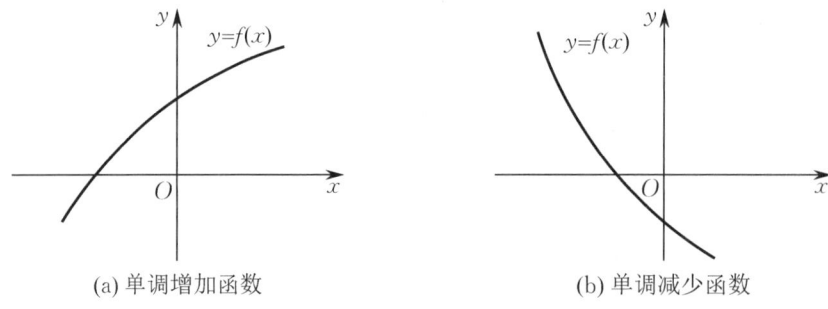

(a) 单调增加函数   (b) 单调减少函数

图 1-2

例如,函数 $f(x)=x^2+1$ 在区间 $[0,+\infty)$ 内是单调增加的,在区间 $(-\infty,0]$ 内是单调减少的.又如,函数 $f(x)=x^3$ 在区间 $(-\infty,+\infty)$ 内是单调增加的.

2. 奇偶性

定义 4 设函数 $y=f(x)$ 的定义域 D 关于原点对称.如果对于任意的 $x \in D$,都有
$$f(-x)=-f(x),$$
则称 $y=f(x)$ 为**奇函数**;如果对于任意的 $x \in D$,都有
$$f(-x)=f(x),$$
则称 $y=f(x)$ 为**偶函数**.

奇函数的图形关于原点对称,偶函数的图形关于 y 轴对称,如图 1-3 所示.

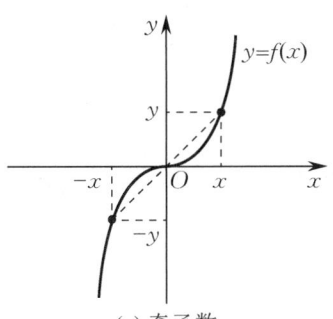
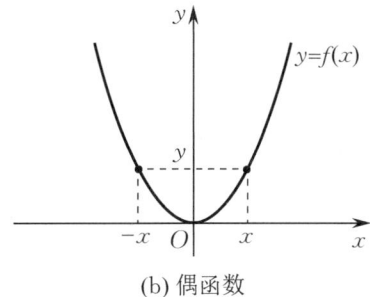

(a) 奇函数　　　　　　　　　　(b) 偶函数

图 1-3

例如，$y=x^3$，$y=\sin x$，$y=x\cos x$ 都为奇函数，$y=x^2$，$y=\cos x$，$y=\sqrt{1-x^2}$ 都为偶函数.

经常会遇到一些常见函数及其奇偶性的判定问题，现将常见奇（偶）函数及其运算性质归纳如下.

常见的奇函数有

$$y=\sin x,\quad y=\arcsin x,\quad y=\tan x,\quad y=\arctan x,\quad y=\frac{1}{x},\quad y=x^{2n+1}(n\in\mathbf{Z}),\quad \cdots.$$

常见的偶函数有

$$y=\cos x,\quad y=|x|,\quad y=x^{2n}(n\in\mathbf{Z}),\quad y=\mathrm{e}^{|x|},\quad y=\mathrm{e}^{x^2},\quad \cdots.$$

奇（偶）函数具有如下运算性质：

(1) 奇函数的代数和仍是奇函数，偶函数的代数和仍是偶函数.
(2) 奇数个奇函数的乘积是奇函数，偶数个奇函数的乘积是偶函数.
(3) 偶函数的乘积仍是偶函数.
(4) 奇函数与偶函数的乘积是奇函数.
(5) 奇函数与奇函数的复合函数（复合函数的定义见 1.2 节）是奇函数，奇函数与偶函数的复合函数是偶函数，偶函数与偶函数的复合函数是偶函数.

例 5 判断下列函数的奇偶性：

(1) $y=x^3+\tan x$；　　　　　　(2) $y=x\sin x$；
(3) $y=x^3\tan x\cdot \mathrm{e}^{x^2}$；　　　　　(4) $y=\sin(\sin x)$；
(5) $y=\cos(\sin x)$；　　　　　　(6) $y=\cos^2 x$.

解 根据常见奇（偶）函数及其运算性质可知，以上函数中，(1)，(4) 为奇函数，(2)，(3)，(5)，(6) 为偶函数.

3. 周期性

定义 5 设函数 $y=f(x)$ 的定义域为 D. 如果存在一个不为零的实数 T，使得对于任意的 $x\in D$，都有 $x\pm T\in D$，且

$$f(x+T)=f(x),$$

则称 $y=f(x)$ 为**周期函数**，其中 T 称为它的**周期**. 周期函数的周期通常是指最小正周期.

例如,函数 $y=\sin x$, $y=\cos x$ 都是以 2π 为周期的周期函数, $y=\tan x$ 是以 π 为周期的周期函数.

4. 有界性

定义 6 设函数 $y=f(x)$ 的定义域为 D. 如果存在一个正常数 M, 使得对于任意的 $x\in D$, 都有
$$|f(x)|\leqslant M,$$
则称函数 $y=f(x)$ 在 D 上**有界**, 否则称 $y=f(x)$ 在 D 上**无界**.

例如, 函数 $y=\sin x$ 在 $(-\infty,+\infty)$ 内有界, 因为对于任意的 $x\in(-\infty,+\infty)$, 都有 $|\sin x|\leqslant 1$. 又如, 函数 $f(x)=\dfrac{1}{x}$ 在 $(0,1)$ 内无界.

习 题 1.1

1. 说明下列函数的奇偶性:

(1) $y=x^2(1-x^2)$;

(2) $y=3x^2-x^3$;

(3) $y=\dfrac{1-x^2}{1+x^2}$;

(4) $y=x(x-1)(x+1)$;

(5) $y=\sin x-\cos x+1$;

(6) $y=\dfrac{a^x+a^{-x}}{2}$ ($a>0$ 且 $a\neq 1$).

2. 求下列函数的反函数:

(1) $y=\sqrt[3]{x+1}$;

(2) $y=\dfrac{1-x}{1+x}$;

(3) $y=\dfrac{ax+b}{cx+d}$ ($ad-bc\neq 0$);

(4) $y=2\sin 3x$;

(5) $y=1+\ln(x+2)$;

(6) $y=\dfrac{2^x}{2^x+1}$.

3. 设函数
$$\varphi(x)=\begin{cases} |\sin x|, & |x|<\dfrac{\pi}{3}, \\ 0, & |x|\geqslant \dfrac{\pi}{3}, \end{cases}$$
求 $\varphi\left(\dfrac{\pi}{6}\right)$, $\varphi\left(\dfrac{\pi}{4}\right)$, $\varphi\left(-\dfrac{\pi}{4}\right)$, $\varphi(-2)$.

4. 设函数 $f(x)$ 在数集 X 上有定义. 若存在某个常数 M(或 m), 使得对于任意 $x\in X$, 都有
$$f(x)\leqslant M \quad [\text{或}\ f(x)\geqslant m],$$
则称函数 $f(x)$ 在 X 上**有上界**(或**有下界**), 其中 M(或 m) 称为该函数在 X 上的**上界**(或**下界**). 试证: 函数 $f(x)$ 在 X 上有界的充要条件是它在 X 上既有上界又有下界.

1.2 初等函数

一、基本初等函数

我们在中学学习过的六大类函数:常数函数、幂函数、指数函数、对数函数、三角函数和反三角函数统称为**基本初等函数**.为了便于应用,下面对它们的图形和基本性质做简单复习(见表 1-1).

表 1-1

函数	图形	性质
常数函数 $y=C$		函数图形是一条平行于 x 轴且截距为 C 的直线,且为偶函数
幂函数 $y=x^a$		在 $(0,+\infty)$ 内总有定义,当 $a>0$ 时函数图形过点 $(0,0)$ 和 $(1,1)$,在 $[0,+\infty)$ 内单调增且无界;当 $a<0$ 时函数图形过点 $(1,1)$,在 $(0,+\infty)$ 内单调减少且无界
指数函数 $y=a^x$ ($a>0$ 且 $a\neq 1$)		(1) 单调性:当 $0<a<1$ 时,在 $(-\infty,+\infty)$ 内单调减少,当 $a>1$ 时,在 $(-\infty,+\infty)$ 内单调增加; (2) 奇偶性:非奇非偶函数; (3) 周期性:非周期函数; (4) 有界性:无界函数
对数函数 $y=\log_a x$ ($a>0$ 且 $a\neq 1$)		(1) 单调性:当 $0<a<1$ 时,在 $(0,+\infty)$ 内单调减少,当 $a>1$ 时,在 $(0,+\infty)$ 内单调增加; (2) 奇偶性:非奇非偶函数; (3) 周期性:非周期函数; (4) 有界性:无界函数

续表

函数		图形	性质
三角函数	正弦函数 $y=\sin x$		(1) 单调性:在 $\left[-\dfrac{\pi}{2}+2k\pi,\dfrac{\pi}{2}+2k\pi\right]$ $(k\in\mathbf{Z})$ 上单调增加,在 $\left[\dfrac{\pi}{2}+2k\pi,\dfrac{3\pi}{2}+2k\pi\right]$ $(k\in\mathbf{Z})$ 上单调减少; (2) 奇偶性:奇函数; (3) 周期性:周期函数,$T=2\pi$; (4) 有界性:有界函数
	余弦函数 $y=\cos x$		(1) 单调性:在 $[(2k-1)\pi,2k\pi]$ $(k\in\mathbf{Z})$ 上单调增加,在 $[2k\pi,(2k+1)\pi]$ $(k\in\mathbf{Z})$ 上单调减少; (2) 奇偶性:偶函数; (3) 周期性:周期函数,$T=2\pi$; (4) 有界性:有界函数
	正切函数 $y=\tan x$		(1) 单调性:在 $\left(-\dfrac{\pi}{2}+k\pi,\dfrac{\pi}{2}+k\pi\right)$ $(k\in\mathbf{Z})$ 内单调增加; (2) 奇偶性:奇函数; (3) 周期性:周期函数,$T=\pi$; (4) 有界性:无界函数
	余切函数 $y=\cot x$		(1) 单调性:在 $(k\pi,(k+1)\pi)$ $(k\in\mathbf{Z})$ 内单调减少; (2) 奇偶性:奇函数; (3) 周期性:周期函数,$T=\pi$; (4) 有界性:无界函数
反三角函数	反正弦函数 $y=\arcsin x$		(1) 单调性:在 $[-1,1]$ 上单调增加; (2) 奇偶性:奇函数; (3) 周期性:非周期函数; (4) 有界性:有界函数

续表

函数		图形	性质
反三角函数	反余弦函数 $y = \arccos x$		(1) 单调性:在$[-1,1]$上单调减少; (2) 奇偶性:非奇非偶函数; (3) 周期性:非周期函数; (4) 有界性:有界函数
	反正切函数 $y = \arctan x$		(1) 单调性:在$(-\infty, +\infty)$内单调增加; (2) 奇偶性:奇函数; (3) 周期性:非周期函数; (4) 有界性:有界函数
	反余切函数 $y = \text{arccot}\, x$		(1) 单调性:在$(-\infty, +\infty)$内单调减少; (2) 奇偶性:非奇非偶函数; (3) 周期性:非周期函数; (4) 有界性:有界函数

二、复合函数

定义 1 已知函数 $y = f(u)$ 与 $u = g(x)$,其中 $f(u)$ 的定义域为 $D(f)$,$g(x)$ 的值域为 $R(g)$,如果 $R(g)$ 与 $D(f)$ 的交集非空,则称函数
$$y = f[g(x)]$$
为函数 $y = f(u)$ 与 $u = g(x)$ 构成的**复合函数**,其中 x 为自变量,y 为因变量,u 为中间变量.

例如,函数 $y = u^2$ 与 $u = \sin x$ 构成复合函数 $y = \sin^2 x$;函数 $y = \ln u, u = v^2$ 与 $v = 7x + 8$ 构成复合函数 $y = \ln(7x+8)^2$.

利用复合函数的概念,可以将一个较复杂的函数"分解"成几个简单函数的复合,这样更便于对函数进行研究.

例 1 讨论下列函数的复合过程:

(1) $y = \sin 5x$; (2) $y = e^{\sqrt{x^2+1}}$.

解 (1) $y = \sin 5x$ 可以看成是由 $y = \sin u, u = 5x$ 两个函数复合而成的.

(2) $y = e^{\sqrt{x^2+1}}$ 可以看成是由 $y = e^u, u = \sqrt{v}, v = x^2 + 1$ 三个函数复合而成的.

三、初等函数

定义 2 由基本初等函数经过有限次的四则运算和有限次的复合运算所构成的能用一个解析式表示的函数,称为**初等函数**.

例如,$y = e^{\cos x} + 7x^2$,$y = \sqrt{\ln(x^2+1)}$,$y = 3^{\tan\frac{1}{x}}$ 都是初等函数.

分段函数一般不是初等函数.例如,符号函数 $y = \text{sgn}\, x$ 不是初等函数,绝对值函数 $y = |x|$ 虽可分段表示,但由于 $y = |x| = \sqrt{x^2}$,故仍是初等函数.本书中所讨论的函数大多是初等函数.

四、建立函数关系举例

在解决某个问题时,通常要找出这个问题所涉及的一些变量之间的关系,也就是列出函数关系式,下面通过例题说明如何建立函数关系.

例 2 将直径为 d 的圆柱形木料锯成截面为矩形的木材,如图 1-4 所示,列出矩形截面两条边长之间的函数关系.

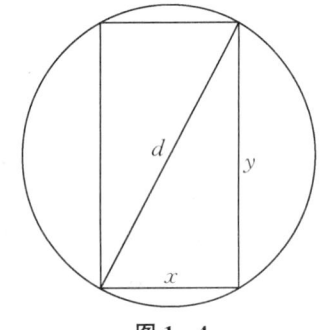

图 1-4

解 设矩形截面的一条边长为 x,另一条边长为 y,由勾股定理,得
$$x^2 + y^2 = d^2,$$
解得
$$y = \pm\sqrt{d^2 - x^2}.$$
由于 y 只能取正值,因此
$$y = \sqrt{d^2 - x^2}.$$
这就是矩形截面两条边长之间的函数关系式,它的定义域为 $(0, d)$.

例 3 某运输公司规定货物的单位运价为:在 a km 以内,按每千米 k 元计算,超过 a km,超过部分按每千米 $\dfrac{4}{5}k$ 元计算,求单位运价 m(单位:元)和里程 s(单位:km)之间的关系.

解 由题意知,里程不同,单位运价不同,因此它们之间的关系要分段表示.

当 $0 < s \leqslant a$ 时,$m = ks$.

当 $s > a$ 时,$m = ka + \dfrac{4}{5}k(s - a)$.

综上讨论,得单位运价和里程之间的函数关系式为
$$m = \begin{cases} ks, & 0 < s \leqslant a, \\ ka + \dfrac{4}{5}k(s-a), & s > a, \end{cases}$$
定义域为 $(0, +\infty)$.

从上面的例题可以看出,建立函数关系时,首先,要弄清题意,分析问题中哪些是变量,哪些是常量;其次,分清变量中哪个应作为自变量,哪个作为因变量,并用相应的字母区分它们;然后,

把变量暂时固定,利用几何关系、物理定律或其他知识,列出变量间的等量关系式,并进行化简,即可得到所需要的函数关系.建立函数关系式后,一般还要根据题意给出函数的定义域.

习 题 1.2

1. 求下列函数的定义域：

(1) $y = \sqrt{3x+2}$；

(2) $y = \dfrac{1}{1-x^2}$；

(3) $y = \dfrac{1}{x} - \sqrt{1-x^2}$；

(4) $y = \dfrac{1}{\sqrt{4-x^2}}$；

(5) $y = \sin\sqrt{x}$；

(6) $y = \tan(x+1)$；

(7) $y = \arcsin(x-3)$；

(8) $y = \sqrt{3-x} + \arctan\dfrac{1}{x}$；

(9) $y = \ln(x+1)$；

(10) $y = e^{\frac{1}{x}}$.

2. 下列函数 $f(x)$ 和 $g(x)$ 是否相同？为什么？

(1) $f(x) = \lg x^2, g(x) = 2\lg x$；

(2) $f(x) = x, g(x) = \sqrt{x^2}$；

(3) $f(x) = \sqrt[3]{x^4 - x^3}, g(x) = x\sqrt[3]{x-1}$；

(4) $f(x) = 1, g(x) = \sec^2 x - \tan^2 x$.

3. 求下列函数复合而成的函数,并求复合函数分别对应于给定自变量 x_1 和 x_2 的函数值：

(1) $y = u^2, u = \sin x, x_1 = \dfrac{\pi}{6}, x_2 = \dfrac{\pi}{3}$；

(2) $y = \sin u, u = 2x, x_1 = \dfrac{\pi}{8}, x_2 = \dfrac{\pi}{4}$；

(3) $y = \sqrt{u}, u = 1 + x^2, x_1 = 1, x_2 = 2$.

4. 设函数 $f(x)$ 的定义域为 $[0,1]$,求下列函数的定义域：

(1) $f(x^2)$；

(2) $f(\sin x)$；

(3) $f(x+a)(a>0)$.

1.3 常用经济函数

用数学方法解决经济问题,首先要将经济问题转化为数学问题,即建立经济数学模型,实际上就是找出经济问题中各种变量之间的函数关系.

一、需求函数

经济学中,消费者对某种商品的需求表示购买者既有购买欲望,又有购买能力.影响需求的因素很多,如价格、人口、收入、相关产品价格等.若在一定条件下,把该种商品价格以外的因

素看成是不变的,需求量 Q 可以看成商品价格 P 的函数,称为**需求函数**,记作
$$Q = f(P).$$

需求函数的图形称为**需求曲线**. 需求函数一般是商品价格的递减函数. 最常用的需求函数有以下几种类型:

(1) $Q = \dfrac{a-P}{b}$ $(a>0, b>0)$;

(2) $Q = \dfrac{a-P^2}{b}$ $(a>0, b>0)$;

(3) $Q = \dfrac{a-\sqrt{P}}{b}$ $(a>0, b>0)$;

(4) $Q = a\mathrm{e}^{-bP}$ $(a>0, b>0)$.

二、供给函数

供给是与需求相对的概念,需求是就购买者而言的,供给是就生产者而言的. 供给函数讨论的是在其他因素不变的条件下商品价格与相应的供给量的关系,即把商品价格 P 作为自变量,把相应的供给量 Q 作为因变量,供给函数一般记作
$$Q = g(P).$$

供给函数的图形称为**供给曲线**. 供给函数一般是商品价格的递增函数. 最常用的供给函数有以下几种类型:

(1) $Q = -d + cP$ $(c>0, d>0)$;

(2) $Q = \dfrac{aP-b}{cP+d}$ $(a>0, b>0, c>0, d>0)$.

使某种商品的需求量与供给量相等的价格 P_0,称为**均衡价格**. 当商品的市场价格高于均衡价格时,供给量大于需求量,出现"供过于求"的现象,而当商品的市场价格低于均衡价格时,需求量大于供给量,出现"供不应求"的现象.

例1 已知某种商品的价格若定为 10 元/kg,供给量为 60 000 kg;如果每千克价格提高 0.2 元,供给量可以提高 10 000 kg. 若供给函数为 $Q = -d + cP(c>0, d>0)$,确定其表达式.

解 由题意有
$$\begin{cases} 6 \times 10^4 = -d + 10c, \\ 7 \times 10^4 = -d + 10.2c, \end{cases}$$
解得 $c = 5 \times 10^4, d = 4.4 \times 10^5$,所以供给函数为
$$Q = (-44 + 5P) \times 10^4.$$

例2 设某种商品的需求函数和供给函数分别为 $Q = 15 - 2P, Q = -10 + 3P$,求均衡价格 P_0.

解 P_0 是使商品的需求量与供给量相等的价格,则有
$$15 - 2P_0 = -10 + 3P_0,$$
解得均衡价格 $P_0 = 5$.

三、成本函数

成本可分为两类：第一类成本短期内不发生变化，即不随商品产量的变化而变化，称为**固定成本**，用 C_1 表示；第二类成本随商品产量的变化而变化，称为**可变成本**，用 $C_2(Q)$ 表示．这两类成本的总和就是（总）**成本函数**，记作 $C(Q)$，即

$$C(Q) = C_1 + C_2(Q).$$

成本函数 $C(Q)$ 是产量 Q 的递增函数．单从成本无法看出生产者生产水平的高低，还要进一步考察单位商品的成本，即**平均成本**，记作 $\overline{C}$，即

$$\overline{C} = \frac{C(Q)}{Q} = \frac{C_1}{Q} + \frac{C_2(Q)}{Q}.$$

例 3 已知生产某种商品的成本（单位：元）是 $C(Q) = 500 + 2Q$，其中 Q 为产量（单位：件），求生产 50 件这种商品时的成本和平均成本．

解 生产 50 件这种商品时的成本为

$$C(50) = 500 + 2 \times 50 = 600 (元).$$

由于平均成本

$$\overline{C} = \frac{C(Q)}{Q} = \frac{500}{Q} + 2 (元/件),$$

因此生产 50 件这种商品时的平均成本为

$$\overline{C} = \frac{500}{50} + 2 = 12 (元/件).$$

四、收入函数

收入是指生产者生产的商品售出后的收入，用 R 表示．生产者销售某种商品的收入取决于该种商品的销售量和价格．如果用 P 表示价格，Q 表示销售量，那么**收入函数**就是

$$R(Q) = QP.$$

销售单位商品的收入称为**平均收入**，用 $\overline{R}$ 表示，即

$$\overline{R} = \frac{R(Q)}{Q}.$$

例 4 已知某种商品的需求函数是

$$Q = 200 - 5P,$$

试求该种商品的收入函数，并求出销售 20 单位该种商品时的收入和平均收入．

解 由需求函数可得

$$P = 40 - \frac{Q}{5},$$

则该种商品的收入函数为

$$R(Q) = Q\left(40 - \frac{Q}{5}\right) = 40Q - \frac{Q^2}{5},$$

平均收入为

$$\overline{R} = \frac{R(Q)}{Q} = 40 - \frac{Q}{5}.$$

由此可以得到销售 20 单位该种商品时的收入和平均收入分别为

$$R(20) = 40 \times 20 - \frac{20^2}{5} = 720, \quad \overline{R} = 40 - \frac{20}{5} = 36.$$

五、利润函数

利润是生产者收入扣除成本后的剩余部分,用 L 表示,即

$$L = R - C.$$

如果将成本 C 与收入 R 都看作销售量 Q 的函数,那么利润 L 也是销售量 Q 的函数.

单位商品所获得的利润称为**平均利润**,用 $\overline{L}$ 表示,即

$$\overline{L} = \frac{L(Q)}{Q}.$$

例 5 已知生产某种商品 Q 件时的成本(单位:万元)为

$$C(Q) = 10 + 5Q + 0.2Q^2.$$

如果每售出一件该种商品的收入为 9 万元,求:

(1) 该种商品的利润函数;

(2) 生产 10 件该种商品时的利润和平均利润;

(3) 生产 20 件该种商品时的利润.

解 (1) 由题意可知,该种商品的收入函数是

$$R(Q) = 9Q \text{(万元)},$$

则该种商品的利润函数为

$$L(Q) = R(Q) - C(Q) = 9Q - (10 + 5Q + 0.2Q^2)$$
$$= 4Q - 10 - 0.2Q^2 \text{(万元)},$$

平均利润为

$$\overline{L} = \frac{L(Q)}{Q} = 4 - \frac{10}{Q} - 0.2Q \text{(万元 / 件)}.$$

(2) 生产 10 件该种商品时的利润为

$$L(10) = 4 \times 10 - 10 - 0.2 \times 10^2 = 10 \text{(万元)},$$

平均利润为

$$\overline{L} = 4 - \frac{10}{10} - 0.2 \times 10 = 1 \text{(万元 / 件)}.$$

(3) 生产 20 件该种商品时的利润为

$$L(20) = 4 \times 20 - 10 - 0.2 \times 20^2 = -10 \text{(万元)}.$$

习 题 1.3

1. 某种收音机每台售价为 90 元,成本为 60 元. 厂方为鼓励销售商大量订购,决定凡是订购量超过 100 台的,每多订购 1 台,每台售价就降低 0.01 元,但最低售价为每台 75 元.

(1) 将每台的实际售价 P 表示为订购量 x 的函数;

（2）将厂方所获的利润 L 表示为订购量 x 的函数；

（3）某一商行订购了 1 000 台，厂方可获得多少利润？

2. 设某种商品的成本函数是线性函数，并已知产量为零时成本为 100 元，产量为 100 单位时成本为 400 元，试求：

（1）成本函数和固定成本；

（2）产量为 200 单位时的成本和平均成本.

3. 设某种商品的需求函数为 $Q = 1\,000 - 5P$，试求该种商品的收入函数 $R(Q)$，并求销售量为 200 单位时的收入.

复习题一

1. 设函数 $f(x)$ 的定义域是 $[0,1]$，求下列函数的定义域：

(1) $f(e^x)$； (2) $f(\ln x)$；

(3) $f(\arctan x)$； (4) $f(\cos x)$.

2. 设函数

$$f(x) = \begin{cases} 0, & x \leqslant 0, \\ x, & x > 0, \end{cases} \quad g(x) = \begin{cases} 0, & x \leqslant 0, \\ -x^2, & x > 0, \end{cases}$$

求 $f[f(x)], g[g(x)], f[g(x)], g[f(x)]$.

3. 生产者向市场提供某种商品的供给函数为 $Q = \dfrac{P}{2} - 96$，其中 Q 为该种商品的供给量，P 为该种商品的价格，而该种商品的需求量 Q 满足 $Q = 204 - P$，试求该种商品的均衡价格.

4. 某种商品的成本函数（单位：元）为 $C = 81 + 3Q$，其中 Q 为该种商品的产量.

（1）如果该种商品的售价为 12 元 / 件，那么该种商品的盈亏平衡点（利润为零时的产量）是多少？

（2）该种商品的售价为 12 元 / 件时，售出 10 件该种商品的利润为多少？

（3）该种商品的售价为什么不应定为 2 元 / 件？

5. 某种商品的成本函数和收入函数分别为 $C = 18 - 7Q + Q^2$ 与 $R = 4Q$，

（1）求该种商品的盈亏平衡点；

（2）求该种商品销售量为 5 单位时的利润；

（3）该种商品销售量为 10 单位时能否盈利？

6. 把半径为 R 的一圆形铁片，自中心处剪去中心角为 α 的一扇形后围成一无底圆锥. 试将该圆锥的体积表示为 α 的函数.

典型问题

问题 1.1 如何迅速判断一个函数是否为周期函数？

问题 1.2 常见的基本初等函数有哪些？分段函数一定是初等函数吗？哪些函数是初等函数？

问题 1.3 复合函数应如何确定其定义域？

问题 1.4　函数有哪三大要素？描述函数的方法有哪些？$f(x)$ 和 $g(x)$ 满足什么条件时才是相同函数？

问题 1.5　区间和集合有何不同？无限集合和无限区间有何不同？

问题 1.6　如果函数 $y=f(x)$ 对任意的 x，有 $f(-x)=-f(x)$，那么 $y=f(x)$ 一定为奇函数吗？

问题 1.7　周期函数一定有界吗？函数有界、有上界、有下界三者之间有何关系？

课件及习题课课件　　典型问题答疑解惑　　第1章习题及复习题一解答

第 2 章 极限与连续

高等数学研究的对象是函数,研究的工具是极限.本章我们将在函数概念的基础上介绍函数极限的概念、求极限的方法以及函数的连续性.

 2.1 极限的概念

一、悠久的极限思想

1. 庄子的极限思想

《庄子·天下篇》中记载:"一尺之棰,日取其半,万世不竭."这看似容易理解,其实短短的 12 个字却包含了丰富的内容,庄子已经认识到这是一个走向极限"零"的过程.虽然"一尺之棰"越截越短,但剩下的棰的长度永远不为零,而又无限逼近零,即极限为零.

2. 刘徽的割圆术

魏晋时代的数学家刘徽在《九章算术注》中利用割圆术证明了圆面积的精确公式,并给出了计算圆周率的方法.刘徽以"割之弥细,所失弥少,割之又割以至于不可割,则与圆周合体而无所失矣"来总结这种方法,也在无形中利用了极限的思想.

3. 芝诺悖论

公元前 450 年左右,古希腊有个辩论家叫芝诺,他曾经提出过多个悖论,不论是在哲学史上,还是在逻辑学、数学史上,都有重要的贡献,其中有一个著名的悖论:

在古希腊神话中,阿喀琉斯是善于奔跑的人,但芝诺却断言,阿喀琉斯永远追不上乌龟.他假设的条件是,阿喀琉斯的速度是 10 m/s,乌龟爬行速度是 1 m/s,而且让阿喀琉斯站在乌龟后面 100 m 处,然后同时开始跑.当阿喀琉斯到达乌龟的位置时,乌龟已经移动;当他再次到达乌龟的新位置时,乌龟又向前移动了一段距离.以此类推,乌龟永远会在阿喀琉斯的前方.

显然,阿喀琉斯的速度是乌龟的 10 倍,应该很快追上乌龟,但芝诺认为不可能,换句话说,阿喀琉斯永远追不上乌龟.

二、数列极限的概念

1. 数列的定义

定义 1 按自然数编号依次排列的一列数

$$x_1, x_2, \cdots, x_n, \cdots$$

称为**无穷数列**,简称**数列**,记作$\{x_n\}$.

2. 数列的极限

问题 1 当n无限增大时,x_n是否无限接近于某一确定的数值? 如果是,如何确定?

观察数列$x_n = \dfrac{n+(-1)^{n-1}}{n} = 1 + \dfrac{(-1)^{n-1}}{n}$,当$n$无限增大时,$x_n$显然无限接近于 1.

定义 2 如果当n无限增大时,x_n无限接近于某一确定的常数a,那么就称常数a是数列$\{x_n\}$的**极限**,或者称数列$\{x_n\}$**收敛**于a,记作

$$\lim_{n \to \infty} x_n = a \quad \text{或} \quad x_n \to a \ (n \to \infty).$$

如果数列没有极限,就称数列是**发散**的.

问题 2 "无限接近"意味着什么? 如何用数学语言描述它?

对于数列$x_n = 1 + \dfrac{(-1)^{n-1}}{n}$,因为

$$|x_n - 1| = \left|(-1)^{n-1}\dfrac{1}{n}\right| = \dfrac{1}{n},$$

则对于任意给定的$\varepsilon > 0$,只要$n > N = \left[\dfrac{1}{\varepsilon}\right]$,总有$|x_n - 1| < \varepsilon$.

定义 3 如果对于任意给定的正数ε(不论它多么小),总存在正整数N,使得对于$n > N$的一切x_n,不等式

$$|x_n - a| < \varepsilon$$

都成立,那么就称常数a是数列$\{x_n\}$的**极限**,或者称数列$\{x_n\}$**收敛**于a.

注意:(1) 不等式$|x_n - a| < \varepsilon$刻画了x_n与a的无限接近.

(2) 正整数N与任意给定的正数ε有关.

(3) 当$n > N$时,数列$\{x_n\}$的项落在$(a-\varepsilon, a+\varepsilon)$内,即只有有限项可能落在$(a-\varepsilon, a+\varepsilon)$之外(而且最多有$N$项).

(4) 数列极限的两种定义均未给出求极限的方法.

例 1 观察下列数列的变化趋势,写出它们的极限:

(1) $x_n = \dfrac{1}{2^n}$; \hspace{2em} (2) $x_n = (-1)^n \dfrac{1}{n}$;

(3) $x_n = 2 + \dfrac{1}{n^2}$; \hspace{2em} (4) $x_n = \dfrac{n-1}{n+1}$;

(5) $x_n = n(-1)^n$.

解 (1) 当$n \to \infty$时,$x_n = \dfrac{1}{2^n} \to 0$,即$\lim\limits_{n \to \infty} \dfrac{1}{2^n} = 0$.

(2) 当 $n \to \infty$ 时, $x_n = (-1)^n \dfrac{1}{n} \to 0$, 即 $\lim\limits_{n \to \infty}(-1)^n \dfrac{1}{n} = 0$.

(3) 当 $n \to \infty$ 时, $x_n = 2 + \dfrac{1}{n^2} \to 2$, 即 $\lim\limits_{n \to \infty}\left(2 + \dfrac{1}{n^2}\right) = 2$.

(4) 当 $n \to \infty$ 时, $x_n = \dfrac{n-1}{n+1} = 1 - \dfrac{2}{n+1} \to 1$, 即 $\lim\limits_{n \to \infty}\dfrac{n-1}{n+1} = 1$.

(5) 当 $n \to \infty$ 时, $x_n = n(-1)^n$ 没有极限.

例 2 根据数列极限的定义证明 $\lim\limits_{n \to \infty}\dfrac{1}{n^2} = 0$.

证 要使
$$\left|\dfrac{1}{n^2} - 0\right| = \dfrac{1}{n^2} < \varepsilon,$$
只需 $n^2 > \dfrac{1}{\varepsilon}$, 即 $n > \dfrac{1}{\sqrt{\varepsilon}}$. 因为对任意 $\varepsilon > 0$, 存在 $N = \left[\dfrac{1}{\sqrt{\varepsilon}}\right]$, 当 $n > N$ 时, 有 $\left|\dfrac{1}{n^2} - 0\right| < \varepsilon$, 所以 $\lim\limits_{n \to \infty}\dfrac{1}{n^2} = 0$.

例 3 根据数列极限的定义证明 $\lim\limits_{n \to \infty}\dfrac{3n+1}{2n+1} = \dfrac{3}{2}$.

证 要使
$$\left|\dfrac{3n+1}{2n+1} - \dfrac{3}{2}\right| = \dfrac{1}{2(2n+1)} < \dfrac{1}{4n} < \varepsilon,$$
只需 $\dfrac{1}{4n} < \varepsilon$, 即 $n > \dfrac{1}{4\varepsilon}$. 因为对任意 $\varepsilon > 0$, 存在 $N = \left[\dfrac{1}{4\varepsilon}\right]$, 当 $n > N$ 时, 有 $\left|\dfrac{3n+1}{2n+1} - \dfrac{3}{2}\right| < \varepsilon$, 所以 $\lim\limits_{n \to \infty}\dfrac{3n+1}{2n+1} = \dfrac{3}{2}$.

3. 数列的有界性

定义 4 对数列 $\{x_n\}$, 若存在正数 M, 使得对一切正整数 n, 恒有
$$|x_n| \leqslant M,$$
则称数列 $\{x_n\}$ **有界**, 否则称 $\{x_n\}$ **无界**.

例如, 数列 $x_n = \dfrac{n}{n+1}$ 有界, 数列 $x_n = 2^n$ 无界.

注意：(1) 数轴上对应于有界数列的点 x_n 都落在闭区间 $[-M, M]$ 上.

(2) 收敛的数列必定有界(有界性).

(3) 数列的有界性仅仅是其收敛的必要条件, 但无界数列必定发散.

(4) 收敛的数列只有一个极限(唯一性).

三、函数极限的概念

1. 自变量 x 趋于有限值 x_0 时函数极限的定义

(1) 自变量 x 从 x_0 两侧趋于 x_0, 记作 $x \to x_0$.

定义 5 设函数 $f(x)$ 在点 x_0 的某个去心邻域 $\overset{\circ}{U}(x_0, \delta)$ ($\delta > 0$) 内有定义. 如果当 $x \to$

x_0 时,函数值 $f(x)$ 能够无限趋近于某个常数 A,则称 A 为函数 $f(x)$ 当 $x \to x_0$ 时的**极限**,记作
$$\lim_{x \to x_0} f(x) = A \quad \text{或} \quad f(x) \to A \quad (x \to x_0).$$

例如,$\lim_{x \to 2}(3x+5) = 11$.

必须指出,在以上定义中并没有说明函数 $f(x)$ 在点 x_0 处是否有定义,即函数 $f(x)$ 在点 x_0 处的极限 $\lim_{x \to x_0} f(x)$ 是否存在与 $f(x)$ 在点 x_0 处是否有定义没有关系. 例如,函数 $f(x) = \dfrac{x^2-1}{x+1}$ 在点 $x_0 = -1$ 处无定义,但是极限 $\lim_{x \to -1} f(x) = -2$ 存在.

(2) 自变量 x 从 x_0 右侧趋于 x_0,记作 $x \to x_0^+$.

定义 6 设函数 $f(x)$ 在点 x_0 的某个右邻域 $(x_0, x_0+\delta)(\delta > 0)$ 内有定义. 如果当 $x \to x_0^+$ 时,函数值 $f(x)$ 能够无限趋近于某个常数 A,则称 A 为函数 $f(x)$ 当 $x \to x_0$ 时的**右极限**,记作
$$\lim_{x \to x_0^+} f(x) = A \quad \text{或} \quad f(x_0 + 0) = A.$$

(3) 自变量 x 从 x_0 左侧趋于 x_0,记作 $x \to x_0^-$.

定义 7 设函数 $f(x)$ 在点 x_0 的某个左邻域 $(x_0-\delta, x_0)(\delta > 0)$ 内有定义. 如果当 $x \to x_0^-$ 时,函数值 $f(x)$ 能够无限趋近于某个常数 A,则称 A 为函数 $f(x)$ 当 $x \to x_0$ 时的**左极限**,记作
$$\lim_{x \to x_0^-} f(x) = A \quad \text{或} \quad f(x_0 - 0) = A.$$

例 4 设函数
$$f(x) = \begin{cases} x+1, & x > 0, \\ 3, & x = 0, \\ x-1, & x < 0, \end{cases}$$
求极限 $\lim_{x \to 0^+} f(x), \lim_{x \to 0^-} f(x)$.

解 $\lim_{x \to 0^+} f(x) = \lim_{x \to 0^+}(x+1) = 1$,
$\lim_{x \to 0^-} f(x) = \lim_{x \to 0^-}(x-1) = -1$.

例 5 设函数
$$f(x) = \begin{cases} x, & x \geqslant 0, \\ -x, & x < 0, \end{cases}$$
求极限 $\lim_{x \to 0^+} f(x), \lim_{x \to 0^-} f(x)$.

解 $\lim_{x \to 0^+} f(x) = \lim_{x \to 0^+} x = 0$,
$\lim_{x \to 0^-} f(x) = \lim_{x \to 0^-}(-x) = 0$.

定理 1 函数 $f(x)$ 当 $x \to x_0$ 时极限存在的充要条件是 $f(x)$ 当 $x \to x_0$ 时的左极限与右极限同时存在并且相等,即
$$\lim_{x \to x_0^-} f(x) = \lim_{x \to x_0^+} f(x).$$

显然,在例 4 中,$\lim_{x \to 0} f(x)$ 不存在,在例 5 中,$\lim_{x \to 0} f(x) = 0$.

例 6 设函数
$$f(x)=\begin{cases} x^2-3, & x\leqslant 3,\\ 2x-1, & x>3,\end{cases}$$
讨论极限 $\lim\limits_{x\to 3}f(x)$ 是否存在.

解 因为
$$\lim_{x\to 3^-}f(x)=\lim_{x\to 3^-}(x^2-3)=6,$$
$$\lim_{x\to 3^+}f(x)=\lim_{x\to 3^+}(2x-1)=5,$$
$\lim\limits_{x\to 3^-}f(x)\neq\lim\limits_{x\to 3^+}f(x)$,所以 $\lim\limits_{x\to 3}f(x)$ 不存在.

例 7 设函数
$$f(x)=\begin{cases}\cos x+a, & x\leqslant 0,\\ 2x-3, & x>0,\end{cases}$$
且极限 $\lim\limits_{x\to 0}f(x)$ 存在,求 a 的值.

解 因为
$$\lim_{x\to 0^-}f(x)=\lim_{x\to 0^-}(\cos x+a)=1+a,$$
$$\lim_{x\to 0^+}f(x)=\lim_{x\to 0^+}(2x-3)=-3,$$
又 $\lim\limits_{x\to 0}f(x)$ 存在,所以
$$\lim_{x\to 0^-}f(x)=\lim_{x\to 0^+}f(x),$$
即
$$1+a=-3,$$
解得 $a=-4$.

2. 自变量 x 趋于无穷大时函数极限的定义

(1) 自变量 $x>0$ 且无限增大,记作 $x\to +\infty$.

定义 8 设函数 $f(x)$ 在区间 $[a,+\infty)$ 内有定义. 如果当 $x\to +\infty$ 时,函数值 $f(x)$ 能够无限趋近于某个常数 A,则称 A 为**函数 $f(x)$ 当 $x\to +\infty$ 时的极限**,记作
$$\lim_{x\to +\infty}f(x)=A \quad \text{或} \quad f(x)\to A\ (x\to +\infty).$$

例如,$\lim\limits_{x\to +\infty}\dfrac{1}{x}=0$.

(2) 自变量 $x<0$ 且无限增大,记作 $x\to -\infty$.

定义 9 设函数 $f(x)$ 在区间 $(-\infty,a]$ 内有定义. 如果当 $x\to -\infty$ 时,函数值 $f(x)$ 能够无限趋近于某个常数 A,则称 A 为**函数 $f(x)$ 当 $x\to -\infty$ 时的极限**,记作
$$\lim_{x\to -\infty}f(x)=A \quad \text{或} \quad f(x)\to A\ (x\to -\infty).$$

例如,$\lim\limits_{x\to -\infty}3^x=0$.

(3) 自变量 x 的绝对值无限增大,记作 $x\to \infty$.

定义 10 设函数 $f(x)$ 当 $|x|>a(a>0)$ 时有定义. 如果当 $x\to \infty$ 时,函数值 $f(x)$ 能够无限趋近于某个常数 A,则称 A 为**函数 $f(x)$ 当 $x\to \infty$ 时的极限**,记作

$$\lim_{x\to\infty}f(x)=A \quad 或 \quad f(x)\to A \quad (x\to\infty).$$

例如,$\lim\limits_{x\to\infty}\dfrac{1}{x^4}=0$.

定理 2 函数 $f(x)$ 当 $x\to\infty$ 时极限存在的充要条件是 $\lim\limits_{x\to-\infty}f(x)$ 与 $\lim\limits_{x\to+\infty}f(x)$ 同时存在且

$$\lim_{x\to-\infty}f(x)=\lim_{x\to+\infty}f(x).$$

例 8 设函数

$$f(x)=\arctan x,$$

讨论极限 $\lim\limits_{x\to\infty}f(x)$ 是否存在.

解 因为

$$\lim_{x\to-\infty}f(x)=\lim_{x\to-\infty}\arctan x=-\frac{\pi}{2},$$

$$\lim_{x\to+\infty}f(x)=\lim_{x\to+\infty}\arctan x=\frac{\pi}{2},$$

所以 $\lim\limits_{x\to\infty}f(x)$ 不存在.

例 9 设函数

$$f(x)=\begin{cases}2^x, & x<0,\\ \dfrac{1}{x+1}, & x\geqslant 0,\end{cases}$$

求极限 $\lim\limits_{x\to\infty}f(x)$.

解 因为

$$\lim_{x\to-\infty}f(x)=\lim_{x\to-\infty}2^x=0,$$

$$\lim_{x\to+\infty}f(x)=\lim_{x\to+\infty}\frac{1}{x+1}=0,$$

所以 $\lim\limits_{x\to\infty}f(x)=0$.

习 题 2.1

1. 设函数

$$f(x)=\begin{cases}2x+1, & x<2,\\ x^2+1, & x\geqslant 2,\end{cases}$$

求极限 $\lim\limits_{x\to 2}f(x)$.

2. 设函数

$$f(x)=\begin{cases}-1, & x<0,\\ x^2+k, & x\geqslant 0,\end{cases}$$

若极限 $\lim\limits_{x\to 0}f(x)$ 存在,求 k 的值.

3. 设函数

$$f(x)=\text{arccot}\,x,$$

讨论极限 $\lim\limits_{x\to\infty}f(x)$ 是否存在.

4. 设函数
$$f(x)=\begin{cases}2^x, & x\leqslant 0,\\ \left(\dfrac{1}{2}\right)^x, & x>0,\end{cases}$$
求极限 $\lim\limits_{x\to\infty}f(x)$.

5. 求函数 $f(x)=\dfrac{x}{x}$ 与 $\varphi(x)=\dfrac{|x|}{x}$ 当 $x\to 0$ 时的左、右极限,并说明它们当 $x\to 0$ 时的极限是否存在.

2.2 无穷小量与无穷大量

一、无穷小量

1. 无穷小量的定义

定义 1 若函数 $y=f(x)$ 在自变量 x 的某个变化过程中极限为零,则称在该变化过程中函数 $f(x)$ 为**无穷小量**,简称**无穷小**.

我们常用希腊字母 α,β,γ 表示无穷小量.

例 1 当 $x\to 0$ 时,$x^2,\sin x,\tan x,1-\cos x$ 的极限均为零,因此当 $x\to 0$ 时,这些函数都是无穷小量.

例 2 当 $x\to +\infty$ 时,$\dfrac{1}{x},\dfrac{1}{2^x},\dfrac{1}{\ln x}$ 的极限均为零,因此当 $x\to +\infty$ 时,这些函数都是无穷小量.

关于无穷小量,应当注意以下两点:

(1) 无穷小量不是一个很小的数. 任意的非零常数,不论它的绝对值多么小,都不是无穷小量,常数 0 是唯一可以作为无穷小量的常数.

(2) 某个函数是否是无穷小量与自变量的变化过程有关. 例如 $\lim\limits_{x\to+\infty}\dfrac{1}{x}=0$,所以当 $x\to+\infty$ 时,$\dfrac{1}{x}$ 为无穷小量;又 $\lim\limits_{x\to 1}\dfrac{1}{x}=1\neq 0$,所以当 $x\to 1$ 时,$\dfrac{1}{x}$ 不是无穷小量. 因此,不能笼统地说某个函数是无穷小量,必须同时指明自变量的变化过程.

2. 无穷小量的性质

无穷小量有下列重要性质:

(1) 有限个无穷小量的代数和仍为无穷小量.

(2) 有限个无穷小量的乘积仍为无穷小量.

(3) 常数与无穷小量的乘积为无穷小量.

(4) 有界变量与无穷小量的乘积为无穷小量.

例 3 求极限 $\lim\limits_{x\to 0} x\sin\dfrac{1}{x}$.

解 因为当 $x\to 0$ 时,x 为无穷小量,且 $\left|\sin\dfrac{1}{x}\right|\leqslant 1$,所以由性质(4)可得
$$\lim_{x\to 0} x\sin\dfrac{1}{x}=0.$$

3. 无穷小量的比较

在同一变化过程中有许多无穷小量,例如,当 $x\to 0$ 时,x,x^2,$\sin x$,$\tan x$,$1-\cos x$ 都是无穷小量,但是它们趋近于零的速度却不相同,为了区别这些无穷小量趋近于零的速度的快慢,我们引入无穷小量的阶的概念.

定义 2 设 α,β 是自变量的同一变化过程中的两个无穷小量,且 $\alpha\neq 0$.

(1) 若极限 $\lim\dfrac{\beta}{\alpha}=0$,则称 β 是 α 的**高阶无穷小**,记作 $\beta=o(\alpha)$.

(2) 若极限 $\lim\dfrac{\beta}{\alpha}=c\,(c\neq 0)$,则称 β 与 α 是**同阶无穷小**,记作 $\beta=O(\alpha)$.

(3) 若极限 $\lim\dfrac{\beta}{\alpha}=1$,则称 β 与 α 是**等价无穷小**,记作 $\alpha\sim\beta$.

例如,因为 $\lim\limits_{x\to 0}\dfrac{x^3}{x}=0$,所以当 $x\to 0$ 时,x^3 是 x 的高阶无穷小;因为 $\lim\limits_{x\to 0}\dfrac{3x}{x}=3$,所以当 $x\to 0$ 时,$3x$ 与 x 是同阶无穷小;因为 $\lim\limits_{x\to 0}\dfrac{\sin x}{\tan x}=1$,所以当 $x\to 0$ 时,$\sin x$ 与 $\tan x$ 是等价无穷小.

当 $x\to 0$ 时,有下列常见的等价无穷小:
$$\sin x\sim x,\quad \arcsin x\sim x,\quad \tan x\sim x,\quad \arctan x\sim x,\quad e^x-1\sim x,$$
$$\ln(1+x)\sim x,\quad 1-\cos x\sim\dfrac{1}{2}x^2,\quad (1+ax)^b-1\sim abx\ (a,b\text{ 为非零常数}).$$

等价无穷小在极限运算中有重要的应用.

定理 1 设在自变量的同一变化过程中,$\alpha\sim\beta$,且 $\alpha,\beta\neq 0$.

(1) 若 $\lim\alpha\gamma=A$,则 $\lim\beta\gamma=A$.

(2) 若 $\lim\dfrac{\gamma}{\alpha}=B$,则 $\lim\dfrac{\gamma}{\beta}=B$.

定理 1 说明,在乘除运算的极限中,用非零的等价无穷小替换原无穷小量不改变其极限值,因此求极限时,在乘除运算中可以将无穷小量用其形式更简单的等价无穷小去替换,从而简化极限的计算.

例 4 求下列极限:

(1) $\lim\limits_{x\to 0}\dfrac{\sin 4x}{\tan 3x}$;

(2) $\lim\limits_{x\to 0}\dfrac{\ln(1+\sin x)}{\sin 2x}$;

(3) $\lim\limits_{x\to 0}\dfrac{1-\cos x}{x\sin x}$;

(4) $\lim\limits_{x\to 0}\dfrac{\tan x-\sin x}{x^3}$.

解 (1) $\lim\limits_{x\to 0}\dfrac{\sin 4x}{\tan 3x}=\lim\limits_{x\to 0}\dfrac{4x}{3x}=\dfrac{4}{3}$.

(2) $\lim\limits_{x\to 0}\dfrac{\ln(1+\sin x)}{\sin 2x}=\lim\limits_{x\to 0}\dfrac{\sin x}{2x}=\lim\limits_{x\to 0}\dfrac{x}{2x}=\dfrac{1}{2}$.

(3) $\lim\limits_{x\to 0}\dfrac{1-\cos x}{x\sin x}=\lim\limits_{x\to 0}\dfrac{\frac{1}{2}x^2}{x\cdot x}=\dfrac{1}{2}$.

(4) $\lim\limits_{x\to 0}\dfrac{\tan x-\sin x}{x^3}=\lim\limits_{x\to 0}\dfrac{\tan x(1-\cos x)}{x^3}=\lim\limits_{x\to 0}\dfrac{x\cdot\frac{1}{2}x^2}{x^3}=\dfrac{1}{2}$.

二、无穷大量

定义 3 若在自变量 x 的某个变化过程中,相应的函数值的绝对值 $|f(x)|$ 无限增大,则称 $f(x)$ 为该变化过程中的**无穷大量**,简称**无穷大**.

例 5 当 $x\to 0$ 时, $\dfrac{1}{x^2},\dfrac{1}{\sin x},\dfrac{1}{\tan x}$ 都是无穷大量.

例 6 当 $x\to +\infty$ 时, $x^2,\mathrm{e}^x,\ln(x+1)$ 都是无穷大量.

关于无穷大量,应当注意以下两点:
(1) 无穷大量不是一个很大的数.任意的常数,不论它的绝对值多么大,都不是无穷大量.
(2) 某个函数是否是无穷大量与自变量的变化过程有关.

例如,因为 $\lim\limits_{x\to 1}\ln(x+1)=\ln 2$,所以当 $x\to 1$ 时, $\ln(x+1)$ 不是无穷大量;又因为当 $x\to +\infty$ 时, $\ln(x+1)$ 的值无限增大,所以当 $x\to +\infty$ 时, $\ln(x+1)$ 是无穷大量.因此,不能笼统地说某个函数是无穷大量,必须同时指明自变量的变化过程.

三、无穷小量与无穷大量的关系

从无穷小量与无穷大量的定义,可以看出它们之间有着密切的关系,体现为以下定理.

定理 2 在自变量的同一变化过程中,无穷大量的倒数为无穷小量,恒不等于零的无穷小量的倒数为无穷大量.

例如,当 $x\to +\infty$ 时, 2^x 为无穷大量,故 $\dfrac{1}{2^x}$ 为无穷小量;当 $x\to 1$ 时, $x-1$ 为非零无穷小量,故 $\dfrac{1}{x-1}$ 为无穷大量.

根据该定理,我们可以把对无穷大量的研究转化为对无穷小量的研究,而无穷小量的分析正是微积分学中的精髓.

四、极限与无穷小量的关系

定理 3 在自变量的某个变化过程中,函数 $f(x)$ 的极限为 A 的充要条件是
$$f(x)=A+\alpha,$$
其中 α 为该变化过程中的无穷小量.

习　题　2.2

1. 下列变量中,哪些是无穷小量？哪些是无穷大量?

(1) $50x^2(x \to 0)$;

(2) $\dfrac{3}{\sqrt{x}}(x \to 0^+)$;

(3) $e^{\frac{1}{x}} - 1(x \to \infty)$;

(4) $\tan x \left(x \to \dfrac{\pi}{2}^-\right)$.

2. 两个无穷小量的商是否一定是无穷小量？举例说明.

3. 求下列极限并说明理由：

(1) $\lim\limits_{x \to \infty} \dfrac{2x+1}{x}$;

(2) $\lim\limits_{x \to 0} \dfrac{1-x^2}{1-x}$.

2.3　极限的四则运算法则及极限的运算

一、极限的四则运算法则

定理 1　设在自变量的同一变化过程中，$\lim f(x) = A$，$\lim g(x) = B$，则

(1) $\lim[f(x) \pm g(x)] = \lim f(x) \pm \lim g(x) = A \pm B$;

(2) $\lim[f(x) \cdot g(x)] = \lim f(x) \cdot \lim g(x) = AB$;

(3) $\lim \dfrac{f(x)}{g(x)} = \dfrac{\lim f(x)}{\lim g(x)} = \dfrac{A}{B} (B \neq 0)$.

由定理 1 可得下面的推论.

设 $\lim f(x) = A$.

(1) 若 C 为常数，则
$$\lim[Cf(x)] = C\lim f(x) = CA;$$

(2) 若 n 为正整数，则
$$\lim[f(x)]^n = [\lim f(x)]^n = A^n.$$

二、极限的运算

在应用极限的四则运算法则时,通常会遇到以下三种类型的未定式.

1. $\dfrac{0}{0}$ **型未定式(分子、分母的极限均为 0)**

$\dfrac{0}{0}$ 型未定式的求解思路通常有两种：一种是先分解因式，再对分子、分母约去极限为零的公因子；另一种是分子或分母中含有根式时，将分子或分母有理化.

 求极限 $\lim\limits_{x \to 2} \dfrac{x^2 - 5x + 6}{x^2 - 4}$.

解　$\lim\limits_{x \to 2} \dfrac{x^2 - 5x + 6}{x^2 - 4} = \lim\limits_{x \to 2} \dfrac{(x-2)(x-3)}{(x-2)(x+2)} = \lim\limits_{x \to 2} \dfrac{x-3}{x+2} = -\dfrac{1}{4}$.

例2 求极限 $\lim\limits_{x\to 1}\dfrac{\sqrt{3x+1}-2}{x-1}$.

解 $\lim\limits_{x\to 1}\dfrac{\sqrt{3x+1}-2}{x-1} = \lim\limits_{x\to 1}\dfrac{(\sqrt{3x+1}-2)(\sqrt{3x+1}+2)}{(x-1)(\sqrt{3x+1}+2)}$

$= \lim\limits_{x\to 1}\dfrac{3(x-1)}{(x-1)(\sqrt{3x+1}+2)}$

$= \lim\limits_{x\to 1}\dfrac{3}{\sqrt{3x+1}+2} = \dfrac{3}{4}$.

例3 求极限 $\lim\limits_{x\to 5}\dfrac{\sqrt{x+4}-3}{\sqrt{x-1}-2}$.

解 $\lim\limits_{x\to 5}\dfrac{\sqrt{x+4}-3}{\sqrt{x-1}-2} = \lim\limits_{x\to 5}\dfrac{(\sqrt{x+4}-3)(\sqrt{x+4}+3)(\sqrt{x-1}+2)}{(\sqrt{x-1}-2)(\sqrt{x-1}+2)(\sqrt{x+4}+3)}$

$= \lim\limits_{x\to 5}\dfrac{(x-5)(\sqrt{x-1}+2)}{(x-5)(\sqrt{x+4}+3)}$

$= \lim\limits_{x\to 5}\dfrac{\sqrt{x-1}+2}{\sqrt{x+4}+3} = \dfrac{2}{3}$.

2. $\dfrac{\infty}{\infty}$ 型未定式(分子、分母的极限均为 ∞)

对于 $\dfrac{\infty}{\infty}$ 型未定式,若分子与分母都是 x 的多项式函数,则 $\dfrac{\infty}{\infty}$ 型未定式的求解方法是分子与分母同时除以分子、分母中 x 的最高次幂.

例4 求极限 $\lim\limits_{x\to\infty}\dfrac{5x^3-2x-1}{7x^2+6x+1}$.

解 $\lim\limits_{x\to\infty}\dfrac{5x^3-2x-1}{7x^2+6x+1} = \lim\limits_{x\to\infty}\dfrac{5-\dfrac{2}{x^2}-\dfrac{1}{x^3}}{\dfrac{7}{x}+\dfrac{6}{x^2}+\dfrac{1}{x^3}} = \infty$.

例5 求极限 $\lim\limits_{x\to\infty}\dfrac{5x^2-2x-1}{7x^2+6x+1}$.

解 $\lim\limits_{x\to\infty}\dfrac{5x^2-2x-1}{7x^2+6x+1} = \lim\limits_{x\to\infty}\dfrac{5-\dfrac{2}{x}-\dfrac{1}{x^2}}{7+\dfrac{6}{x}+\dfrac{1}{x^2}} = \dfrac{5}{7}$.

例6 求极限 $\lim\limits_{x\to\infty}\dfrac{5x^2-2x-1}{7x^3+6x+1}$.

解 $\lim\limits_{x\to\infty}\dfrac{5x^2-2x-1}{7x^3+6x+1} = \lim\limits_{x\to\infty}\dfrac{\dfrac{5}{x}-\dfrac{2}{x^2}-\dfrac{1}{x^3}}{7+\dfrac{6}{x^2}+\dfrac{1}{x^3}} = 0$.

总结上面三个例题可得到一般的结论,用数学式可表示为

$$\lim_{x\to\infty}\frac{a_l x^l + a_{l-1}x^{l-1} + \cdots + a_1 x + a_0}{b_m x^m + b_{m-1}x^{m-1} + \cdots + b_1 x + b_0} = \begin{cases} \infty, & l > m, \\ \dfrac{a_l}{b_m}, & l = m, \\ 0, & l < m, \end{cases}$$

其中 l, m 为正整数,$a_l, a_{l-1}, \cdots, a_1, a_0, b_m, b_{m-1}, \cdots, b_1, b_0$ 为常数且 $a_l, b_m \neq 0$.

以后在计算 $\dfrac{\infty}{\infty}$ 型未定式的极限时,可利用上面一般的结论直接得到极限值,特别是求解填空题与选择题时.

例 7 求极限 $\lim\limits_{x\to\infty}\dfrac{(x^3+1)(5x-2)}{(x^2+1)^2}$.

解 注意到当 $x \to \infty$ 时,该极限为 $\dfrac{\infty}{\infty}$ 型未定式,容易判断分子最高幂次等于分母最高幂次,都等于 4,因此当 $x \to \infty$ 时,此未定式的极限等于分母 x^4 的系数与分子 x^4 的系数的比值,即

$$\lim_{x\to\infty}\frac{(x^3+1)(5x-2)}{(x^2+1)^2} = \frac{5}{1} = 5.$$

3. $\infty - \infty$ 型未定式.

若极限 $\lim f(x) = \infty, \lim g(x) = \infty$,则称极限 $\lim[f(x) - g(x)]$ 为 $\infty - \infty$ 型未定式. $\infty - \infty$ 型未定式的求解思路通常有两种:一种是通分;另一种是含有根式时,考虑有理化.

例 8 求极限 $\lim\limits_{x\to 1}\left(\dfrac{x}{x-1} - \dfrac{1}{x^2-x}\right)$.

解 $\lim\limits_{x\to 1}\left(\dfrac{x}{x-1} - \dfrac{1}{x^2-x}\right) = \lim\limits_{x\to 1}\dfrac{x^2-1}{(x-1)x} = \lim\limits_{x\to 1}\dfrac{(x-1)(x+1)}{(x-1)x}$

$= \lim\limits_{x\to 1}\dfrac{x+1}{x} = 2.$

例 9 求极限 $\lim\limits_{x\to +\infty}(\sqrt{x^2+x} - \sqrt{x^2-x})$.

解 $\lim\limits_{x\to +\infty}(\sqrt{x^2+x} - \sqrt{x^2-x}) = \lim\limits_{x\to +\infty}\dfrac{(\sqrt{x^2+x}-\sqrt{x^2-x})(\sqrt{x^2+x}+\sqrt{x^2-x})}{\sqrt{x^2+x}+\sqrt{x^2-x}}$

$= \lim\limits_{x\to +\infty}\dfrac{2x}{\sqrt{x^2+x}+\sqrt{x^2-x}}$

$= \lim\limits_{x\to +\infty}\dfrac{2}{\sqrt{1+\dfrac{1}{x}}+\sqrt{1-\dfrac{1}{x}}} = 1.$

习 题 2.3

1. 计算下列极限:

(1) $\lim\limits_{x\to 2}\dfrac{x^2+5}{x-3}$;

(2) $\lim\limits_{x\to\sqrt{3}}\dfrac{x^2-3}{x^2+1}$;

(3) $\lim\limits_{x\to 1}\dfrac{x^2-2x+1}{x^2-1}$;

(4) $\lim\limits_{x\to 0}\dfrac{4x^3-2x^2+x}{3x^2+2x}$;

(5) $\lim\limits_{h \to 0} \dfrac{(x+h)^2 - x^2}{h}$;

(6) $\lim\limits_{x \to \infty} \left(2 - \dfrac{1}{x} + \dfrac{1}{x^2}\right)$;

(7) $\lim\limits_{x \to \infty} \dfrac{x^2 - 1}{2x^2 - x - 1}$;

(8) $\lim\limits_{x \to \infty} \dfrac{x^2 + x}{x^4 - 3x^2 - 1}$;

(9) $\lim\limits_{x \to 4} \dfrac{x^2 - 6x + 8}{x^2 - 5x + 4}$;

(10) $\lim\limits_{x \to \infty} \left(1 + \dfrac{1}{x}\right)\left(2 - \dfrac{1}{x^2}\right)$;

(11) $\lim\limits_{n \to \infty} \left(1 + \dfrac{1}{2} + \dfrac{1}{4} + \cdots + \dfrac{1}{2^n}\right)$;

(12) $\lim\limits_{n \to \infty} \dfrac{1 + 2 + \cdots + (n-1)}{n^2}$;

(13) $\lim\limits_{n \to \infty} \dfrac{(n+1)(n+2)(n+3)}{5n^3}$;

(14) $\lim\limits_{x \to 1} \left(\dfrac{1}{1-x} - \dfrac{3}{1-x^3}\right)$.

2.4 两个重要极限

一、第一个重要极限 $\lim\limits_{x \to 0} \dfrac{\sin x}{x} = 1$

该极限在极限计算中有重要作用,它在形式上有以下特点:

(1) 它是 $\dfrac{0}{0}$ 型未定式,且与三角函数有关;

(2) 它可以推广为
$$\lim\limits_{\varphi(x) \to 0} \dfrac{\sin \varphi(x)}{\varphi(x)} = 1.$$

例 1 求极限 $\lim\limits_{x \to 0} \dfrac{\sin 7x}{x}$.

解 $\lim\limits_{x \to 0} \dfrac{\sin 7x}{x} = \lim\limits_{x \to 0} \dfrac{\sin 7x}{7x} \cdot 7 = 7.$

例 2 求极限 $\lim\limits_{x \to 3} \dfrac{\sin(x-3)}{x^2 - 7x + 12}$.

解 $\lim\limits_{x \to 3} \dfrac{\sin(x-3)}{x^2 - 7x + 12} = \lim\limits_{x \to 3} \left[\dfrac{\sin(x-3)}{x-3} \cdot \dfrac{1}{x-4}\right]$
$= \lim\limits_{x \to 3} \dfrac{\sin(x-3)}{x-3} \cdot \lim\limits_{x \to 3} \dfrac{1}{x-4} = -1.$

例 3 求极限 $\lim\limits_{x \to 0} \dfrac{\tan x}{x}$.

解 $\lim\limits_{x \to 0} \dfrac{\tan x}{x} = \lim\limits_{x \to 0} \left(\dfrac{\sin x}{x} \cdot \dfrac{1}{\cos x}\right) = \lim\limits_{x \to 0} \dfrac{\sin x}{x} \cdot \lim\limits_{x \to 0} \dfrac{1}{\cos x} = 1.$

例 4 求极限 $\lim\limits_{x \to 0} \dfrac{\arcsin x}{x}$.

解 令 $\arcsin x = t$,则 $x = \sin t$,且 $x \to 0$ 时,$t \to 0$,于是
$$\lim\limits_{x \to 0} \dfrac{\arcsin x}{x} = \lim\limits_{t \to 0} \dfrac{t}{\sin t} = 1.$$

二、第二个重要极限 $\lim\limits_{x \to 0}(1+x)^{\frac{1}{x}} = e$ **或** $\lim\limits_{x \to \infty}\left(1+\frac{1}{x}\right)^{x} = e$

该极限在形式上有以下特点：

(1) 它是底数的极限为1,指数为无穷大量的极限,这也是一种未定式,通常记作 1^{∞} 型未定式；

(2) 它可以推广为

$$\lim\limits_{\varphi(x) \to 0}[1+\varphi(x)]^{\frac{1}{\varphi(x)}} = e$$

或

$$\lim\limits_{\varphi(x) \to \infty}\left[1+\frac{1}{\varphi(x)}\right]^{\varphi(x)} = e.$$

例 5 求极限 $\lim\limits_{x \to \infty}\left(1+\frac{2}{x}\right)^{x}$.

解 $\lim\limits_{x \to \infty}\left(1+\frac{2}{x}\right)^{x} = \lim\limits_{x \to \infty}\left[\left(1+\frac{2}{x}\right)^{\frac{x}{2}}\right]^{2} = e^{2}.$

例 6 求极限 $\lim\limits_{x \to 0}(1+x)^{\frac{3}{x}+2}$.

解 $\lim\limits_{x \to 0}(1+x)^{\frac{3}{x}+2} = \lim\limits_{x \to 0}\left[(1+x)^{\frac{1}{x}}\right]^{3} \cdot \lim\limits_{x \to 0}(1+x)^{2} = e^{3}.$

例 7 求极限 $\lim\limits_{x \to \infty}\left(1-\frac{1}{x}\right)^{x}$.

解 $\lim\limits_{x \to \infty}\left(1-\frac{1}{x}\right)^{x} = \lim\limits_{x \to \infty}\left[\left(1+\frac{1}{-x}\right)^{-x}\right]^{-1} = \frac{1}{e}.$

例 8 求极限 $\lim\limits_{x \to \infty}\left(\frac{x+3}{x+1}\right)^{x}$.

解 $\lim\limits_{x \to \infty}\left(\frac{x+3}{x+1}\right)^{x} = \lim\limits_{x \to \infty}\left(\frac{1+\frac{3}{x}}{1+\frac{1}{x}}\right)^{x} = \frac{\lim\limits_{x \to \infty}\left(1+\frac{3}{x}\right)^{x}}{\lim\limits_{x \to \infty}\left(1+\frac{1}{x}\right)^{x}} = e^{2}.$

习 题 2.4

1. 计算下列极限：

(1) $\lim\limits_{x \to 0}\frac{\sin \omega x}{x}$ (ω 为不等于零的常数)；

(2) $\lim\limits_{x \to 0}\frac{\tan 3x}{x}$；

(3) $\lim\limits_{x \to 0}\frac{\sin 2x}{\sin 5x}$；

(4) $\lim\limits_{x \to 0} x \cot x$；

(5) $\lim\limits_{x \to 0}\frac{1-\cos 2x}{x \sin x}$；

(6) $\lim\limits_{n \to \infty}\left(2^{n} \sin \frac{x}{2^{n}}\right)$ (x 为不等于零的常数).

2. 计算下列极限：

(1) $\lim\limits_{x \to 0}(1-x)^{\frac{1}{x}}$；

(2) $\lim\limits_{x \to 0}(1+2x)^{\frac{1}{x}}$；

(3) $\lim\limits_{x\to\infty}\left(\dfrac{1+x}{x}\right)^{2x}$;   (4) $\lim\limits_{x\to\infty}\left(1-\dfrac{1}{x}\right)^{kx}$ (k 为正整数).

2.5 函数的连续性

一、函数的连续性

自然界中有许多现象,如气温的变化、河水的流动、植物的生长等,都是连续变化的. 这种现象反映在函数关系上,就是函数的连续性.

1. 增量

定义 1 设变量 u 从初值 u_1 变到终值 u_2,终值与初值的差 u_2-u_1 称为变量 u 的**增量**,记作 Δu,即

$$\Delta u = u_2 - u_1.$$

变量的增量也称为变量的改变量或变化量. 增量 Δu 可以是正的,也可以是负的. 当 $\Delta u > 0$ 时,变量 u 从 u_1 变到 $u_2=u_1+\Delta u$ 是增大的;当 $\Delta u < 0$ 时,变量 u 从 u_1 变到 $u_2=u_1+\Delta u$ 是减小的.

2. 连续函数的概念

(1) 函数 $f(x)$ 在点 x_0 处连续的定义.

定义 2 设函数 $y=f(x)$ 在点 x_0 的某个邻域内有定义,自变量 x 在点 x_0 处取得增量 Δx 时,相应的函数的增量为

$$\Delta y = f(x_0 + \Delta x) - f(x_0).$$

若当 $\Delta x \to 0$ 时,

$$\lim_{\Delta x \to 0} \Delta y = 0,$$

则称函数 $y=f(x)$ 在点 x_0 处**连续**.

事实上,设 $x = x_0 + \Delta x$,则

$$\Delta y = f(x_0 + \Delta x) - f(x_0) = f(x) - f(x_0),$$

且 $\Delta x \to 0$ 就是 $x \to x_0$,故 $f(x)=f(x_0)+\Delta y$, $\lim\limits_{\Delta x \to 0}\Delta y=0$ 等价于

$$\lim_{x \to x_0} f(x) = f(x_0).$$

于是,得到函数连续的以下等价定义.

定义 3 设函数 $y=f(x)$ 在点 x_0 的某个邻域内有定义. 若当 $x \to x_0$ 时,

$$\lim_{x \to x_0} f(x) = f(x_0),$$

则称函数 $y=f(x)$ 在点 x_0 处**连续**.

(2) 函数 $f(x)$ 在区间上连续的定义.

设函数 $f(x)$ 在区间 (a,b) 内每一点都连续,则称 $f(x)$ **在区间** (a,b) **内连续**.

设函数 $f(x)$ 在区间 (a,b) 内连续,且在左端点 $x=a$ 处右连续,右端点 $x=b$ 处左连续,则称 $f(x)$ **在区间** $[a,b]$ **上连续**.

注意：$f(x)$ 在左端点 $x=a$ 处右连续是指
$$\lim_{x \to a^+} f(x) = f(a),$$
在右端点 $x=b$ 处左连续是指
$$\lim_{x \to b^-} f(x) = f(b).$$

仿照函数 $f(x)$ 在开区间 (a,b) 内及闭区间 $[a,b]$ 上连续的定义，请读者思考 $f(x)$ 在半开区间 $(a,b]$ 与 $[a,b)$ 内及开区间 $(-\infty,+\infty)$ 内连续的定义.

3. 函数 $f(x)$ 在点 x_0 处连续的条件

分析定义可以得到函数 $f(x)$ 在点 x_0 处连续必须同时满足以下三个条件：
(1) $f(x)$ 在点 x_0 处有定义；
(2) $\lim\limits_{x \to x_0} f(x)$ 存在；
(3) $\lim\limits_{x \to x_0} f(x) = f(x_0)$.

例 1 讨论函数
$$f(x) = \begin{cases} \dfrac{\sin x}{x}, & x \neq 0, \\ 1, & x = 0 \end{cases}$$
在点 $x=0$ 处是否连续.

解 函数 $f(x)$ 在点 $x=0$ 处有定义，且 $f(0)=1$，又有
$$\lim_{x \to 0} f(x) = \lim_{x \to 0} \frac{\sin x}{x} = 1 = f(0),$$
故 $f(x)$ 在点 $x=0$ 处连续.

例 2 设函数
$$f(x) = \begin{cases} (1+ax)^{\frac{1}{x}}, & x > 0, \\ \mathrm{e}, & x = 0, \\ \dfrac{\sin ax}{bx}, & x < 0 \end{cases}$$
在点 $x=0$ 处连续，求 a,b 的值.

解 由函数 $f(x)$ 在点 $x=0$ 处连续，得
$$\lim_{x \to 0^+} f(x) = \lim_{x \to 0^-} f(x) = f(0).$$
又
$$\lim_{x \to 0^+} f(x) = \lim_{x \to 0^+} (1+ax)^{\frac{1}{x}} = \lim_{x \to 0^+} [(1+ax)^{\frac{1}{ax}}]^a = \mathrm{e}^a,$$
$$\lim_{x \to 0^-} f(x) = \lim_{x \to 0^-} \frac{\sin ax}{bx} = \lim_{x \to 0^-} \frac{ax}{bx} = \frac{a}{b},$$
$$f(0) = \mathrm{e},$$
所以 $\mathrm{e}^a = \dfrac{a}{b} = \mathrm{e}$，解得 $a=1, b=\dfrac{1}{\mathrm{e}}$.

4. 函数的间断点及其分类

定义 4 若函数 $f(x)$ 在点 x_0 处满足下列条件之一，则称点 x_0 为 $f(x)$ 的**间断点**或

不连续点：

(1) $f(x)$ 在点 x_0 处无定义；

(2) $\lim\limits_{x \to x_0} f(x)$ 不存在；

(3) $\lim\limits_{x \to x_0} f(x) \neq f(x_0)$.

下面给出间断点的分类.

(1) 第一类间断点.

极限 $\lim\limits_{x \to x_0^+} f(x)$ 与 $\lim\limits_{x \to x_0^-} f(x)$ 都存在的间断点称为**第一类间断点**. 第一类间断点又可分为两种情形：可去间断点与跳跃间断点.

若 $\lim\limits_{x \to x_0^-} f(x)$ 与 $\lim\limits_{x \to x_0^+} f(x)$ 都存在，且 $\lim\limits_{x \to x_0^-} f(x) = \lim\limits_{x \to x_0^+} f(x)$，即 $\lim\limits_{x \to x_0} f(x)$ 存在，但是函数 $f(x)$ 在点 x_0 处无定义或 $\lim\limits_{x \to x_0} f(x) \neq f(x_0)$，则称点 x_0 为 $f(x)$ 的**可去间断点**.

例 3 讨论下列指定的点是否为函数的可去间断点：

(1) $f(x) = \dfrac{x^2 - 4}{x - 2}, x = 2$；

(2) $g(x) = \begin{cases} (1+x)^{\frac{1}{x}}, & x \neq 0, \\ 1, & x = 0, \end{cases} x = 0$.

解 (1) $f(x) = \dfrac{x^2 - 4}{x - 2}$ 在点 $x = 2$ 处无定义，但

$$\lim\limits_{x \to 2} f(x) = \lim\limits_{x \to 2} \dfrac{x^2 - 4}{x - 2} = \lim\limits_{x \to 2} (x + 2) = 4,$$

故点 $x = 2$ 为 $f(x)$ 的可去间断点.

(2) $g(x)$ 在点 $x = 0$ 处有定义且 $g(0) = 1$，但

$$\lim\limits_{x \to 0} g(x) = \lim\limits_{x \to 0} (1+x)^{\frac{1}{x}} = \mathrm{e} \neq g(0),$$

故点 $x = 0$ 为 $g(x)$ 的可去间断点.

若 $\lim\limits_{x \to x_0^-} f(x)$ 与 $\lim\limits_{x \to x_0^+} f(x)$ 都存在，但 $\lim\limits_{x \to x_0^-} f(x) \neq \lim\limits_{x \to x_0^+} f(x)$，则称点 x_0 为函数 $f(x)$ 的**跳跃间断点**.

例 4 讨论函数

$$f(x) = \begin{cases} x - 1, & x < 0, \\ 0, & x = 0, \\ x + 1, & x > 0 \end{cases}$$

在点 $x = 0$ 处的连续性.

解 因为

$$\lim\limits_{x \to 0^-} f(x) = \lim\limits_{x \to 0^-} (x - 1) = -1,$$

$$\lim\limits_{x \to 0^+} f(x) = \lim\limits_{x \to 0^+} (x + 1) = 1,$$

$\lim\limits_{x \to 0^-} f(x) \neq \lim\limits_{x \to 0^+} f(x)$，所以函数 $f(x)$ 在点 $x = 0$ 处不连续，且点 $x = 0$ 为 $f(x)$ 的跳跃间断点.

(2) 第二类间断点.

$\lim\limits_{x \to x_0^-} f(x)$ 与 $\lim\limits_{x \to x_0^+} f(x)$ 至少有一个不存在的间断点称为**第二类间断点**. 常见的第二类间断点有两种情形：无穷间断点与振荡间断点.

若 $\lim\limits_{x \to x_0^-} f(x) = \infty$, $\lim\limits_{x \to x_0^+} f(x) = \infty$ 或 $\lim\limits_{x \to x_0} f(x) = \infty$, 则称点 x_0 为函数 $f(x)$ 的**无穷间断点**.

例 5 讨论下列指定的点是否是函数的无穷间断点：

(1) $f(x) = \dfrac{1}{x-2}, x = 2$；

(2) $g(x) = \begin{cases} e^{\frac{1}{x}}, & x > 0, \\ 2x+1, & x \leqslant 0, \end{cases} x = 0$.

解 (1) 因为

$$\lim_{x \to 2} f(x) = \lim_{x \to 2} \frac{1}{x-2} = \infty,$$

所以点 $x = 2$ 为函数 $f(x)$ 的无穷间断点.

(2) 因为

$$\lim_{x \to 0^+} g(x) = \lim_{x \to 0^+} e^{\frac{1}{x}} = \infty,$$

所以点 $x = 0$ 为函数 $g(x)$ 的无穷间断点.

若当 $x \to x_0$ 时，函数值 $f(x)$ 无限次地在两个不同的数之间变动，则称点 x_0 为函数 $f(x)$ 的**振荡间断点**.

例如，函数 $f(x) = \sin\dfrac{1}{x}$ 在点 $x = 0$ 处无定义，且当 $x \to 0$ 时，函数值 $f(x)$ 在 -1 与 1 之间无限次地变动，故点 $x = 0$ 为函数 $f(x) = \sin\dfrac{1}{x}$ 的振荡间断点.

二、初等函数的连续性

定理 1 若函数 $f(x), g(x)$ 都在点 x_0 处连续，则函数 $f(x) \pm g(x), f(x) \cdot g(x)$ 也在点 x_0 处连续.

定理 2 若函数 $f(x), g(x)$ 都在点 x_0 处连续，且 $g(x_0) \neq 0$, 则函数 $\dfrac{f(x)}{g(x)}$ 也在点 x_0 处连续.

定理 3 设函数 $u = \varphi(x)$ 在点 x_0 处连续且 $u_0 = \varphi(x_0)$, 函数 $y = f(u)$ 在点 u_0 处连续，则复合函数 $y = f[\varphi(x)]$ 在点 x_0 处连续，即

$$\lim_{x \to x_0} f[\varphi(x)] = f[\varphi(x_0)].$$

例 6 求极限 $\lim\limits_{x \to 1} \sin\left(\pi x - \dfrac{\pi}{2}\right)$.

解 $y = \sin\left(\pi x - \dfrac{\pi}{2}\right)$ 是由 $y = \sin u$ 与 $u = \pi x - \dfrac{\pi}{2}$ 复合而成的.

易知 $u = \pi x - \dfrac{\pi}{2}$ 在点 $x=1$ 处连续且当 $x=1$ 时，

$$u = \pi \times 1 - \dfrac{\pi}{2} = \dfrac{\pi}{2};$$

又 $y = \sin u$ 在点 $u = \dfrac{\pi}{2}$ 处连续，故由定理 3 可得

$$\lim_{x \to 1} \sin\left(\pi x - \dfrac{\pi}{2}\right) = \sin\left(\pi \times 1 - \dfrac{\pi}{2}\right) = \sin \dfrac{\pi}{2} = 1.$$

定理 4　基本初等函数在其定义域内都是连续函数.

定理 5　初等函数在其定义区间内都是连续的.

所谓定义区间，就是包含在定义域内的区间.

三、闭区间上连续函数的性质

定理 6（零点定理）　设函数 $f(x)$ 在闭区间 $[a,b]$ 上连续，且 $f(a)$ 与 $f(b)$ 异号，则至少存在一点 $\xi \in (a,b)$，使得 $f(\xi) = 0$.

例 7　证明方程 $x^3 - 4x^2 + 1 = 0$ 在区间 $(0,1)$ 内至少有一个根.

证　令函数 $f(x) = x^3 - 4x^2 + 1$，则 $f(x)$ 在 $[0,1]$ 上连续，且

$$f(0) = 1 > 0, \quad f(1) = -2 < 0.$$

故由零点定理可知，至少存在一点 $\xi \in (0,1)$，使得

$$f(\xi) = 0, \quad \text{即} \quad \xi^3 - 4\xi^2 + 1 = 0 \quad (0 < \xi < 1).$$

上式说明方程 $x^3 - 4x^2 + 1 = 0$ 在区间 $(0,1)$ 内至少有一个根是 ξ.

定理 7（最值定理）　设函数 $f(x)$ 在闭区间 $[a,b]$ 上连续，则 $f(x)$ 在 $[a,b]$ 上一定能够取得最大值与最小值.

习 题 2.5

1. 设函数

$$f(x) = \begin{cases} a + x + x^2, & x \leqslant 0, \\ \dfrac{\sin 3x}{x}, & x > 0 \end{cases}$$

在点 $x = 0$ 处连续，求 a 的值.

2. 下列函数在给出的点处间断，说明这些间断点属于哪一类，如果是可去间断点，则补充或改变函数的定义使其连续：

(1) $y = \dfrac{x^2 - 1}{x^2 - 3x + 2}, x = 1, x = 2$；

(2) $y = \dfrac{x}{\tan x}, x = k\pi, x = k\pi + \dfrac{\pi}{2}$ $(k = 0, \pm 1, \pm 2, \cdots)$；

(3) $y = \cos^2 \dfrac{1}{x}, x = 0$；

(4) $y = \begin{cases} x - 1, & x \leqslant 1, \\ 3 - x, & x > 1, \end{cases} x = 1.$

3. 设函数
$$f(x)=\begin{cases} e^x, & x<0, \\ a+x, & x\geqslant 0, \end{cases}$$
应当如何选择常数 a，使得 $f(x)$ 成为 $(-\infty,+\infty)$ 内的连续函数？

4. 证明方程 $x^5-3x=1$ 至少有一个根介于 1 和 2 之间.

5. 证明方程
$$x=a\sin x+b \quad (a>0,b>0)$$
至少有一个正根，并且不超过 $a+b$.

复习题 二

1. 求下列极限：

(1) $\lim\limits_{x\to 1}\dfrac{x^2-x+1}{(x-1)^2}$;

(2) $\lim\limits_{x\to+\infty} x(\sqrt{x^2+1}-x)$;

(3) $\lim\limits_{x\to\infty}\left(\dfrac{2x+3}{2x+1}\right)^{x+1}$;

(4) $\lim\limits_{x\to 0}\left(\dfrac{a^x+b^x+c^x}{3}\right)^{\frac{1}{x}}\ (a>0,b>0,c>0)$;

(5) $\lim\limits_{x\to\frac{\pi}{2}}(\sin x)^{\tan x}$.

2. 设函数
$$f(x)=\begin{cases} x\sin\dfrac{1}{x}, & x>0, \\ a+x^2, & x\leqslant 0, \end{cases}$$
要使 $f(x)$ 在 $(-\infty,+\infty)$ 内连续，应怎样选择常数 a？

3. 设函数
$$f(x)=\begin{cases} e^{\frac{1}{x-1}}, & x>0, \\ \ln(1+x), & -1<x\leqslant 0, \end{cases}$$
求 $f(x)$ 的间断点，并说明间断点的类型.

4. 证明
$$\lim\limits_{n\to\infty}\left(\dfrac{1}{\sqrt{n^2+1}}+\dfrac{1}{\sqrt{n^2+2}}+\cdots+\dfrac{1}{\sqrt{n^2+n}}\right)=1.$$

5. 证明方程 $\sin x+x+1=0$ 在开区间 $\left(-\dfrac{\pi}{2},\dfrac{\pi}{2}\right)$ 内至少有一个根.

典型问题

问题 2.1 函数的极限一定存在吗？函数的极限为 ∞ 表示极限存在吗？

问题 2.2 函数的零点与方程的根有何关系？

问题 2.3 "$\lim\limits_{n\to\infty}x_n=a$ 表示 n 越大，$|x_n-a|$ 越小或 $|x_n-a|$ 越接近于零."这种说法正确吗？

问题 2.4　数列 $\{x_n\}$ 的敛散性与数列 $\{|x_n|\}$ 的敛散性有何关系？

问题 2.5　若函数 $f(x)$ 在点 x_0 的某个去心邻域内恒有 $f(x)>0$［或 $f(x)<0$］且 $\lim\limits_{x\to x_0}f(x)=A$，则必有 $A>0$（或 $A<0$）吗？

问题 2.6　数列极限与函数极限有什么区别与联系？

问题 2.7　"单调增加（或单调减少）且有上界（或有下界）的数列必有极限."这种说法正确吗？

问题 2.8　无穷小量与函数极限有何关系？

问题 2.9　无穷大量与无界函数有何区别与联系？

问题 2.10　无穷多个无穷小量的和还是无穷小量吗？

问题 2.11　计算极限时常用到的 $x\to 0$ 时的等价无穷小有哪些？

问题 2.12　高阶无穷小的运算法则有哪些？

问题 2.13　如何正确理解数列极限 $\lim\limits_{n\to\infty}x_n=a$ 的含义？

问题 2.14　用定义证明极限时，应该如何选取 δ？

问题 2.15　求某些函数的极限时应如何正确运用左极限与右极限？

问题 2.16　如何求分母极限为零的两函数之商的极限？

问题 2.17　如何正确使用"函数乘积的极限等于各函数的极限的乘积"法则？

问题 2.18　如何正确使用"函数和的极限等于各函数极限的和"法则？

问题 2.19　若极限式中含有参数，应如何对参数的取值进行讨论以正确计算极限？

问题 2.20　对 $\infty-\infty$ 型未定式，如何使用"函数差的极限等于各函数极限的差"法则？

问题 2.21　1^∞ 型未定式的结果一定是 1 吗？

问题 2.22　在自变量 x 的某一变化过程中，如何求极限 $\lim\dfrac{\sin f(x)}{f(x)}$？

问题 2.23　无穷小量做比较时如何求极限？

问题 2.24　如何正确利用零点定理证明方程根的存在性？

问题 2.25　连续函数一定存在最大值和最小值吗？不连续函数一定不存在最大值和最小值吗？

问题 2.26　连续函数的某些性质只在闭区间上成立吗？

课件及
习题课课件

典型问题
答疑解惑

第2章习题及
复习题二解答

第3章 导数与微分

微分学是微积分学的两大部分之一,微分学又分为一元函数微分学和多元函数微分学两个部分.本章讨论一元函数微分学,多元函数微分学将在第 8 章中讨论.

一元函数微分学中最基本的概念是导数与微分,导数反映了函数相对于自变量的变化快慢程度;微分指明了当自变量有微小变化时,函数大体上变化多少.在本章中,我们主要讨论导数和微分的概念以及它们的计算方法.

3.1 导数的概念

一、问题引入

1. 平面曲线的切线

已知曲线 $y=f(x)$ 过点 $P(x_0,f(x_0))$,求曲线 $y=f(x)$ 在点 $P(x_0,f(x_0))$ 处的切线方程.

我们先来学习切线的定义.如图 3-1 所示,建立直角坐标系,画出已知曲线 $y=f(x)$ 及它上面的定点 $P(x_0,f(x_0))$,再在曲线 $y=f(x)$ 上点 P 的附近任取一点 $Q(x_0+\Delta x,f(x_0+\Delta x))$,连接 P,Q 两点,得到曲线 $y=f(x)$ 在点 P 处的割线 PQ,当点 Q 沿曲线 $y=f(x)$ 无限趋近于点 P 时,称割线 PQ 的极限位置 PT 为曲线 $y=f(x)$ 在点 P 处的**切线**.

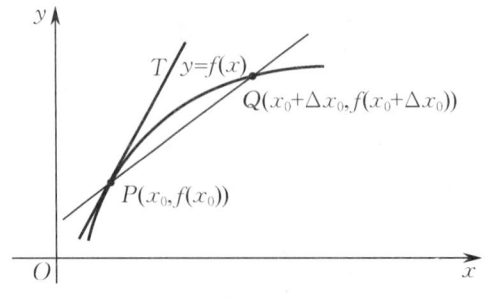

图 3-1

下面我们来求曲线 $y=f(x)$ 在点 P 处的切线方程.根据切线的定义我们知道割线的极限

位置就是切线,因此割线斜率的极限就是切线的斜率. 而割线斜率为
$$\frac{\Delta y}{\Delta x} = \frac{f(x_0 + \Delta x) - f(x_0)}{\Delta x},$$
且点 Q 沿曲线 $y = f(x)$ 无限趋近于点 P 时,有 $\Delta x \to 0$,所以切线的斜率为
$$k = \lim_{\Delta x \to 0} \frac{f(x_0 + \Delta x) - f(x_0)}{\Delta x}.$$
将其代入直线的点斜式方程,切线方程为
$$y - f(x_0) = k(x - x_0).$$

2. 变速直线运动的瞬时速度

物体沿直线的运动可理想化为质点在数轴上的运动. 假设质点在 $t = 0$ 时刻位于数轴的原点,在任意的 t 时刻,质点在数轴上的坐标为 $s = s(t)$. 下面讨论质点在 t_0 时刻($t_0 \in [0, t]$)的瞬时速度 $v(t_0)$,即我们的问题是:已知质点的位置函数 $s = s(t)$,求瞬时速度 $v(t_0)$.

质点从 t_0 到 $t_0 + \Delta t$ 这段时间间隔内通过的路程为
$$\Delta s = s(t_0 + \Delta t) - s(t_0),$$
平均速度为
$$\bar{v} = \frac{\Delta s}{\Delta t} = \frac{s(t_0 + \Delta t) - s(t_0)}{\Delta t}.$$

一般情况下,平均速度 $\bar{v}$ 与时间间隔 Δt 有关. 当时间间隔 Δt 很短时,可以用平均速度 $\bar{v}$ 近似表示物体直线运动时在 t_0 时刻的瞬时速度,时间间隔 Δt 越短,近似程度就越高. 当 $\Delta t \to 0$ 时,称平均速度 $\bar{v}$ 的极限为 t_0 时刻的瞬时速度,即
$$v(t_0) = \lim_{\Delta t \to 0} \frac{\Delta s}{\Delta t} = \lim_{\Delta t \to 0} \frac{s(t_0 + \Delta t) - s(t_0)}{\Delta t}.$$

上面两个具体问题尽管实际背景不一样,但从抽象的数量关系来看却是一样的,都归结为计算形如 $\lim\limits_{\Delta x \to 0} \frac{f(x_0 + \Delta x) - f(x_0)}{\Delta x}$ 的极限问题,其中 $\frac{f(x_0 + \Delta x) - f(x_0)}{\Delta x} = \frac{\Delta y}{\Delta x}$ 为函数的平均变化率,通过取极限,平均变化率就转化为函数在点 x_0 处的变化率. 在自然科学和工程技术领域中,甚至在社会科学中,还有许多概念(如物质比热、电流、线密度等)可以归结为上述形式的极限问题. 我们撇开这些量的具体意义,抓住它们在数量关系上的共性,引入导数的概念.

二、导数及其基本概念

1. 函数在点 x_0 处的导数

定义 1 设函数 $y = f(x)$ 在点 x_0 的某个邻域内有定义,当自变量 x 在点 x_0 处取得增量 Δx($x_0 + \Delta x$ 仍在该邻域内,且 $\Delta x \neq 0$)时,相应的函数增量
$$\Delta y = f(x_0 + \Delta x) - f(x_0).$$
若极限
$$\lim_{\Delta x \to 0} \frac{\Delta y}{\Delta x} = \lim_{\Delta x \to 0} \frac{f(x_0 + \Delta x) - f(x_0)}{\Delta x}$$
存在,则称函数 $y = f(x)$ 在点 x_0 处**可导**,并称此极限值为 $y = f(x)$ 在点 x_0 处的**导数**,记作

$$f'(x_0), \quad y'\big|_{x=x_0}, \quad \frac{\mathrm{d}f(x)}{\mathrm{d}x}\bigg|_{x=x_0} \quad 或 \quad \frac{\mathrm{d}y}{\mathrm{d}x}\bigg|_{x=x_0},$$

即

$$f'(x_0) = \lim_{\Delta x \to 0} \frac{f(x_0 + \Delta x) - f(x_0)}{\Delta x}.$$

导数定义还有其他不同的表达形式,常见的有

$$f'(x_0) = \lim_{h \to 0} \frac{f(x_0 + h) - f(x_0)}{h},$$

$$f'(x_0) = \lim_{x \to x_0} \frac{f(x) - f(x_0)}{x - x_0} \quad (x = x_0 + \Delta x).$$

若极限 $\lim\limits_{\Delta x \to 0} \dfrac{f(x_0 + \Delta x) - f(x_0)}{\Delta x}$ 不存在,则称函数 $y = f(x)$ 在点 x_0 处**不可导**.

例 1 求函数 $f(x) = x^3$ 在点 $x = 2$ 处的导数.

解 $f'(2) = \lim\limits_{x \to 2} \dfrac{f(x) - f(2)}{x - 2} = \lim\limits_{x \to 2} \dfrac{x^3 - 8}{x - 2}$

$= \lim\limits_{x \to 2} \dfrac{(x-2)(x^2 + 2x + 4)}{x - 2}$

$= \lim\limits_{x \to 2} (x^2 + 2x + 4)$

$= 12.$

2. 单侧导数

定义 2 设函数 $y = f(x)$ 在点 x_0 的某个左邻域 $(x_0 - \delta, x_0]$ $(\delta > 0)$ 内有定义,当自变量 x 在点 x_0 处取得增量 Δx $(x_0 + \Delta x$ 仍在该邻域内,且 $\Delta x < 0)$ 时,相应的函数增量为

$$\Delta y = f(x_0 + \Delta x) - f(x_0).$$

若极限

$$\lim_{\Delta x \to 0^-} \frac{f(x_0 + \Delta x) - f(x_0)}{\Delta x}$$

存在,则称此极限值为函数 $y = f(x)$ 在点 x_0 处的**左导数**,记作 $f'_-(x_0)$,即

$$f'_-(x_0) = \lim_{\Delta x \to 0^-} \frac{f(x_0 + \Delta x) - f(x_0)}{\Delta x}$$

或

$$f'_-(x_0) = \lim_{x \to x_0^-} \frac{f(x) - f(x_0)}{x - x_0}.$$

定义 3 设函数 $y = f(x)$ 在点 x_0 的某个右邻域 $[x_0, x_0 + \delta)$ $(\delta > 0)$ 内有定义,当自变量 x 在点 x_0 处取得增量 Δx $(x_0 + \Delta x$ 仍在该邻域内,且 $\Delta x > 0)$ 时,相应的函数增量为

$$\Delta y = f(x_0 + \Delta x) - f(x_0).$$

若极限

$$\lim_{\Delta x \to 0^+} \frac{f(x_0 + \Delta x) - f(x_0)}{\Delta x}$$

存在,则称此极限值为函数 $y = f(x)$ 在点 x_0 处的**右导数**,记作 $f'_+(x_0)$,即

$$f'_+(x_0) = \lim_{\Delta x \to 0^+} \frac{f(x_0 + \Delta x) - f(x_0)}{\Delta x}$$

或

$$f'_+(x_0) = \lim_{x \to x_0^+} \frac{f(x) - f(x_0)}{x - x_0}.$$

例 2 求函数

$$f(x) = |x| = \begin{cases} x, & x \geqslant 0, \\ -x, & x < 0 \end{cases}$$

在点 $x = 0$ 处的左导数与右导数.

解 $f'_-(0) = \lim\limits_{x \to 0^-} \dfrac{f(x) - f(0)}{x - 0} = \lim\limits_{x \to 0^-} \dfrac{-x}{x} = -1,$

$f'_+(0) = \lim\limits_{x \to 0^+} \dfrac{f(x) - f(0)}{x - 0} = \lim\limits_{x \to 0^+} \dfrac{x}{x} = 1.$

3. 导函数

定义 4 设函数 $y = f(x)$ 在开区间 (a,b) 内每一点都可导,则称 $y = f(x)$ **在开区间** (a,b) **内可导**. 设函数 $y = f(x)$ 在开区间 (a,b) 内可导,且在左端点 $x = a$ 处存在右导数,在右端点 $x = b$ 处存在左导数,则称 $y = f(x)$ **在闭区间** $[a,b]$ **上可导**.

设函数 $y = f(x)$ 在区间 I(I 可以是开区间、闭区间或半开区间) 上可导,则对于区间 I 上任一点 x,都有一个导数值 $f'(x)$ 与之相对应,于是得到一个新函数 $f'(x)$,称 $f'(x)$ 为原来函数 $y = f(x)$ 的**导函数**,简称**导数**,记作

$$f'(x), \quad y', \quad \frac{\mathrm{d}f(x)}{\mathrm{d}x} \quad 或 \quad \frac{\mathrm{d}y}{\mathrm{d}x},$$

即

$$f'(x) = \lim_{\Delta x \to 0} \frac{\Delta y}{\Delta x} = \lim_{\Delta x \to 0} \frac{f(x + \Delta x) - f(x)}{\Delta x}.$$

注意:(1) 在上述极限过程中,应把 x 看作常数,而 Δx 是变量.

(2) 显然,函数 $f(x)$ 在点 x_0 处的导数 $f'(x_0)$ 就是导数 $f'(x)$ 在点 $x = x_0$ 处的函数值,即

$$f'(x_0) = f'(x)\big|_{x = x_0}.$$

例 3 求函数 $f(x) = C$(C 为常数) 的导数.

解 因为

$$f'(x) = \lim_{\Delta x \to 0} \frac{f(x + \Delta x) - f(x)}{\Delta x} = \lim_{\Delta x \to 0} \frac{C - C}{\Delta x} = 0,$$

所以 $(C)' = 0$.

这就是常数函数的导数公式,利用该公式可以求出任意常数函数的导数. 例如,

$$(1)' = 0, \quad \left(-\frac{\pi}{2}\right)' = 0, \quad (\ln 3)' = 0.$$

例 4 求函数 $f(x) = \sin x$ 的导数.

解 $f'(x) = \lim\limits_{\Delta x \to 0} \dfrac{f(x + \Delta x) - f(x)}{\Delta x}$

$$= \lim_{\Delta x \to 0} \frac{\sin(x + \Delta x) - \sin x}{\Delta x}$$

$$= \lim_{\Delta x \to 0} \frac{2\sin \dfrac{\Delta x}{2} \cos\left(x + \dfrac{\Delta x}{2}\right)}{\Delta x}$$

$$= \lim_{\Delta x \to 0} \frac{\sin \dfrac{\Delta x}{2}}{\dfrac{\Delta x}{2}} \cos\left(x + \dfrac{\Delta x}{2}\right)$$

$$= \cos x,$$

即
$$(\sin x)' = \cos x.$$

这就是正弦函数的导数公式.

同理,可得余弦函数的导数公式
$$(\cos x)' = -\sin x.$$

例 5 求函数 $f(x) = \log_a x\,(a > 0$ 且 $a \neq 1)$ 的导数.

解 $f'(x) = \lim\limits_{\Delta x \to 0} \dfrac{f(x + \Delta x) - f(x)}{\Delta x}$

$$= \lim_{\Delta x \to 0} \frac{\log_a(x + \Delta x) - \log_a x}{\Delta x}$$

$$= \lim_{\Delta x \to 0} \frac{\log_a\left(1 + \dfrac{\Delta x}{x}\right)}{\Delta x}$$

$$= \lim_{\Delta x \to 0} \frac{1}{x} \cdot \frac{x}{\Delta x} \cdot \log_a\left(1 + \frac{\Delta x}{x}\right)$$

$$= \frac{1}{x} \lim_{\Delta x \to 0} \log_a\left(1 + \frac{\Delta x}{x}\right)^{\frac{x}{\Delta x}}$$

$$= \frac{1}{x} \log_a \mathrm{e} = \frac{1}{x \ln a},$$

即
$$(\log_a x)' = \frac{1}{x \ln a}.$$

这就是对数函数的导数公式,利用该公式可以方便地求出具体的对数函数的导数. 例如,

$$(\log_2 x)' = \frac{1}{x \ln 2}, \quad (\log_5 x)' = \frac{1}{x \ln 5}.$$

特别地,
$$(\ln x)' = \frac{1}{x}.$$

例 6 求函数 $f(x) = x^n\,(n$ 为正整数$)$ 在点 $x = a$ 处的导数.

解 $f'(x) = \lim\limits_{\Delta x \to 0} \dfrac{f(x + \Delta x) - f(x)}{\Delta x}$

$$\begin{aligned}
&= \lim_{\Delta x \to 0} \frac{(x+\Delta x)^n - x^n}{\Delta x}\\
&= \lim_{\Delta x \to 0} \frac{\Delta x [(x+\Delta x)^{n-1} + (x+\Delta x)^{n-2} x + \cdots + (x+\Delta x) x^{n-2} + x^{n-1}]}{\Delta x}\\
&= \lim_{\Delta x \to 0} [(x+\Delta x)^{n-1} + (x+\Delta x)^{n-2} x + \cdots + (x+\Delta x) x^{n-2} + x^{n-1}]\\
&= n x^{n-1},
\end{aligned}$$

即
$$(x^n)' = n x^{n-1},$$
于是 $f'(a) = n a^{n-1}$.

更一般地，对于幂函数 $y = x^\mu$ (μ 为常数)，有 $(x^\mu)' = \mu x^{\mu-1}$. 这就是幂函数的导数公式，这一公式的证明将在后面讨论. 利用该公式可以方便地求出具体的幂函数的导数. 例如，

$$(x^3)' = 3x^2, \quad (x^{\frac{1}{2}})' = \frac{1}{2} x^{-\frac{1}{2}} = \frac{1}{2\sqrt{x}}, \quad \left(\frac{1}{x}\right)' = (x^{-1})' = -x^{-2} = -\frac{1}{x^2}.$$

三、函数可导的充要条件

由导数定义及极限存在的充要条件可得到下面函数可导的充要条件.

定理 1 函数 $y = f(x)$ 在点 x_0 处可导的充要条件是其左导数 $f'_-(x_0)$ 与右导数 $f'_+(x_0)$ 存在且相等.

显然，根据定理 1 可知，例 2 中的函数 $f(x) = |x|$ 在点 $x = 0$ 处的导数不存在.

例 7 讨论函数
$$f(x) = \begin{cases} x^3 - x + 3, & x < 1, \\ 2x + 1, & x \geqslant 1 \end{cases}$$
在点 $x = 1$ 处的可导性.

解
$$\begin{aligned}
f'_-(1) &= \lim_{x \to 1^-} \frac{f(x) - f(1)}{x - 1} = \lim_{x \to 1^-} \frac{x^3 - x + 3 - 3}{x - 1}\\
&= \lim_{x \to 1^-} \frac{x(x-1)(x+1)}{x - 1} = \lim_{x \to 1^-} x(x+1) = 2,\\
f'_+(1) &= \lim_{x \to 1^+} \frac{f(x) - f(1)}{x - 1} = \lim_{x \to 1^+} \frac{2x + 1 - 3}{x - 1}\\
&= \lim_{x \to 1^+} \frac{2(x-1)}{x - 1} = 2,
\end{aligned}$$

由定理 1 可知函数 $f(x)$ 在点 $x = 1$ 处可导，且 $f'(1) = 2$.

四、导数的几何意义与物理意义

由导数概念的问题引入，可以得到导数的几何意义与物理意义.

1. 几何意义

函数 $y = f(x)$ 在点 x_0 处的导数 $f'(x_0)$ 就是曲线 $y = f(x)$ 在点 $P(x_0, y_0)$ 处的切线的斜率，即 $f'(x_0) = \tan \alpha$，如图 3-2 所示.

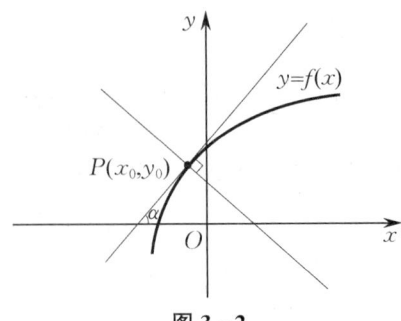

图 3-2

根据导数的几何意义可知,曲线 $y=f(x)$ 在点 $P(x_0,y_0)$ 处的切线方程为
$$y-y_0=f'(x_0)(x-x_0),$$
法线方程为
$$y-y_0=-\frac{1}{f'(x_0)}(x-x_0) \quad [f'(x_0)\neq 0].$$

2. 物理意义

做变速直线运动的物体的位置函数 $s=s(t)$ 在点 t_0 处的导数就是物体在 t_0 时刻的瞬时速度,即 $s'(t_0)=v(t_0)$.

五、函数可导与连续的关系

定理 2 设函数 $y=f(x)$ 在点 x_0 处可导,则 $y=f(x)$ 在点 x_0 处连续.

证 因为函数 $y=f(x)$ 在点 x_0 处可导,所以有极限 $\lim\limits_{\Delta x\to 0}\dfrac{\Delta y}{\Delta x}=f'(x_0)$. 因此
$$\lim_{\Delta x\to 0}\Delta y=\lim_{\Delta x\to 0}\left(\frac{\Delta y}{\Delta x}\cdot\Delta x\right)=\lim_{\Delta x\to 0}\frac{\Delta y}{\Delta x}\cdot\lim_{\Delta x\to 0}\Delta x=f'(x_0)\cdot 0=0,$$
从而函数 $y=f(x)$ 在点 x_0 处连续.

由该定理我们知道函数在可导的点处一定连续. 反之, 函数在连续的点处不一定可导. 例如, 由前面的讨论, 函数 $f(x)=|x|$ 在点 $x=0$ 处连续, 在点 $x=0$ 却不可导. 因此, 连续是可导的必要非充分条件.

例 8 设函数
$$f(x)=\begin{cases}x^2, & x\leqslant 1,\\ ax+b, & x>1\end{cases}$$
在点 $x=1$ 处可导,试确定 a,b 的值.

解 因为函数 $f(x)$ 在点 $x=1$ 处可导,所以 $f(x)$ 在点 $x=1$ 处必连续,即
$$\lim_{x\to 1^-}f(x)=\lim_{x\to 1^+}f(x)=f(1).$$
而
$$\lim_{x\to 1^-}f(x)=\lim_{x\to 1^-}x^2=1,$$
$$\lim_{x\to 1^+}f(x)=\lim_{x\to 1^+}(ax+b)=a+b,$$
所以
$$a+b=1.$$
①

又因为
$$f'_-(1) = \lim_{x \to 1^-} \frac{f(x)-f(1)}{x-1} = \lim_{x \to 1^-} \frac{x^2-1}{x-1} = \lim_{x \to 1^-}(x+1) = 2,$$
$$f'_+(1) = \lim_{x \to 1^+} \frac{f(x)-f(1)}{x-1} = \lim_{x \to 1^+} \frac{ax+b-1}{x-1}$$
$$= \lim_{x \to 1^+} \frac{ax+(1-a)-1}{x-1} = \lim_{x \to 1^+} \frac{a(x-1)}{x-1} = a,$$

且 $f(x)$ 在点 $x=1$ 处可导,所以
$$a = 2. \qquad ②$$

式 ② 代入式 ① 得 $b = -1$.

习 题 3.1

1. 求下列函数的导数:

(1) $y = x^4$;

(2) $y = \sqrt[3]{x^2}$;

(3) $y = x^{1.6}$;

(4) $y = \dfrac{1}{\sqrt{x}}$;

(5) $y = \dfrac{1}{x^2}$;

(6) $y = x^3 \sqrt[5]{x}$.

2. 求曲线 $y = e^x$ 在点 $(0,1)$ 处的切线方程.

3. 讨论函数 $y = |\sin x|$ 在点 $x = 0$ 处的连续性与可导性.

4. 设函数
$$f(x) = \begin{cases} x^2, & x \leqslant 1, \\ ax+b, & x > 1, \end{cases}$$
为了使函数 $f(x)$ 在点 $x=1$ 处连续且可导,a,b 应取什么值?

5. 用导数的定义证明 $(\cos x)' = -\sin x$.

 3.2 函数和、差、积、商的求导法则

尽管导数的定义给出了求导数的具体方法,但是若对每一个函数都直接根据定义求其导数,运算量是很大的. 因此,有必要给出导数的运算法则,以简化导数的计算. 在下面这些求导法则中,我们只证函数和的求导法则,其他求导法则留给读者思考.

一、函数和的求导法则

设函数 $u = u(x)$, $v = v(x)$ 都在点 x 处可导,则函数 $u(x) + v(x)$ 也在点 x 处可导,且
$$(u+v)' = u' + v'.$$

证 令 $f(x) = u(x) + v(x)$,则

$$f'(x) = \lim_{\Delta x \to 0} \frac{f(x + \Delta x) - f(x)}{\Delta x}$$

$$= \lim_{\Delta x \to 0} \frac{[u(x + \Delta x) + v(x + \Delta x)] - [u(x) + v(x)]}{\Delta x}$$

$$= \lim_{\Delta x \to 0} \left[\frac{u(x + \Delta x) - u(x)}{\Delta x} + \frac{v(x + \Delta x) - v(x)}{\Delta x} \right]$$

$$= u'(x) + v'(x).$$

这表示函数 $f(x)$ 在点 x 处可导,且 $f'(x) = u'(x) + v'(x)$,可简记作

$$(u + v)' = u' + v'.$$

函数和的求导法则可以推广到任意有限个可导函数相加的情形,例如,

$$(u + v + w)' = u' + v' + w'.$$

例 1 设函数 $y = x^3 + \sin x + 7$,求 y'.

解 $y' = (x^3 + \sin x + 7)' = (x^3)' + (\sin x)' + (7)' = 3x^2 + \cos x.$

二、函数差的求导法则

设函数 $u = u(x), v = v(x)$ 都在点 x 处可导,则函数 $u(x) - v(x)$ 也在点 x 处可导,且

$$(u - v)' = u' - v'.$$

例 2 设函数 $y = \sqrt{x} - \log_3 x$,求 y'.

解 $y' = (\sqrt{x} - \log_3 x)' = (\sqrt{x})' - (\log_3 x)' = \dfrac{1}{2\sqrt{x}} - \dfrac{1}{x \ln 3}.$

三、函数积的求导法则

设函数 $u = u(x), v = v(x)$ 都在点 x 处可导,则函数 $u(x)v(x)$ 也在点 x 处可导,且

$$(uv)' = u'v + uv'.$$

特别地,如果 $v(x) = C$(C 为常数),则因 $(C)' = 0$,故有

$$(Cu)' = Cu',$$

即常数因子可以提到求导记号外.

函数积的求导法则可以推广到任意有限个可导函数相乘的情形,例如,

$$(uvw)' = u'vw + uv'w + uvw'.$$

例 3 设函数 $y = 4\cos x$,求 y'.

解 $y' = (4\cos x)' = 4(\cos x)' = -4\sin x.$

例 4 设函数 $y = x \sin x \ln x$,求 y'.

解 $y' = (x \sin x \ln x)'$

$= (x)' \sin x \ln x + x(\sin x)' \ln x + x \sin x (\ln x)'$

$= \sin x \ln x + x \cos x \ln x + \sin x.$

四、函数商的求导法则

设函数 $u = u(x), v = v(x)$ 都在点 x 处可导,且 $v(x) \neq 0$,则函数 $\dfrac{u(x)}{v(x)}$ 也在点 x 处可

导,且
$$\left(\frac{u}{v}\right)' = \frac{u'v - uv'}{v^2}.$$

特别地,如果 $u(x) = 1$,则因 $(1)' = 0$,故有
$$\left(\frac{1}{v}\right)' = -\frac{v'}{v^2}.$$

例 5 设函数 $y = \dfrac{1}{\ln x}$,求 y'.

解 $y' = \left(\dfrac{1}{\ln x}\right)' = -\dfrac{(\ln x)'}{\ln^2 x} = -\dfrac{1}{x\ln^2 x}.$

例 6 设函数 $y = \dfrac{1 + \sin x}{1 + \cos x}$,求 y'.

解 $y' = \left(\dfrac{1 + \sin x}{1 + \cos x}\right)'$

$= \dfrac{(1 + \sin x)'(1 + \cos x) - (1 + \sin x)(1 + \cos x)'}{(1 + \cos x)^2}$

$= \dfrac{\cos x(1 + \cos x) - (1 + \sin x)(-\sin x)}{(1 + \cos x)^2}$

$= \dfrac{\cos x + \cos^2 x + \sin^2 x + \sin x}{(1 + \cos x)^2}$

$= \dfrac{1 + \cos x + \sin x}{(1 + \cos x)^2}.$

例 7 设函数 $y = \tan x$,求 y'.

解 $y' = (\tan x)' = \left(\dfrac{\sin x}{\cos x}\right)' = \dfrac{(\sin x)' \cos x - \sin x (\cos x)'}{\cos^2 x}$

$= \dfrac{\cos^2 x + \sin^2 x}{\cos^2 x} = \dfrac{1}{\cos^2 x} = \sec^2 x,$

即
$$(\tan x)' = \sec^2 x.$$

这就是正切函数的导数公式.

例 8 设函数 $y = \sec x$,求 y'.

解 $y' = (\sec x)' = \left(\dfrac{1}{\cos x}\right)' = -\dfrac{(\cos x)'}{\cos^2 x}$

$= \dfrac{\sin x}{\cos^2 x} = \dfrac{\sin x}{\cos x} \cdot \dfrac{1}{\cos x} = \sec x \tan x,$

即
$$(\sec x)' = \sec x \tan x.$$

这就是正割函数的导数公式.
用类似的方法还可求得余切函数与余割函数的导数公式:
$$(\cot x)' = -\csc^2 x, \quad (\csc x)' = -\csc x \cot x.$$

习 题 3.2

1. 求下列函数的导数:

(1) $y = \dfrac{4}{x^5} + \dfrac{7}{x^4} - \dfrac{2}{x} + 12$;

(2) $y = 5x^3 - 2^x + 3\mathrm{e}^x$ [提示:$(a^x)' = a^x \ln a (a > 0$ 且 $a \neq 1)$];

(3) $y = 2\tan x + \sec x - 1$; (4) $y = \sin x \cos x$;

(5) $y = x^2 \ln x$; (6) $y = 3\mathrm{e}^x \cos x$;

(7) $y = \dfrac{\ln x}{x}$; (8) $y = \dfrac{\mathrm{e}^x}{x^2} + \ln 3$.

2. 求下列函数在给定点处的导数:

(1) $y = \sin x - \cos x$, 求 $y'\big|_{x=\frac{\pi}{6}}$ 和 $y'\big|_{x=\frac{\pi}{4}}$;

(2) $f(x) = \dfrac{3}{5-x} + \dfrac{x^2}{5}$, 求 $f'(0)$ 和 $f'(2)$.

复合函数求导法则和反函数求导法则

一、复合函数求导法则

定理 1 如果函数 $u = \varphi(x)$ 在点 x 处可导,函数 $y = f(u)$ 在相应的点 $u = \varphi(x)$ 处可导,则复合函数 $y = f[\varphi(x)]$ 在点 x 处可导,且

$$y' = f'(u)\varphi'(x) \quad \text{或} \quad \dfrac{\mathrm{d}y}{\mathrm{d}x} = \dfrac{\mathrm{d}y}{\mathrm{d}u} \cdot \dfrac{\mathrm{d}u}{\mathrm{d}x}.$$

证 因为 $y = f(u)$ 在点 u 处可导,所以

$$f'(u) = \lim_{\Delta u \to 0} \dfrac{\Delta y}{\Delta u}.$$

由函数极限与无穷小量的关系,有

$$\dfrac{\Delta y}{\Delta u} = f'(u) + \alpha(\Delta u),$$

其中 $\alpha(\Delta u)$ 是当 $\Delta u \to 0$ 时的无穷小量. 当 $\Delta u \neq 0$ 时,用 Δu 乘上式两边得

$$\Delta y = f'(u)\Delta u + \alpha(\Delta u) \cdot \Delta u. \tag{3.1}$$

当 $\Delta u = 0$ 时,因

$$\Delta y = f(u + \Delta u) - f(u) = 0,$$

而式(3.1)右边亦为零,故式(3.1)对 $\Delta u = 0$ 时也成立. 用 $\Delta x \neq 0$ 除式(3.1)两边,得

$$\dfrac{\Delta y}{\Delta x} = f'(u) \dfrac{\Delta u}{\Delta x} + \alpha(\Delta u) \cdot \dfrac{\Delta u}{\Delta x},$$

于是

$$\lim_{\Delta x\to 0}\frac{\Delta y}{\Delta x}=\lim_{\Delta x\to 0}\left[f'(u)\frac{\Delta u}{\Delta x}+\alpha(\Delta u)\cdot\frac{\Delta u}{\Delta x}\right]$$
$$=f'(u)\lim_{\Delta x\to 0}\frac{\Delta u}{\Delta x}+\lim_{\Delta x\to 0}\left[\alpha(\Delta u)\cdot\frac{\Delta u}{\Delta x}\right]$$
$$=f'(u)\varphi'(x)+\lim_{\Delta x\to 0}\left[\alpha(\Delta u)\cdot\frac{\Delta u}{\Delta x}\right].$$

根据可导与连续的关系知道,当 $\Delta x\to 0$ 时,$\Delta u\to 0$,所以
$$\lim_{\Delta x\to 0}\alpha(\Delta u)=\lim_{\Delta u\to 0}\alpha(\Delta u)=0.$$
故
$$\lim_{\Delta x\to 0}\frac{\Delta y}{\Delta x}=f'(u)\varphi'(x),$$
即
$$y'=f'(u)\varphi'(x).$$

这里必须注意,y' 表示复合函数 y 对自变量 x 的导数,而 $f'(u)$ 表示复合函数 y 对中间变量 u 的导数.

复合函数求导法则可以推广到有限个可导函数复合的情形,例如,设 $y=f(u)$,$u=\varphi(v)$,$v=\psi(x)$,则复合函数 $y=f\{\varphi[\psi(x)]\}$ 的导数为
$$\frac{\mathrm{d}y}{\mathrm{d}x}=\frac{\mathrm{d}y}{\mathrm{d}u}\cdot\frac{\mathrm{d}u}{\mathrm{d}v}\cdot\frac{\mathrm{d}v}{\mathrm{d}x},$$
这里假定上式右边所出现的导数在相应的点处都存在.上式右边的求导,按 $y-u-v-x$ 的顺序,就像一条链子一样,因此复合函数求导法则又称为链导法则.

例 1 设函数 $y=(3x+2)^{10}$,求 y'.

解 $y=(3x+2)^{10}$ 是函数 $y=u^{10}$ 与 $u=3x+2$ 的复合,则
$$y'=\frac{\mathrm{d}y}{\mathrm{d}u}\cdot\frac{\mathrm{d}u}{\mathrm{d}x}=10u^9\cdot 3=30(3x+2)^9.$$

例 2 设函数 $y=\log_2(1+x^2)$,求 y'.

解 $y=\log_2(1+x^2)$ 是函数 $y=\log_2 u$ 与 $u=1+x^2$ 的复合,则
$$y'=\frac{\mathrm{d}y}{\mathrm{d}u}\cdot\frac{\mathrm{d}u}{\mathrm{d}x}=\frac{1}{u\ln 2}\cdot 2x=\frac{2x}{(1+x^2)\ln 2}.$$

例 3 设函数 $y=\sin\ln(x^2+1)$,求 y'.

解 $y=\sin\ln(x^2+1)$ 是函数 $y=\sin u$,$u=\ln v$,$v=x^2+1$ 的复合,则
$$y'=\frac{\mathrm{d}y}{\mathrm{d}u}\cdot\frac{\mathrm{d}u}{\mathrm{d}v}\cdot\frac{\mathrm{d}v}{\mathrm{d}x}=\cos u\cdot\frac{1}{v}\cdot 2x=\frac{2x\cos\ln(x^2+1)}{x^2+1}.$$

对复合函数求导法则熟练后,就不必再写出中间变量,而可以采用下列例题的方法来计算.

例 4 设函数 $y=\ln\cos x$,求 y'.

解 $y'=(\ln\cos x)'=\dfrac{1}{\cos x}(\cos x)'=\dfrac{1}{\cos x}(-\sin x)=-\tan x.$

例 5 设函数 $y=\sqrt{1-x^2}$,求 y'.

解 $y' = (\sqrt{1-x^2})' = \dfrac{1}{2\sqrt{1-x^2}}(1-x^2)' = \dfrac{-2x}{2\sqrt{1-x^2}} = -\dfrac{x}{\sqrt{1-x^2}}.$

例6 设函数 $y = \cos^3 x$，求 y'.

解 $y' = (\cos^3 x)' = 3\cos^2 x(\cos x)' = -3\sin x \cos^2 x.$

例7 设函数 $y = \cos x^3$，求 y'.

解 $y' = (\cos x^3)' = -\sin x^3 (x^3)' = -3x^2 \sin x^3.$

二、反函数求导法则

定理2 设单调连续函数 $x = \varphi(y)$ 在点 y 处可导，且 $\varphi'(y) \neq 0$，则 $x = \varphi(y)$ 的反函数 $y = f(x)$ 在相应的点 x 处可导，且

$$f'(x) = \dfrac{1}{\varphi'(y)} \quad \text{或} \quad \dfrac{\mathrm{d}y}{\mathrm{d}x} = \dfrac{1}{\dfrac{\mathrm{d}x}{\mathrm{d}y}}.$$

证 因为函数 $x = \varphi(y)$ 单调且连续，所以其反函数 $y = f(x)$ 也单调且连续. 给 x 以增量 $\Delta x (\Delta x \neq 0)$，由 $y = f(x)$ 的单调性知

$$\Delta y = f(x + \Delta x) - f(x) \neq 0,$$

于是

$$\dfrac{\Delta y}{\Delta x} = \dfrac{1}{\dfrac{\Delta x}{\Delta y}}.$$

又因为 $y = f(x)$ 连续，所以当 $\Delta x \to 0$ 时，必有 $\Delta y \to 0$，从而

$$f'(x) = \lim_{\Delta x \to 0} \dfrac{\Delta y}{\Delta x} = \lim_{\Delta y \to 0} \dfrac{1}{\dfrac{\Delta x}{\Delta y}} = \dfrac{1}{\varphi'(y)}.$$

例8 设函数 $y = a^x (a > 0$ 且 $a \neq 1)$，求 y'.

解 $y = a^x (-\infty < x < +\infty)$ 是 $x = \log_a y (0 < y < +\infty)$ 的反函数，而 $x = \log_a y$ 在 $(0, +\infty)$ 内单调连续，且

$$(\log_a y)' = \dfrac{1}{y \ln a} \neq 0,$$

故

$$(a^x)' = \dfrac{1}{(\log_a y)'} = y \ln a = a^x \ln a.$$

这就是指数函数的导数公式，利用该公式可以方便地求出具体的指数函数的导数. 例如，

$$(2^x)' = 2^x \ln 2, \quad (3^x)' = 3^x \ln 3.$$

特别地，

$$(\mathrm{e}^x)' = \mathrm{e}^x.$$

例9 设函数 $y = \arcsin x$，求 y'.

解 $y = \arcsin x (-1 \leqslant x \leqslant 1)$ 是 $x = \sin y \left(-\dfrac{\pi}{2} \leqslant y \leqslant \dfrac{\pi}{2}\right)$ 的反函数，而 $x = \sin y$ 在 $\left(-\dfrac{\pi}{2}, \dfrac{\pi}{2}\right)$ 内单调连续，且

$$(\sin y)' = \cos y > 0,$$

所以 $y = \arcsin x$ 在 $(-1,1)$ 内可导，且

$$(\arcsin x)' = \frac{1}{(\sin y)'} = \frac{1}{\cos y} = \frac{1}{\sqrt{1-x^2}}.$$

这就是反正弦函数的导数公式.

例 10 设函数 $y = \arctan x$，求 y'.

解 $y = \arctan x (-\infty < x < +\infty)$ 是 $x = \tan y \left(-\frac{\pi}{2} < y < \frac{\pi}{2}\right)$ 的反函数，而 $x = \tan y$ 在 $\left(-\frac{\pi}{2}, \frac{\pi}{2}\right)$ 内单调连续，且

$$(\tan y)' = \sec^2 y \neq 0,$$

所以

$$(\arctan x)' = \frac{1}{(\tan y)'} = \frac{1}{\sec^2 y} = \frac{1}{1+\tan^2 y} = \frac{1}{1+x^2}.$$

这就是反正切函数的导数公式.

用类似的方法可以求得反余弦函数与反余切函数的导数公式：

$$(\arccos x)' = -\frac{1}{\sqrt{1-x^2}}, \quad (\text{arccot } x)' = -\frac{1}{1+x^2}.$$

例 11 证明 $(x^\mu)' = \mu x^{\mu-1}$（μ 为实数，$x > 0$）.

证 因为 $x^\mu = e^{\mu \ln x}$，所以

$$(x^\mu)' = (e^{\mu \ln x})' = e^{\mu \ln x} (\mu \ln x)' = e^{\mu \ln x} \mu \frac{1}{x} = x^\mu \mu \frac{1}{x} = \mu x^{\mu-1}.$$

三、基本初等函数的导数公式

由导数的定义、导数的四则运算法则、复合函数求导法则及反函数求导法则，可以得到 16 个基本初等函数的导数公式. 为了便于查阅，现将这 16 个基本初等函数的导数公式收列如下，它们被称为基本导数公式.

(1) $(C)' = 0$（C 为常数）；

(2) $(x^\mu)' = \mu x^{\mu-1}$（μ 为实数）；

(3) $(a^x)' = a^x \ln a$（$a > 0$ 且 $a \neq 1$）；

(4) $(e^x)' = e^x$；

(5) $(\log_a x)' = \frac{1}{x \ln a}$（$a > 0$ 且 $a \neq 1$）；

(6) $(\ln x)' = \frac{1}{x}$；

(7) $(\sin x)' = \cos x$；

(8) $(\cos x)' = -\sin x$；

(9) $(\tan x)' = \sec^2 x$；

(10) $(\cot x)' = -\csc^2 x$；

(11) $(\sec x)' = \sec x \tan x$；

(12) $(\csc x)' = -\csc x \cot x$；

(13) $(\arcsin x)' = \frac{1}{\sqrt{1-x^2}}$；

(14) $(\arccos x)' = -\frac{1}{\sqrt{1-x^2}}$；

(15) $(\arctan x)' = \frac{1}{1+x^2}$；

(16) $(\text{arccot } x)' = -\frac{1}{1+x^2}$.

习 题 3.3

1. 求下列函数的导数:

(1) $y = 2x^2 + \ln x$;

(2) $y = e^{2x-1}$;

(3) $y = x\cos x$;

(4) $y = e^{-t}\sin t$;

(5) $y = \sqrt{a^2 - x^2}$;

(6) $y = \ln(1 - x^2)$;

(7) $y = \tan x$;

(8) $y = \dfrac{1}{x^3 + 1}$;

(9) $y = (1 + x^2)\arctan x$;

(10) $y = \dfrac{e^x}{x}$.

3.4 高阶导数

一、高阶导数的概念

在很多实际问题的研究中,我们不仅要求 $f'(x)$,还要求 $f'(x)$ 的导数. 例如,已知变速直线运动的速度 $v(t)$ 是位置函数 $s(t)$ 对时间 t 的导数,即 $v = \dfrac{\mathrm{d}s}{\mathrm{d}t}$ 或 $v = s'(t)$,而加速度 $a(t)$ 又是速度 $v(t)$ 对时间 t 的导数,即 $a = \dfrac{\mathrm{d}v}{\mathrm{d}t} = \dfrac{\mathrm{d}}{\mathrm{d}t}\left(\dfrac{\mathrm{d}s}{\mathrm{d}t}\right)$ 或 $a = [s'(t)]'$. 这种导数的导数 $\dfrac{\mathrm{d}}{\mathrm{d}t}\left(\dfrac{\mathrm{d}s}{\mathrm{d}t}\right)$ 或 $[s'(t)]'$ 叫作 $s(t)$ 对 t 的二阶导数,记作 $\dfrac{\mathrm{d}^2 s}{\mathrm{d}t^2}$ 或 $s''(t)$. 因此,直线运动的加速度就是位置函数 $s(t)$ 对时间 t 的二阶导数. 像定义位置函数的二阶导数一样,我们引入一般函数 $y = f(x)$ 的二阶导数及高阶导数的概念.

函数 $y = f(x)$ 的导数 $f'(x)$ 的导数叫作 $y = f(x)$ 的**二阶导数**,记作

$$f''(x), \quad y'', \quad \dfrac{\mathrm{d}^2 f(x)}{\mathrm{d}x^2} \quad \text{或} \quad \dfrac{\mathrm{d}^2 y}{\mathrm{d}x^2},$$

即

$$f''(x) = [f'(x)]'.$$

相应地,把函数 $y = f(x)$ 的导数 $f'(x)$ 叫作 $y = f(x)$ 的**一阶导数**.

类似地,二阶导数的导数叫作**三阶导数**,三阶导数的导数叫作**四阶导数** …… 分别记作

$$y''', \quad y^{(4)}, \quad \cdots$$

或

$$\dfrac{\mathrm{d}^3 y}{\mathrm{d}x^3}, \quad \dfrac{\mathrm{d}^4 y}{\mathrm{d}x^4}, \quad \cdots.$$

函数 $y = f(x)$ 的 $n-1$ 阶导数的导数叫作 $y = f(x)$ 的 n **阶导数**,记作

$$f^{(n)}(x), \quad y^{(n)}, \quad \dfrac{\mathrm{d}^n f(x)}{\mathrm{d}x^n} \quad \text{或} \quad \dfrac{\mathrm{d}^n y}{\mathrm{d}x^n},$$

即
$$f^{(n)}(x) = [f^{(n-1)}(x)]'.$$
二阶及二阶以上的导数统称为**高阶导数**.

二、高阶导数的计算

由定义求高阶导数就是接连多次求导,因此可用函数的求导法则及基本导数公式计算高阶导数,下面举例来介绍高阶导数的计算方法.

例 1 设函数 $y = \ln(1+x^2)$,求 y''.

解 $y' = \dfrac{2x}{1+x^2}$,

$y'' = 2\left(\dfrac{x}{1+x^2}\right)' = 2\dfrac{1+x^2 - x \cdot 2x}{(1+x^2)^2} = \dfrac{2(1-x^2)}{(1+x^2)^2}.$

例 2 设函数 $y = (1+x^2)\arctan x$,求 y''.

解 $y' = 2x\arctan x + (1+x^2) \cdot \dfrac{1}{1+x^2} = 2x\arctan x + 1$,

$y'' = 2\left(\arctan x + x \cdot \dfrac{1}{1+x^2}\right) = 2\arctan x + \dfrac{2x}{1+x^2}.$

例 3 设函数 $y = \sin \ln x$,求 y''.

解 $y' = \cos \ln x \cdot \dfrac{1}{x} = \dfrac{\cos \ln x}{x}$,

$y'' = \dfrac{-\sin \ln x \cdot \dfrac{1}{x} \cdot x - \cos \ln x}{x^2} = \dfrac{-(\sin \ln x + \cos \ln x)}{x^2}.$

例 4 设函数 $y = e^{x^2}$,求 y''.

解 $y' = 2x e^{x^2}$,

$y'' = 2(e^{x^2} + x e^{x^2} \cdot 2x) = 2e^{x^2}(1+2x^2).$

例 5 设函数 $y = e^x$,求 $y^{(n)}$.

解 $y' = e^x$,
$y'' = e^x$,
……
$y^{(n)} = e^x$,

即
$$(e^x)^{(n)} = e^x.$$

例 6 设函数 $y = x^\mu$(μ 为实数),求 $y^{(n)}$.

解 $y' = \mu x^{\mu-1}$,
$y'' = \mu(\mu-1)x^{\mu-2}$,
……
$y^{(n)} = \mu(\mu-1)(\mu-2)\cdots(\mu-n+1)x^{\mu-n}$,

即
$$(x^\mu)^{(n)} = \mu(\mu-1)(\mu-2)\cdots(\mu-n+1)x^{\mu-n}.$$

特别地,当 $\mu = n$ 时,$(x^n)^{(n)} = n!$,而 $(x^n)^{(n+1)} = 0$.

例 7 设函数 $y = \dfrac{1}{1+x}$,求 $y^{(n)}$.

解 $y' = -\dfrac{1}{(1+x)^2}$,

$y'' = -\dfrac{-2(1+x)}{(1+x)^4} = \dfrac{2}{(1+x)^3}$,

$y''' = 2\dfrac{-3(1+x)^2}{(1+x)^6} = -\dfrac{6}{(1+x)^4}$,

……

$y^{(n)} = \dfrac{(-1)^n n!}{(1+x)^{n+1}}$,

即
$$\left(\dfrac{1}{1+x}\right)^{(n)} = \dfrac{(-1)^n n!}{(1+x)^{n+1}}.$$

例 8 设函数 $y = \sin x$,求 $y^{(n)}$.

解 $y' = \cos x = \sin\left(x + \dfrac{1}{2}\pi\right)$,

$y'' = -\sin x = \sin\left(x + \dfrac{2}{2}\pi\right)$,

$y''' = -\cos x = \sin\left(x + \dfrac{3}{2}\pi\right)$,

……

$y^{(n)} = \sin\left(x + \dfrac{n}{2}\pi\right)$,

即
$$(\sin x)^{(n)} = \sin\left(x + \dfrac{n}{2}\pi\right).$$

同理可求得
$$(\cos x)^{(n)} = \cos\left(x + \dfrac{n}{2}\pi\right).$$

习 题 3.4

1. 设函数 $f(x) = (x+10)^6$,求 $f'''(2)$.
2. 验证函数 $y = e^x \sin x$ 满足关系式
$$y'' - 2y' + 2y = 0.$$
3. 求下列函数的 n 阶导数:
(1) $y = x^n + a_1 x^{n-1} + a_2 x^{n-2} + \cdots + a_{n-1}x + a_n$ ($a_1, a_2, \cdots, a_n$ 都是常数);
(2) $y = x \ln x$.

3.5 隐函数的导数与参数方程所确定的函数的导数

一、隐函数的导数

表示函数关系的式子可以有不同的形式. 形如 $y=f(x)$ 的函数称为**显函数**, 如 $y=\sin x$, $y=2^x+\ln x-\sqrt{1-x^2}$ 等, 以前我们所遇到的函数大多为显函数.

关于 x,y 的二元方程 $F(x,y)=0$ 也蕴含着两个变量 x 与 y 之间的某种关系, 因而也可能确定 y 为 x 的函数. 例如, 在方程 $2x+3y+1=0$ 中, 对于任一确定的 x 值, 就可相应地确定唯一的 y 值, 根据函数的定义, y 是 x 的函数. 一般地, 由二元方程 $F(x,y)=0$ 所确定的函数称为**隐函数**, 如 $x+y^3-1=0, xy-e^x+e^y=0$ 等.

由导数公式和求导法则我们可以对显函数求导, 那么如何对隐函数求导呢? 我们自然会想到先从 $F(x,y)=0$ 中解出 y, 得到显函数 $y=f(x)$ (这一过程称为**隐函数的显化**), 然后再对显函数求导. 但是, 隐函数的显化有时是困难的, 甚至是不可能的. 例如, 要想从方程 $xy-e^x+e^y=0$ 中解出 y 就办不到. 因此, 我们希望有一种方法, 不管隐函数能否显化, 都能直接由方程求出它所确定的隐函数的导数. 下面通过举例来说明这种方法.

例 1 求由方程 $xy-e^x+e^y=0$ 所确定的隐函数的导数 $\dfrac{dy}{dx}$.

解 方程两边同时对自变量 x 求导, 得
$$y+x\frac{dy}{dx}-e^x+e^y\frac{dy}{dx}=0,$$
整理得
$$(x+e^y)\frac{dy}{dx}=e^x-y,$$
解得
$$\frac{dy}{dx}=\frac{e^x-y}{x+e^y}.$$

例 2 求由方程 $\arctan\dfrac{y}{x}=\dfrac{1}{2}\ln(x^2+y^2)$ 所确定的隐函数的导数 y'.

解 方程两边同时对自变量 x 求导, 得
$$\frac{1}{1+\left(\dfrac{y}{x}\right)^2}\cdot\frac{y'x-y}{x^2}=\frac{1}{2}\cdot\frac{1}{x^2+y^2}(2x+2yy'),$$
整理得
$$(x-y)y'=x+y,$$
解得
$$y'=\frac{x+y}{x-y}.$$

例 3 设方程 $e^{xy}=3x+y$ 可以确定变量 y 为 x 的函数,求 $y'\big|_{x=0}$.

解 方程两边同时对自变量 x 求导,得
$$e^{xy}(y+xy')=3+y',$$
整理得
$$(xe^{xy}-1)y'=3-ye^{xy},$$
解得
$$y'=\frac{3-ye^{xy}}{xe^{xy}-1}.$$
又 $x=0$ 时,$y=1$,于是
$$y'\big|_{x=0}=\frac{3-1\cdot e^{0\cdot 1}}{0\cdot e^{0\cdot 1}-1}=-2.$$

注意:在对隐函数求导的过程中,必须非常明确变量 y 为变量 x 的函数,同时要应用复合函数求导法则.

二、对数求导法

函数 $y=u(x)^{v(x)}$ 既不是幂函数,又不是指数函数,但同时具有幂函数与指数函数的部分特征,称为**幂指函数**. 幂指函数当然是显函数,但不能直接应用幂函数或指数函数的导数公式对其求导. 下面通过举例来说明如何对幂指函数求导.

例 4 设函数 $y=x^{\sin x}$ $(x>0)$,求 y'.

解 函数两边同时取对数,得
$$\ln y=\sin x\ln x,$$
上式两边同时对自变量 x 求导,得
$$\frac{1}{y}y'=\cos x\ln x+\frac{\sin x}{x},$$
于是
$$y'=y\left(\cos x\ln x+\frac{\sin x}{x}\right),$$
即
$$y'=x^{\sin x}\left(\cos x\ln x+\frac{\sin x}{x}\right).$$

例 5 设函数 $y=(\sin x)^x$,求 y'.

解 函数两边同时取对数,得
$$\ln y=x\ln\sin x,$$
上式两边同时对自变量 x 求导,得
$$\frac{1}{y}y'=\ln\sin x+x\cdot\frac{1}{\sin x}\cos x,$$
于是
$$y'=y(\ln\sin x+x\cot x),$$
即

$$y' = (\sin x)^x (\ln \sin x + x \cot x).$$

上述对幂指函数求导的方法称为**对数求导法**.

注意：函数两边取对数时，只要对数的底数大于零且不等于1即可，这一步只是为了方便下一步求导，故通常取自然对数.

对由多个函数的积、商、方幂构成的函数求导，用此方法计算较为方便.

例6 设函数

$$f(x) = \frac{x^3}{2-x} \sqrt[3]{\frac{2-x}{(2+x)^2}},$$

求 $f'(x), f'(1)$.

解 函数两边取对数，得

$$\ln f(x) = 3\ln x - \ln(2-x) + \frac{1}{3}[\ln(2-x) - 2\ln(2+x)],$$

上式两边对自变量 x 求导，得

$$\frac{1}{f(x)} f'(x) = \frac{3}{x} + \frac{1}{2-x} + \frac{1}{3}\left(\frac{-1}{2-x} - \frac{2}{2+x}\right),$$

于是

$$f'(x) = f(x)\left[\frac{3}{x} + \frac{2}{3}\left(\frac{1}{2-x} - \frac{1}{2+x}\right)\right],$$

即

$$f'(x) = \frac{x^3}{2-x} \sqrt[3]{\frac{2-x}{(2+x)^2}} \left[\frac{3}{x} + \frac{2}{3}\left(\frac{1}{2-x} - \frac{1}{2+x}\right)\right].$$

因此

$$f'(1) = \sqrt[3]{\frac{1}{9}}\left[3 + \frac{2}{3}\left(1 - \frac{1}{3}\right)\right] = \sqrt[3]{\frac{1}{9}} \cdot \frac{31}{9} = \frac{31\sqrt[3]{3}}{27}.$$

三、参数方程所确定的函数的导数

若两个变量 x 和 y 都是同一个变量 t 的函数：$x = \varphi(t), y = \psi(t)$，则通过中间变量 t 使 x 与 y 之间可能形成函数关系. 实际上，若 $x = \varphi(t)$ 单调，则 $x = \varphi(t)$ 存在反函数 $t = \varphi^{-1}(x)$，再与 $y = \psi(t)$ 复合，从而可确定 y 是 x 的函数.

一般地，若参数方程 $\begin{cases} x = \varphi(t) \\ y = \psi(t) \end{cases}$ 确定了一个 y 与 x 之间的函数关系，则称此函数为**由参数方程所确定的函数**. 如何对由参数方程所确定的函数求导呢？我们给出下面的定理.

定理1 设由参数方程

$$\begin{cases} x = \varphi(t) \\ y = \psi(t) \end{cases} \quad [t \in (\alpha, \beta)]$$

所确定的函数为 $y = f(x)$，其中函数 $\varphi(t), \psi(t)$ 可导，且 $\varphi'(t) \neq 0$，则函数 $y = f(x)$ 可导，且

$$\frac{dy}{dx} = \frac{\psi'(t)}{\varphi'(t)} \quad \text{或} \quad \frac{dy}{dx} = \frac{\frac{dy}{dt}}{\frac{dx}{dt}}.$$

该定理的证明将在 3.6 节中给出.

例 7 设函数
$$\begin{cases} x = e^t \cos t, \\ y = e^t \sin t, \end{cases}$$
求 $\dfrac{dy}{dx}$.

解 $\dfrac{dy}{dx} = \dfrac{\frac{dy}{dt}}{\frac{dx}{dt}} = \dfrac{e^t(\sin t + \cos t)}{e^t(\cos t - \sin t)} = \dfrac{\sin t + \cos t}{\cos t - \sin t}.$

例 8 设函数
$$\begin{cases} x = t - \ln(1+t), \\ y = t^3 + t^2, \end{cases}$$
求 $\dfrac{dy}{dx}$.

解 $\dfrac{dy}{dx} = \dfrac{\frac{dy}{dt}}{\frac{dx}{dt}} = \dfrac{3t^2 + 2t}{1 - \dfrac{1}{1+t}} = (3t+2)(1+t).$

习 题 3.5

1. 求由下列方程所确定的隐函数 y 的导数 $\dfrac{dy}{dx}$:

(1) $y^2 - 2xy + 9 = 0$; (2) $x^3 + y^3 - 3axy = 0$;
(3) $xy = e^{x+y}$; (4) $y = 1 - xe^y$.

2. 用对数求导法求下列函数的导数:

(1) $y = \left(\dfrac{x}{1+x}\right)^x$; (2) $y = \dfrac{\sqrt{x+2}(3-x)^4}{(x+1)^5}$.

3. 求由下列参数方程所确定的函数的导数:

(1) $\begin{cases} x = \dfrac{t^2}{2}, \\ y = 1 - t; \end{cases}$ (2) $\begin{cases} x = a\cos t, \\ y = b\sin t. \end{cases}$

 3.6 函数的微分

一、函数微分的概念

在实际问题中,有时还需要研究函数增量的近似值. 我们先看一个具体的例子.

例1 一块正方形金属薄片由于温度的变化,其边长由 x_0 变为 $x_0+\Delta x$,此时薄片的面积改变了多少?

解 设此薄片的边长为 x,面积为 S,则 $S=x^2$. 当自变量 x 在点 x_0 处有增量 Δx 时,相应的面积函数增量为 ΔS,则

$$\Delta S=(x_0+\Delta x)^2-x_0^2=2x_0\Delta x+(\Delta x)^2.$$

ΔS 由两部分组成:一部分 $2x_0\Delta x$ 是 Δx 的线性函数,即图 3-3 中带有斜阴影线的两个矩形面积之和;另一部分 $(\Delta x)^2$ 当 $\Delta x\to 0$ 时是比 Δx 高阶的无穷小量,即图 3-3 中带有交叉线的小正方形的面积. 因此,当 Δx 很小时,我们可以用第一部分 $2x_0\Delta x$ 来近似地表示 ΔS,而将第二部分忽略掉,其差 $\Delta S-2x_0\Delta x$ 是一个比 Δx 高阶的无穷小量. 我们把 $2x_0\Delta x$ 叫作正方形面积函数 S 的微分,记作 $\mathrm{d}S$,即 $\mathrm{d}S=2x_0\Delta x$.

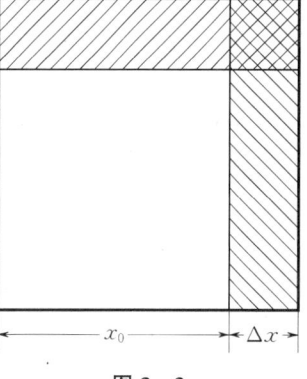

图 3-3

下面我们来分析正方形面积函数 S 的微分表达式. $2x_0$ 恰好是面积函数 $S=x^2$ 在点 x_0 处的导数,即正方形面积函数 S 在点 x_0 处的微分就是该点的导数乘以自变量的增量,这就是正方形面积函数的微分的定义. 类似地,我们给出一般函数微分的定义.

1. 函数 $y=f(x)$ 在点 x_0 处可微的定义

定义 1 设函数 $y=f(x)$ 在点 x_0 处的导数 $f'(x_0)$ 存在,则称 $f'(x_0)\Delta x$ 为 $y=f(x)$ 在点 x_0 处的**微分**,记作

$$\mathrm{d}y\Big|_{x=x_0} \quad \text{或} \quad \mathrm{d}f(x)\Big|_{x=x_0},$$

即

$$\mathrm{d}y\Big|_{x=x_0}=f'(x_0)\Delta x.$$

这时,也称函数 $y=f(x)$ 在点 x_0 处**可微**.

例2 求函数 $y=\sqrt[3]{x}$ 在点 $x=1$ 处当 $\Delta x=0.003$ 时的微分.

解 $y'=(\sqrt[3]{x})'=\frac{1}{3}x^{-\frac{2}{3}}$,$y'\Big|_{x=1}=\frac{1}{3}$,于是

$$\mathrm{d}y\Big|_{x=1,\Delta x=0.003}=\frac{1}{3}\times 0.003=0.001.$$

2. 区间上的可微函数

若函数 $y=f(x)$ 在区间 I 上每一点处都可微,则称 $y=f(x)$ **在区间 I 上可微**. 函数 $y=f(x)$ 在区间 I 上任意一点 x 处的微分称为 $y=f(x)$ **的微分**,记作 $\mathrm{d}y$,即

$$\mathrm{d}y=f'(x)\Delta x.$$

例3 求函数 $y=x$ 的微分.

解 因为 $y'=1$,所以

$$\mathrm{d}y=1\cdot\Delta x=\Delta x.$$

由例3可以看出,因为 $y=x$,所以 $\mathrm{d}y=\mathrm{d}x$,从而 $\mathrm{d}x=\Delta x$,即自变量的微分就等于自变量的增量. 因此,函数 $y=f(x)$ 的微分可记作

$$\mathrm{d}y=f'(x)\mathrm{d}x.$$

我们习惯上把函数的微分记作这一形式,即函数的微分等于函数的导数与自变量的微分的乘积.

从函数 $y=f(x)$ 的微分表达式容易得到

$$\frac{\mathrm{d}y}{\mathrm{d}x}=f'(x),$$

说明函数的导数就等于函数的微分与自变量的微分的商.因此,导数也常称为**微商**.

例 4 求下列函数的微分:

(1) $y=x\ln x$; (2) $y=\mathrm{e}^{\cos x}$;

(3) $y=\ln\sin\dfrac{x}{2}$.

解 (1) $y'=\ln x+x\cdot\dfrac{1}{x}=\ln x+1,$

$\mathrm{d}y=(\ln x+1)\mathrm{d}x.$

(2) $y'=-\sin x\,\mathrm{e}^{\cos x},$

$\mathrm{d}y=-\sin x\,\mathrm{e}^{\cos x}\mathrm{d}x.$

(3) $y'=\dfrac{1}{\sin\dfrac{x}{2}}\cos\dfrac{x}{2}\cdot\dfrac{1}{2}=\dfrac{1}{2}\cot\dfrac{x}{2},$

$\mathrm{d}y=\dfrac{1}{2}\cot\dfrac{x}{2}\mathrm{d}x.$

例 5 设方程 $x^2-xy+y^2=3$ 确定了变量 y 为变量 x 的函数,求 $\mathrm{d}y$.

解 方程两边同时对自变量 x 求导,得

$$2x-y-xy'+2yy'=0,$$

整理得

$$y'(2y-x)=y-2x,$$

解得

$$y'=\frac{y-2x}{2y-x},$$

于是

$$\mathrm{d}y=\frac{y-2x}{2y-x}\mathrm{d}x.$$

二、基本初等函数的微分公式

由微分表达式及基本初等函数的导数公式,可以直接写出如下基本初等函数的微分公式:

(1) $\mathrm{d}(C)=0$; (2) $\mathrm{d}(x^\mu)=\mu x^{\mu-1}\mathrm{d}x\,(\mu\text{ 为实数})$;

(3) $\mathrm{d}(a^x)=a^x\ln a\,\mathrm{d}x\,(a>0\text{ 且 }a\neq 1)$; (4) $\mathrm{d}(\mathrm{e}^x)=\mathrm{e}^x\mathrm{d}x$;

(5) $\mathrm{d}(\log_a x)=\dfrac{1}{x\ln a}\mathrm{d}x\,(a>0\text{ 且 }a\neq 1)$; (6) $\mathrm{d}(\ln x)=\dfrac{1}{x}\mathrm{d}x$;

(7) $\mathrm{d}(\sin x)=\cos x\,\mathrm{d}x$; (8) $\mathrm{d}(\cos x)=-\sin x\,\mathrm{d}x$;

(9) $\mathrm{d}(\tan x)=\sec^2 x\,\mathrm{d}x$; (10) $\mathrm{d}(\cot x)=-\csc^2 x\,\mathrm{d}x$;

(11) $d(\sec x) = \sec x \tan x\, dx$; (12) $d(\csc x) = -\csc x \cot x\, dx$;

(13) $d(\arcsin x) = \dfrac{1}{\sqrt{1-x^2}} dx$; (14) $d(\arccos x) = -\dfrac{1}{\sqrt{1-x^2}} dx$;

(15) $d(\arctan x) = \dfrac{1}{1+x^2} dx$; (16) $d(\operatorname{arccot} x) = -\dfrac{1}{1+x^2} dx$.

三、微分的四则运算法则

定理 1 设函数 $u = u(x), v = v(x)$ 都可微,则

(1) 函数 $u(x) + v(x)$ 也可微,且 $d(u+v) = du + dv$.

(2) 函数 $u(x) - v(x)$ 也可微,且 $d(u-v) = du - dv$.

(3) 函数 $u(x)v(x)$ 也可微,且 $d(uv) = v\,du + u\,dv$. 特别地,当 $v(x) = C$(C 为常数)时,$d(Cu) = C\,du$.

(4) 函数 $\dfrac{u(x)}{v(x)}$ 也可微,且 $d\left(\dfrac{u}{v}\right) = \dfrac{v\,du - u\,dv}{v^2}$ [$v(x) \neq 0$].

我们只证(1),其他情形留给读者自己思考.

证 由函数的微分表达式有
$$d(u+v) = (u+v)'\,dx.$$
再根据函数和的求导法则有
$$(u+v)' = u' + v',$$
于是
$$d(u+v) = (u'+v')\,dx = u'\,dx + v'\,dx.$$
又
$$u'\,dx = du, \quad v'\,dx = dv,$$
故
$$d(u+v) = du + dv.$$

四、微分形式不变性

定理 2 设函数 $y = f(u)$ 可微,函数 $u = \varphi(x)$ 可微,则复合函数 $y = f[\varphi(x)]$ 也可微,且
$$dy = f'(u)\,du.$$

证 因为 $dy = f'[\varphi(x)]\varphi'(x)\,dx$,而
$$u = \varphi(x) \quad 且 \quad \varphi'(x)\,dx = du,$$
所以
$$dy = f'(u)\,du.$$

由此可见,无论 u 是自变量还是中间变量,函数 $y = f(u)$ 的微分具有相同的形式 $dy = f'(u)\,du$,这一性质称为**微分形式不变性**.

除了根据微分的定义外,我们也可以根据其运算法则及微分形式不变性计算函数的微分.

例 6 设函数 $y = \ln(1 + e^{x^2})$，求 dy.

解 $dy = d[\ln(1 + e^{x^2})] = \dfrac{1}{1 + e^{x^2}} d(1 + e^{x^2})$

$= \dfrac{1}{1 + e^{x^2}} e^{x^2} d(x^2) = \dfrac{2x e^{x^2}}{1 + e^{x^2}} dx.$

例 7 设函数 $y = e^{1-3x} \cos x$，求 dy.

解 $dy = d(e^{1-3x} \cos x)$

$= \cos x \, d(e^{1-3x}) + e^{1-3x} d(\cos x)$

$= \cos x \cdot e^{1-3x} d(1 - 3x) + e^{1-3x}(-\sin x) dx$

$= -3 e^{1-3x} \cos x \, dx - e^{1-3x} \sin x \, dx$

$= -e^{1-3x}(3\cos x + \sin x) dx.$

例 8 证明由参数方程所确定的函数的求导公式 $\dfrac{dy}{dx} = \dfrac{\frac{dy}{dt}}{\frac{dx}{dt}}$.

证 设由参数方程 $\begin{cases} x = \varphi(t), \\ y = \psi(t) \end{cases}$ 确定的函数 $y = y(x)$，$\varphi(t)$ 与 $\psi(t)$ 都可导且 $\varphi'(t) \neq 0$. 由微分表达式及微分形式不变性有

$$\dfrac{dy}{dx} = \dfrac{\psi'(t) dt}{\varphi'(t) dt} = \dfrac{\psi'(t)}{\varphi'(t)} = \dfrac{\frac{dy}{dt}}{\frac{dx}{dt}}.$$

五、微分在近似计算中的应用

由微分的概念引入我们知道，当函数 $y = f(x)$ 在点 x_0 处可微时，有

$$\Delta y = f'(x_0) \Delta x + o(\Delta x).$$

特别地，当 $f'(x_0) \neq 0$ 且 $|\Delta x|$ 很小时，有

$$\Delta y \approx f'(x_0) \Delta x.$$

上式也可写为

$$\Delta y = f(x_0 + \Delta x) - f(x_0) \approx f'(x_0) \Delta x \tag{3.2}$$

或

$$f(x_0 + \Delta x) \approx f(x_0) + f'(x_0) \Delta x. \tag{3.3}$$

令 $x = x_0 + \Delta x$，即 $\Delta x = x - x_0$，则式(3.3)可改写为

$$f(x) \approx f(x_0) + f'(x_0)(x - x_0). \tag{3.4}$$

当 $f(x_0)$，$f'(x_0)$ 都容易计算时，由式(3.2)可计算函数增量 Δy 的近似值，由式(3.3)可近似计算 $f(x_0 + \Delta x)$，由式(3.4)可近似计算 $f(x)$.

例 9 半径为 10 cm 的金属圆盘加热后，半径伸长了 0.05 cm，问：面积增加了多少？

解 设圆盘半径为 r，则圆盘的面积 $S = \pi r^2$. 当自变量在 $r = 10$ cm 处有增量 $\Delta r = 0.05$ cm 时，面积的增量为

$$\Delta S \approx \mathrm{d}S \Big|_{r=10\,\mathrm{cm}} = (\pi r^2)' \Big|_{r=10\,\mathrm{cm}} \Delta r$$
$$= 2\pi r \Big|_{r=10\,\mathrm{cm}} \Delta r = (2\pi \times 10 \times 0.05)\,\mathrm{cm}^2$$
$$= \pi\,\mathrm{cm}^2 \approx 3.141\,6\,\mathrm{cm}^2.$$

例 10 求 $\sqrt[3]{1.02}$ 的近似值.

解 $\sqrt[3]{1.02}$ 是函数 $f(x) = \sqrt[3]{x}$ 在点 $x = 1.02$ 处的值. 因此令
$$x_0 = 1, \quad x = x_0 + \Delta x = 1.02,$$
即
$$\Delta x = 0.02,$$
则
$$f'(1) = (\sqrt[3]{x})' \Big|_{x=1} = \frac{1}{3} x^{-\frac{2}{3}} \Big|_{x=1} = \frac{1}{3}.$$
于是
$$\sqrt[3]{1.02} \approx f(1) + f'(1)\Delta x = 1 + \frac{1}{3} \times 0.02 \approx 1.006\,7.$$

例 11 求 $\sin 29°$ 的近似值.

解 $\sin 29°$ 是函数 $f(x) = \sin x$ 在点 $x = 29°$ 处的值. 因此令
$$x_0 = 30° = \frac{\pi}{6}, \quad x = x_0 + \Delta x = 29°,$$
即
$$\Delta x = -1° \approx -0.017\,5,$$
则
$$f'\left(\frac{\pi}{6}\right) = (\sin x)' \Big|_{x=\frac{\pi}{6}} = \frac{\sqrt{3}}{2}.$$
于是
$$\sin 29° \approx f\left(\frac{\pi}{6}\right) + f'\left(\frac{\pi}{6}\right)\Delta x = \frac{1}{2} + \frac{\sqrt{3}}{2} \times (-0.017\,5)$$
$$\approx \frac{1}{2} - \frac{1}{2} \times 1.732 \times 0.017\,5 \approx 0.485.$$

下面我们来推导一些常用的近似公式. 为此, 在式(3.4)中令 $x_0 = 0$, 得到
$$f(x) \approx f(0) + f'(0)x. \tag{3.5}$$
应用式(3.5)可以推得以下几个在工程上常用的近似公式(下面都假定 $|x|$ 是较小的数值):

(1) $\sqrt[n]{1+x} \approx 1 + \frac{1}{n}x$; (2) $\sin x \approx x$;

(3) $\tan x \approx x$; (4) $\mathrm{e}^x \approx 1 + x$;

(5) $\ln(1+x) \approx x$.

在上述公式(2)和(3)中, 角 x 以弧度为单位.

我们只证明公式(4), 其他公式的证明留给读者思考.

证 令 $f(x) = e^x$，则
$$f(0) = e^0 = 1, \quad f'(0) = e^x \Big|_{x=0} = 1,$$
代入式(3.5)得
$$e^x \approx 1 + x.$$

习 题 3.6

1. 求下列函数的微分：

(1) $y = \dfrac{1}{x} + 2\sqrt{x}$;

(2) $y = x \sin 2x$;

(3) $y = \dfrac{x}{\sqrt{x^2+1}}$;

(4) $y = \ln^2(1-x)$;

(5) $y = x^2 e^{2x}$;

(6) $y = e^{-x} \cos(3-x)$.

2. 将适当的函数填入下列括号内，使等式成立：

(1) d( ) $= 2dx$;

(2) d( ) $= 3x \, dx$;

(3) d( ) $= \cos t \, dt$;

(4) d( ) $= \sin \omega x \, dx$;

(5) d( ) $= \dfrac{1}{x+1} dx$;

(6) d( ) $= e^{-2x} dx$;

(7) d( ) $= \dfrac{1}{\sqrt{x}} dx$;

(8) d( ) $= \sec^2 3x \, dx$.

3. 计算下列三角函数值的近似值：

(1) $\cos 29°$;

(2) $\tan 136°$.

复习题三

1. 求下列函数的导数：

(1) $y = \arctan \dfrac{1+x}{1-x}$;

(2) $y = \ln \tan \dfrac{x}{2} - \cos x \ln \tan x$;

(3) $y = \ln(e^x + \sqrt{1 + e^{2x}})$;

(4) $y = \sqrt[x]{x} \ (x > 0)$.

2. 求下列函数的二阶导数：

(1) $y = \cos^2 x \ln x$;

(2) $y = \dfrac{x}{\sqrt{1-x^2}}$.

3. 设函数 $y = y(x)$ 由方程 $e^y + xy = e$ 所确定，求 $y''(0)$.

4. 求由下列参数方程所确定的函数的导数 $\dfrac{dy}{dx}$:

(1) $\begin{cases} x = a\cos^3 \theta, \\ y = a\sin^3 \theta; \end{cases}$

(2) $\begin{cases} x = \ln\sqrt{1+t^2}, \\ y = \arctan t. \end{cases}$

5. 求曲线
$$\begin{cases} x = 2e^t, \\ y = e^{-t} \end{cases}$$
在 $t = 0$ 相应的点处的切线方程及法线方程.

6. 讨论函数
$$f(x) = \begin{cases} x \sin \dfrac{1}{x}, & x \neq 0, \\ 0, & x = 0 \end{cases}$$
在点 $x = 0$ 处的连续性与可导性.

典型问题

问题 3.1　如何正确理解极限 $\lim\limits_{h \to 0} \dfrac{f(x_0 + h) - f(x_0 - h)}{h}$ 的含义？

问题 3.2　对抽象函数进行求导时,如何注意特殊题设条件？

问题 3.3　如何求分段函数的导数？

问题 3.4　等式 $y'(0) = [y(0)]'$ 成立吗？

问题 3.5　如何求幂指函数的导数？

问题 3.6　如何求由方程所确定的隐函数的导数？

问题 3.7　如何求由参数方程所确定的函数的导数？

课件及
习题课课件

典型问题
答疑解惑

第3章习题及
复习题三解答

导数的应用

上一章我们建立了导数的概念,并研究了导数的计算方法.本章将利用导数来研究函数以及函数曲线的某些性态,并利用这些知识解决一些在日常生活、科学实践和经济领域中的实际问题.

在应用导数去研究函数的各种性质的过程中,微分中值定理起着桥梁作用.因此,本章首先介绍构成微分学理论基础的微分中值定理中的罗尔中值定理和拉格朗日中值定理.微分中值定理是导数应用的理论基础.

4.1 罗尔中值定理与拉格朗日中值定理

一、罗尔中值定理

定理 1(罗尔中值定理) 如果函数 $f(x)$ 满足下列三个条件:

(1) 在闭区间 $[a,b]$ 上连续;

(2) 在开区间 (a,b) 内可导;

(3) $f(a)=f(b)$,

则在区间 (a,b) 内至少存在一点 $\xi(a<\xi<b)$,使得 $f'(\xi)=0$.

罗尔中值定理的几何意义是:如果光滑曲线 $y=f(x)(x\in[a,b])$ 的两个端点 A 和 B 等高,即其连线 AB 是水平的,则在曲线 $y=f(x)$ 上至少有一点 $C(\xi,f(\xi))(a<\xi<b)$,曲线在点 C 处的切线是水平的,如图 4-1 所示.

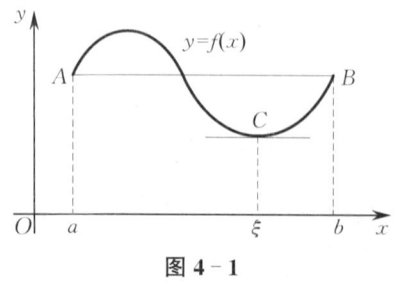

图 4-1

罗尔中值定理的证明在此从略.

例 1 判定函数 $f(x)=x^2-2x-3$ 在闭区间 $[-1,3]$ 上是否满足罗尔中值定理的条件,若满足,求出使定理成立的 ξ 的值.

解 因 $f(x)=x^2-2x-3$ 在闭区间 $[-1,3]$ 上连续,在开区间 $(-1,3)$ 内可导,$f(-1)=f(3)=0$,故 $f(x)$ 在闭区间 $[-1,3]$ 上满足罗尔中值定理的条件,即有
$$f'(\xi)=2\xi-2=0 \quad (-1<\xi<3),$$
解得 $\xi=1$.

例 2 不具体计算函数 $f(x)=(x-1)(x-2)(x-3)$ 的导数,说明 $f'(x)=0$ 有几个实根.

解 函数 $f(x)$ 在区间 $(-\infty,+\infty)$ 内可导,并且满足 $f(1)=f(2)=f(3)=0$,于是 $f(x)$ 在区间 $[1,2]$ 和 $[2,3]$ 上分别满足罗尔中值定理的三个条件. 由罗尔中值定理可推出 $f'(x)$ 在开区间 $(1,2)$ 和 $(2,3)$ 内各至少存在一点 ξ_1 和 ξ_2,使得 $f'(\xi_1)=0$ 和 $f'(\xi_2)=0$. 另一方面,$f'(x)$ 为二次多项式,$f'(x)=0$ 至多有两个实根. 所以,ξ_1 和 ξ_2 恰好是 $f'(x)=0$ 的两个实根,分别在 $(1,2)$ 和 $(2,3)$ 内.

二、拉格朗日中值定理及其推论

定理 2（拉格朗日中值定理） 如果函数 $f(x)$ 满足下列条件：

(1) 在闭区间 $[a,b]$ 上连续；

(2) 在开区间 (a,b) 内可导,

则在区间 (a,b) 内至少存在一点 $\xi(a<\xi<b)$,使得
$$f(b)-f(a)=f'(\xi)(b-a).$$

拉格朗日中值定理的结论也可以写成
$$f'(\xi)=\frac{f(b)-f(a)}{b-a}.$$

拉格朗日中值定理的几何意义是：如果连续曲线 $y=f(x)(x\in[a,b])$ 除端点 A,B 外处处具有不垂直于 x 轴的切线,那么曲线 $y=f(x)$ 上至少存在一点 $M(\xi,f(\xi))$,使得曲线在点 M 处的切线平行于弦 AB,如图 4-2 所示.

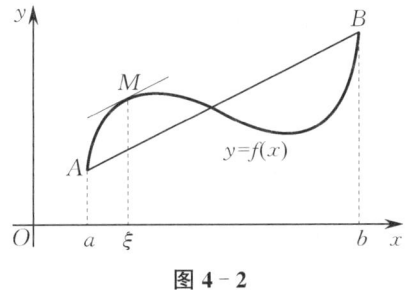

图 4-2

证 作一个辅助函数
$$\varphi(x)=f(x)-\left[f(a)+\frac{f(b)-f(a)}{b-a}(x-a)\right],$$
则 $\varphi(x)$ 在闭区间 $[a,b]$ 上满足罗尔中值定理的条件,故存在 $\xi(a<\xi<b)$,使得 $\varphi'(\xi)=0$,即

$$f'(\xi) - \frac{f(b)-f(a)}{b-a} = 0,$$

亦即

$$f'(\xi) = \frac{f(b)-f(a)}{b-a}.$$

若在拉格朗日中值定理中加上条件 $f(a)=f(b)$，则由

$$f'(\xi) = \frac{f(b)-f(a)}{b-a},$$

得

$$f'(\xi) = 0.$$

可见，罗尔中值定理是拉格朗日中值定理的特殊情况，拉格朗日中值定理是罗尔中值定理的推广. 拉格朗日中值定理的条件一般函数都能满足，所以应用比较广泛，它在微分学中占有重要地位.

由拉格朗日中值定理可以得出以下推论.

推论 1 如果函数 $y=f(x)$ 在 (a,b) 内的导数恒为零，则在 (a,b) 内 $f(x)$ 为常数（证明从略）.

推论 2 如果函数 $f(x)$ 和 $g(x)$ 在 (a,b) 内可导，且 $f'(x)=g'(x)$，则在 (a,b) 内 $f(x)$ 和 $g(x)$ 相差一个常数，即 $f(x)-g(x)=C$（C 为常数）（证明从略）.

例 3 判断函数 $f(x)=x^2+2x-1$ 在区间 $[0,1]$ 上是否满足拉格朗日中值定理的条件，如果满足，求出使定理成立的 ξ 的值.

解 因函数 $f(x)=x^2+2x-1$ 在闭区间 $[0,1]$ 上连续，且在开区间 $(0,1)$ 内可导，所以 $f(x)$ 在区间 $[0,1]$ 上满足拉格朗日中值定理的条件，于是有

$$\frac{f(1)-f(0)}{1-0} = f'(\xi).$$

又 $f'(x)=2x+2$，$f(1)=2$，$f(0)=-1$，代入上式得

$$2\xi+2=3, \quad \xi=\frac{1}{2}.$$

例 4 证明：当 $x>0$ 时，$\arctan x + \arctan \frac{1}{x} = \frac{\pi}{2}$.

证 令函数 $f(x)=\arctan x + \arctan \frac{1}{x}$，因 $f(x)$ 在 $(0,+\infty)$ 内可导，并且

$$f'(x) = \frac{1}{1+x^2} + \frac{1}{1+\left(\frac{1}{x}\right)^2}\left(\frac{1}{x}\right)' = 0,$$

故

$$f(x) = C \quad (C \text{ 为常数}).$$

特别地，取 $x=1$，得

$$C = f(1) = \arctan 1 + \arctan 1 = \frac{\pi}{4} + \frac{\pi}{4} = \frac{\pi}{2},$$

因此当 $x>0$ 时，

$$\arctan x + \arctan \frac{1}{x} = \frac{\pi}{2}.$$

例 5 证明:当 $x>1$ 时,恒有 $e^x > ex$.

证 令函数 $f(x) = e^x - ex$,则 $f(x)$ 在 $[1, +\infty)$ 内连续,在 $(1, +\infty)$ 内可导,且 $f(1) = 0$. 于是,对于 $(1, +\infty)$ 内的每个 x,函数 $f(x)$ 在区间 $[1, x]$ 上满足拉格朗日中值定理的条件,因此在 $(1, x)$ 内至少存在一点 ξ,使得
$$f(x) - f(1) = f'(\xi)(x-1).$$
由于 $\xi > 1$,因此 $f'(\xi) = e^\xi - e > 0$,于是
$$f(x) = f(x) - f(1) = f'(\xi)(x-1) > 0,$$
即
$$e^x - ex > 0.$$
由此推出,当 $x > 1$ 时,恒有 $e^x > ex$.

习 题 4.1

1. 判断函数 $y = \ln \sin x$ 在区间 $\left[\dfrac{\pi}{6}, \dfrac{5\pi}{6}\right]$ 上是否满足罗尔中值定理的条件.

2. 判断函数 $y = 4x^3 - 5x^2 + x - 2$ 在区间 $[0, 1]$ 上是否满足拉格朗日中值定理的条件.

3. 证明:对函数 $y = px^2 + qx + r$ 应用拉格朗日中值定理时,所求得的点 ξ 总是位于区间的正中间.

4. 不具体计算函数 $f(x) = (x-1)(x-2)(x-3)(x-4)$ 的导数,说明方程 $f'(x) = 0$ 有几个实根,并指出它们所在的区间.

5. 证明等式:
$$\arcsin x + \arccos x = \frac{\pi}{2} \quad (-1 \leqslant x \leqslant 1).$$

6. 设 $a > b > 0$,证明:
$$\frac{a-b}{a} < \ln \frac{a}{b} < \frac{a-b}{b}.$$

7. 证明方程 $x^5 + x - 1 = 0$ 只有一个正根.

8. 说明拉格朗日中值定理的几何意义.

4.2 洛必达法则

一、$\dfrac{0}{0}$ 型未定式

定理 1(洛必达法则 Ⅰ) 若函数 $f(x)$ 和 $g(x)$ 满足条件:

(1) $\lim\limits_{x \to x_0} f(x) = 0, \lim\limits_{x \to x_0} g(x) = 0$;

(2) $f(x)$ 和 $g(x)$ 在点 x_0 的某个去心邻域内可导,且 $g'(x) \neq 0$;

(3) $\lim\limits_{x \to x_0} \dfrac{f'(x)}{g'(x)}$ 存在或为无穷大量,

则
$$\lim_{x \to x_0} \frac{f(x)}{g(x)} = \lim_{x \to x_0} \frac{f'(x)}{g'(x)}.$$

证明从略.

例 1 求极限 $\lim\limits_{x \to 0} \dfrac{\ln(x+1)}{x}$.

解 由洛必达法则得

$$\lim_{x \to 0} \frac{\ln(x+1)}{x} = \lim_{x \to 0} \frac{[\ln(x+1)]'}{x'} = \lim_{x \to 0} \frac{\frac{1}{x+1}}{1} = 1.$$

例 2 求极限 $\lim\limits_{x \to 0} \dfrac{\arctan x}{x^2}$.

解 由洛必达法则得

$$\lim_{x \to 0} \frac{\arctan x}{x^2} = \lim_{x \to 0} \frac{(\arctan x)'}{(x^2)'} = \lim_{x \to 0} \frac{\frac{1}{1+x^2}}{2x} = \infty.$$

注意:若应用了一次洛必达法则之后, $\lim\limits_{x \to x_0} \dfrac{f'(x)}{g'(x)}$ 仍是 $\dfrac{0}{0}$ 型未定式,且仍满足洛必达法则的条件,则可继续应用洛必达法则.

例 3 求极限 $\lim\limits_{x \to 0} \dfrac{e^x - e^{-x} - 2x}{x - \sin x}$.

解 $\lim\limits_{x \to 0} \dfrac{e^x - e^{-x} - 2x}{x - \sin x} = \lim\limits_{x \to 0} \dfrac{e^x + e^{-x} - 2}{1 - \cos x} = \lim\limits_{x \to 0} \dfrac{e^x - e^{-x}}{\sin x} = \lim\limits_{x \to 0} \dfrac{e^x + e^{-x}}{\cos x} = 2.$

注意:若所求的极限已不是 $\dfrac{0}{0}$ 型未定式,则不能再应用洛必达法则,否则会导致错误的结果,如例 3 中的 $\lim\limits_{x \to 0} \dfrac{e^x + e^{-x}}{\cos x}$ 不再是 $\dfrac{0}{0}$ 型未定式.

例 4 求极限 $\lim\limits_{x \to 0} \dfrac{x - \sin x}{x^3}$.

解 1 $\lim\limits_{x \to 0} \dfrac{x - \sin x}{x^3} = \lim\limits_{x \to 0} \dfrac{1 - \cos x}{3x^2} = \lim\limits_{x \to 0} \dfrac{\sin x}{6x} = \lim\limits_{x \to 0} \dfrac{\cos x}{6} = \dfrac{1}{6}.$

注意:用洛必达法则求极限时,可以与其他求极限的方法结合起来(特别是在乘、除运算的情况下用等价无穷小替换的方法),以简化计算.

解 2 对原极限应用一次洛必达法则,再利用当 $x \to 0$ 时, $1 - \cos x \sim \dfrac{x^2}{2}$,即得

$$\lim_{x \to 0} \frac{x - \sin x}{x^3} = \lim_{x \to 0} \frac{1 - \cos x}{3x^2} = \lim_{x \to 0} \frac{\frac{1}{2}x^2}{3x^2} = \frac{1}{6}.$$

注意:当极限 $\lim\limits_{x \to x_0} \dfrac{f'(x)}{g'(x)}$ 不存在且不为无穷大量时,不能判定原极限不存在.此时无法应用洛必达法则,必须利用其他方法讨论.

例 5 求极限 $\lim\limits_{x\to 0}\dfrac{x^2\sin\dfrac{1}{x}}{\sin x}$.

解 这是 $\dfrac{0}{0}$ 型未定式,分别对分子、分母求导得

$$\lim_{x\to 0}\dfrac{2x\sin\dfrac{1}{x}-\cos\dfrac{1}{x}}{\cos x}.$$

这个极限不存在且不为无穷大量. 但是我们不能由此判定 $\lim\limits_{x\to 0}\dfrac{x^2\sin\dfrac{1}{x}}{\sin x}$ 不存在. 事实上,

$$\lim_{x\to 0}\dfrac{x^2\sin\dfrac{1}{x}}{\sin x}=\lim_{x\to 0}\dfrac{x}{\sin x}\cdot\lim_{x\to 0}x\sin\dfrac{1}{x}=0.$$

这里用了第一个重要极限和无穷小量的性质, 即

$$\lim_{x\to 0}\dfrac{x}{\sin x}=1,\quad \lim_{x\to 0}x\sin\dfrac{1}{x}=0.$$

上述关于 $x\to x_0$ 时的 $\dfrac{0}{0}$ 型未定式的洛必达法则, 对 $x\to\infty$ 时的 $\dfrac{0}{0}$ 型未定式同样适用.

例 6 求极限 $\lim\limits_{x\to +\infty}\dfrac{\dfrac{\pi}{2}-\arctan x}{\dfrac{1}{x}}$.

解 $\lim\limits_{x\to +\infty}\dfrac{\dfrac{\pi}{2}-\arctan x}{\dfrac{1}{x}}=\lim\limits_{x\to +\infty}\dfrac{-\dfrac{1}{1+x^2}}{-\dfrac{1}{x^2}}=\lim\limits_{x\to +\infty}\dfrac{x^2}{1+x^2}=1.$

二、$\dfrac{\infty}{\infty}$ 型未定式

定理 2(洛必达法则 Ⅱ) 若函数 $f(x)$ 和 $g(x)$ 满足条件:

(1) $\lim\limits_{x\to x_0}f(x)=\infty,\lim\limits_{x\to x_0}g(x)=\infty$;

(2) $f(x)$ 和 $g(x)$ 在点 x_0 的某个去心邻域内可导, 且 $g'(x)\neq 0$;

(3) $\lim\limits_{x\to x_0}\dfrac{f'(x)}{g'(x)}$ 存在或为无穷大量,

则

$$\lim_{x\to x_0}\dfrac{f(x)}{g(x)}=\lim_{x\to x_0}\dfrac{f'(x)}{g'(x)}.$$

证明从略. 对于 $x\to\infty$ 时的 $\dfrac{\infty}{\infty}$ 型未定式, 上述定理同样成立.

例 7 求极限 $\lim\limits_{x\to +\infty}\dfrac{\ln x}{\sqrt{x}}$.

解 $\lim\limits_{x \to +\infty} \dfrac{\ln x}{\sqrt{x}} = \lim\limits_{x \to +\infty} \dfrac{\dfrac{1}{x}}{\dfrac{1}{2\sqrt{x}}} = \lim\limits_{x \to +\infty} \dfrac{2}{\sqrt{x}} = 0.$

例 8 求极限 $\lim\limits_{x \to 0^+} \dfrac{\ln \sin 3x}{\ln \sin 2x}.$

解 $\lim\limits_{x \to 0^+} \dfrac{\ln \sin 3x}{\ln \sin 2x} = \lim\limits_{x \to 0^+} \dfrac{3\dfrac{\cos 3x}{\sin 3x}}{2\dfrac{\cos 2x}{\sin 2x}} = \dfrac{3}{2} \lim\limits_{x \to 0^+} \dfrac{\cos 3x}{\cos 2x} \cdot \lim\limits_{x \to 0^+} \dfrac{\sin 2x}{\sin 3x} = \dfrac{3}{2} \times \dfrac{2}{3} = 1.$

例 9 求极限 $\lim\limits_{x \to \infty} \dfrac{x + \cos x}{2x + \sin x}.$

解 这是 $\dfrac{\infty}{\infty}$ 型未定式,分别对分子、分母求导得

$$\lim_{x \to \infty} \dfrac{1 - \sin x}{2 + \cos x}.$$

这个极限不存在且不为无穷大量,我们不能由此断定 $\lim\limits_{x \to \infty} \dfrac{x + \cos x}{2x + \sin x}$ 不存在. 事实上,

$$\lim_{x \to \infty} \dfrac{x + \cos x}{2x + \sin x} = \lim_{x \to \infty} \dfrac{1 + \dfrac{\cos x}{x}}{2 + \dfrac{\sin x}{x}} = \dfrac{1}{2}.$$

三、其他未定式

利用洛必达法则不仅可以解决 $\dfrac{0}{0}$ 型和 $\dfrac{\infty}{\infty}$ 型未定式的极限问题,还可以解决 $0 \cdot \infty$ 型、$\infty - \infty$ 型、1^∞ 型、0^0 型、∞^0 型等未定式的极限问题. 解决这些类型未定式问题的思路一般是经过适当的变形,将它们化为 $\dfrac{0}{0}$ 型或 $\dfrac{\infty}{\infty}$ 型未定式.

例 10 求极限 $\lim\limits_{x \to +\infty} x\left(\dfrac{\pi}{2} - \arctan x\right).$

解 这是 $0 \cdot \infty$ 型未定式,可化为 $\dfrac{0}{0}$ 型未定式,再应用洛必达法则,有

$$\lim_{x \to +\infty} x\left(\dfrac{\pi}{2} - \arctan x\right) = \lim_{x \to +\infty} \dfrac{\dfrac{\pi}{2} - \arctan x}{\dfrac{1}{x}} = \lim_{x \to +\infty} \dfrac{-\dfrac{1}{1+x^2}}{-\dfrac{1}{x^2}} = \lim_{x \to +\infty} \dfrac{x^2}{1+x^2} = 1.$$

例 11 求极限 $\lim\limits_{x \to 1}\left(\dfrac{1}{\ln x} - \dfrac{x}{\ln x}\right).$

解 这是 $\infty - \infty$ 型未定式,经通分可化为 $\dfrac{0}{0}$ 型未定式,再应用洛必达法则,有

$$\lim_{x \to 1}\left(\dfrac{1}{\ln x} - \dfrac{x}{\ln x}\right) = \lim_{x \to 1} \dfrac{1 - x}{\ln x} = \lim_{x \to 1} \dfrac{-1}{\dfrac{1}{x}} = -1.$$

例 12 求极限 $\lim\limits_{x \to 0^+} x^x$.

解 这是 0^0 型未定式,可通过取对数化为 $0 \cdot \infty$ 型未定式.

设 $y = x^x$,则 $\ln y = x \ln x$. 而

$$\lim_{x \to 0^+} \ln y = \lim_{x \to 0^+} x \ln x = \lim_{x \to 0^+} \frac{\ln x}{\frac{1}{x}} = \lim_{x \to 0^+} \frac{\frac{1}{x}}{-\frac{1}{x^2}} = \lim_{x \to 0^+} (-x) = 0,$$

所以

$$\lim_{x \to 0^+} x^x = \mathrm{e}^{\lim\limits_{x \to 0^+} \ln y} = \mathrm{e}^0 = 1.$$

习 题 4.2

1.用洛必达法则求下列极限:

(1) $\lim\limits_{x \to 0} \dfrac{\mathrm{e}^x - \mathrm{e}^{-x}}{\sin x}$;

(2) $\lim\limits_{x \to a} \dfrac{\sin x - \sin a}{x - a}$($a$ 为常数);

(3) $\lim\limits_{x \to \pi} \dfrac{\sin 3x}{\tan 5x}$;

(4) $\lim\limits_{x \to \frac{\pi}{2}} \dfrac{\ln \sin x}{(\pi - 2x)^2}$;

(5) $\lim\limits_{x \to a} \dfrac{x^m - a^m}{x^n - a^n}$($a$ 为常数,m,n 为正整数);

(6) $\lim\limits_{x \to \frac{\pi}{2}} \dfrac{\tan x}{\tan 3x}$;

(7) $\lim\limits_{x \to +\infty} \dfrac{\ln\left(1 + \dfrac{1}{x}\right)}{\operatorname{arccot} x}$;

(8) $\lim\limits_{x \to 1} \left(\dfrac{2}{x^2 - 1} - \dfrac{1}{x - 1}\right)$;

(9) $\lim\limits_{x \to 0^+} x^{\sin x}$.

2.验证极限 $\lim\limits_{x \to \infty} \dfrac{x + \sin x}{x}$ 存在,但不能用洛必达法则得出.

4.3 函数的单调性

一个函数在某个区间上单调性的变化规律,是我们研究函数图形时首先要考虑的问题. 在第 1 章我们已经给出了函数在某个区间上单调性的定义,现在介绍利用函数的导数来判定函数单调性的方法.

设 $y = f(x)$ 是闭区间 $[a,b]$ 上的连续函数,如果 $y = f(x)$ 在 $[a,b]$ 上单调增加,如图 4-3 所示,那么它图形上各点处的切线斜率 $\tan \alpha$ 不为负,即 $f'(x) \geqslant 0$;如果 $y = f(x)$ 在 $[a,b]$ 上单调减少,如图 4-4 所示,那么它图形上各点处的切线斜率 $\tan \alpha$ 不为正,即 $f'(x) \leqslant 0$. 因此,函数的单调性与其导数的符号密切相关. 反之,能否用导数的符号来判定函数的单调性呢?

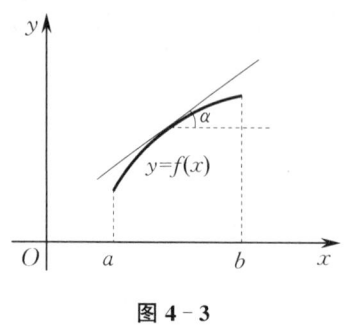

图 4-3

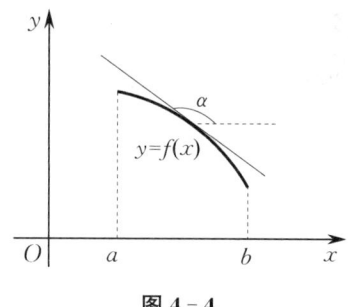

图 4-4

下面我们给出函数单调性的判定定理.

定理 1 设函数 $f(x)$ 在闭区间 $[a,b]$ 上连续,在开区间 (a,b) 内可导.

(1) 如果 $f'(x) > 0$,则 $f(x)$ 在 $[a,b]$ 上单调增加;

(2) 如果 $f'(x) < 0$,则 $f(x)$ 在 $[a,b]$ 上单调减少.

证 (1) 设 x_1 与 x_2 为区间 $[a,b]$ 上的任意两点,且 $x_1 < x_2$. 在 $[x_1, x_2]$ 上应用拉格朗日中值定理,得到

$$f(x_2) - f(x_1) = f'(\xi)(x_2 - x_1) \quad (x_1 < \xi < x_2).$$

因为在 (a,b) 内 $f'(x) > 0$,所以 $f'(\xi) > 0$. 又由 $x_2 - x_1 > 0$,得

$$f'(\xi)(x_2 - x_1) > 0,$$

故有

$$f(x_2) > f(x_1),$$

即 $f(x)$ 在 $[a,b]$ 上单调增加.

(2) 同理,因为在 (a,b) 内 $f'(x) < 0$,所以 $f'(\xi) < 0$. 又由 $x_2 - x_1 > 0$,得

$$f'(\xi)(x_2 - x_1) < 0,$$

故有

$$f(x_2) < f(x_1),$$

即 $f(x)$ 在 $[a,b]$ 上单调减少.

如果把这个判定方法中的闭区间换成开区间、半开区间以及无穷区间,那么结论也成立.

例 1 判定函数 $f(x) = 3x^2 - x^3$ 的单调性.

解 函数的定义域为 $(-\infty, +\infty)$,

$$f'(x) = 6x - 3x^2 = 3x(2-x).$$

令 $f'(x) = 0$,得 $x = 0, x = 2$. 点 $x = 0, x = 2$ 把定义域分成三个小区间,列表 4-1 讨论(表中记号"↘"表示函数单调减少,"↗"表示函数单调增加).

表 4-1

x	$(-\infty, 0)$	0	$(0, 2)$	2	$(2, +\infty)$
$f'(x)$	−	0	+	0	−
$f(x)$	↘		↗		↘

因此,函数 $f(x)$ 在区间 $(-\infty, 0]$ 与 $[2, +\infty)$ 内单调减少,在区间 $[0, 2]$ 上单调增加.

例 2 判定函数 $f(x) = (x-1)\sqrt[3]{x^2}$ 的单调性.

解 函数的定义域为 $(-\infty, +\infty)$,

$$f'(x) = \sqrt[3]{x^2} + (x-1)\frac{2}{3\sqrt[3]{x}} = \frac{5x-2}{3\sqrt[3]{x}}.$$

令 $f'(x)=0$,得 $x=\dfrac{2}{5}$;又 $x=0$ 时,$f'(x)$ 不存在. 点 $x=0, x=\dfrac{2}{5}$ 把定义域分成三个小区间,列表 4-2 讨论.

表 4-2

x	$(-\infty, 0)$	0	$\left(0, \dfrac{2}{5}\right)$	$\dfrac{2}{5}$	$\left(\dfrac{2}{5}, +\infty\right)$
$f'(x)$	$+$	不存在	$-$	0	$+$
$f(x)$	↗		↘		↗

因此,函数 $f(x)$ 在区间 $(-\infty, 0]$ 与 $\left[\dfrac{2}{5}, +\infty\right)$ 内单调增加,在区间 $\left[0, \dfrac{2}{5}\right]$ 上单调减少.

综合上述两个例题,我们有如下结论:

如果函数 $f(x)$ 在定义域内连续,那么只要用方程 $f'(x)=0$ 的根及导数 $f'(x)$ 不存在的点来划分 $f(x)$ 的定义域,就能保证 $f'(x)$ 在各个部分区间上保持固定的符号,从而可以判定 $f(x)$ 在每个部分区间上的单调性.

由此可得到判定函数 $f(x)$ 单调性的步骤如下:

(1) 求出函数 $f(x)$ 的定义域;
(2) 求出 $f'(x)$,令 $f'(x)=0$,求出 $f'(x)=0$ 的根及 $f'(x)$ 不存在的点;
(3) 用这些点将函数的定义域分成若干区间,在这些区间上判别 $f'(x)$ 的符号;
(4) 根据 $f'(x)$ 的符号确定函数 $f(x)$ 的单调性.

注意:有的可导函数在某个区间上的个别点处导数等于零,但函数在该区间上仍是单调增加(或减少)的.

例 3 判定函数 $f(x) = x^3$ 的单调性.

解 函数的定义域为 $(-\infty, +\infty)$,$f'(x) = 3x^2$. 显然,除了点 $x=0$ 使 $f'(x)=0$ 外,其余各点处均有 $f'(x) > 0$. 因此,函数 $f(x) = x^3$ 在区间 $(-\infty, 0]$ 及 $[0, +\infty)$ 内都是单调增加的,从而在整个定义域 $(-\infty, +\infty)$ 内是单调增加的,如图 4-5 所示.

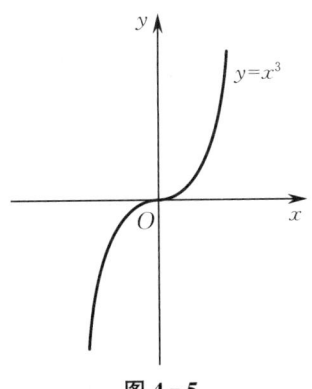

图 4-5

最后,我们举一个利用函数的单调性证明不等式的例子.

例 4 证明:当 $x>0$ 时,$1+\dfrac{1}{2}x>\sqrt{1+x}$.

证 令函数 $f(x)=1+\dfrac{1}{2}x-\sqrt{1+x}$,则

$$f'(x)=\dfrac{1}{2}-\dfrac{1}{2\sqrt{1+x}}=\dfrac{\sqrt{1+x}-1}{2\sqrt{1+x}}.$$

因为 $f(x)$ 在 $[0,+\infty)$ 内连续,且在 $(0,+\infty)$ 内 $f'(x)>0$,所以 $f(x)$ 在 $[0,+\infty)$ 内单调增加,从而当 $x>0$ 时,$f(x)>f(0)$. 由于 $f(0)=0$,因此 $f(x)>0$,即

$$1+\dfrac{x}{2}-\sqrt{1+x}>0,$$

亦即

$$1+\dfrac{1}{2}x>\sqrt{1+x} \quad (x>0).$$

习 题 4.3

1. 判定函数 $f(x)=x+\cos x\,(0\leqslant x\leqslant 2\pi)$ 的单调性.

2. 确定下列函数的单调区间:

(1) $y=2x^3-6x^2-18x-7$;

(2) $y=2x+\dfrac{8}{x}(x>0)$;

(3) $y=\dfrac{10}{4x^3-9x^2+6x}$;

(4) $y=\ln(x+\sqrt{1+x^2})$.

3. 证明下列不等式:

(1) 当 $0<x<\dfrac{\pi}{2}$ 时,$\sin x+\tan x>2x$;

(2) 当 $0<x<\dfrac{\pi}{2}$ 时,$\tan x>x+\dfrac{x^3}{3}$;

(3) 当 $x>4$ 时,$2^x>x^2$.

 4.4 函数的极值

一、极值的概念

定义 1 设函数 $f(x)$ 在点 x_0 的一个邻域 $(x_0-\delta,x_0+\delta)$ 内有定义. 如果对任意的 $x\in(x_0-\delta,x_0)\cup(x_0,x_0+\delta)$,总有

$$f(x)<f(x_0),$$

则称 $f(x_0)$ 为函数 $f(x)$ 的**极大值**,x_0 称为 $f(x)$ 的**极大值点**. 如果对任意的 $x\in(x_0-\delta,x_0)\cup(x_0,x_0+\delta)$,总有

$$f(x)>f(x_0),$$

则称 $f(x_0)$ 为函数 $f(x)$ 的**极小值**,x_0 称为 $f(x)$ 的**极小值点**.

函数的极大值和极小值统称为**极值**,极大值点和极小值点统称为**极值点**.

图 4-6 中,$f(x_1)$ 和 $f(x_3)$ 是函数 $f(x)$ 的极大值,x_1 和 x_3 是 $f(x)$ 的极大值点;$f(x_2)$ 和 $f(x_4)$ 是 $f(x)$ 的极小值,x_2 和 x_4 是 $f(x)$ 的极小值点.

值得注意的是,极值是一个局部性的概念,它是与极值点附近的函数值比较的最大值或最小值,而不是整个定义域内的最大值和最小值.由于极大值和极小值的比较范围不同,因而极大值不一定比极小值大.如图 4-6 所示,$f(x_1)$ 是极大值,$f(x_4)$ 是极小值,而 $f(x_4) > f(x_1)$,这说明极大值可以小于极小值.

由图 4-6 我们还可以看到,在函数的极值点处,若函数可导,则函数图形在该点处的切线一定平行于 x 轴.但对于函数图形上切线平行于 x 轴的点,该点未必就是函数的极值点,如图 4-6 中点 x_5 不是极值点,而该点处的切线却平行于 x 轴.

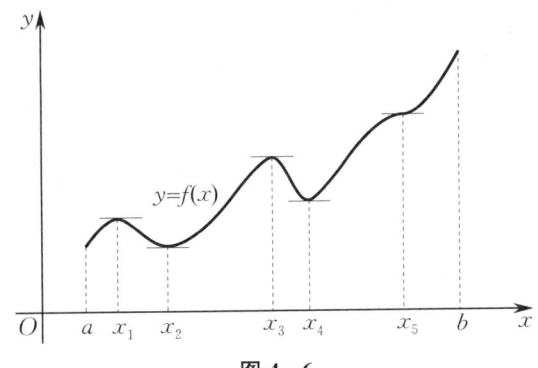

图 4-6

在上述几何直观的基础上,我们给出函数极值的如下定理.

定理 1(必要条件) 设函数 $f(x)$ 在点 x_0 处可导,且在点 x_0 处取得极值,那么 $f(x)$ 在点 x_0 处的导数 $f'(x_0)=0$.

证明从略.

使导数 $f'(x)$ 为零的点[即方程 $f'(x)=0$ 的实根],叫作函数 $f(x)$ 的**驻点**.

可导函数的极值点必定是驻点.反之,函数的驻点并不一定是它的极值点.例如,函数 $f(x)=x^3$ 在 $(-\infty,+\infty)$ 内是单调增加的,其图形如图 4-7 所示,$f'(0)=0$,即点 $x=0$ 是它的驻点,但不是极值点.

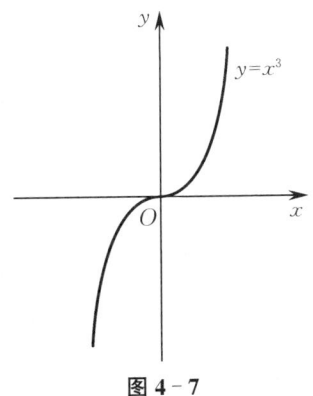

图 4-7

此外,函数在不可导点处也可能取得极值.例如,函数 $h(x)=\sqrt[3]{x^2}$ 和 $g(x)=|x|$ 在点 $x=0$ 处不可导,但是它们在点 $x=0$ 处都取得极小值 0,如图 $4-8$ 所示.

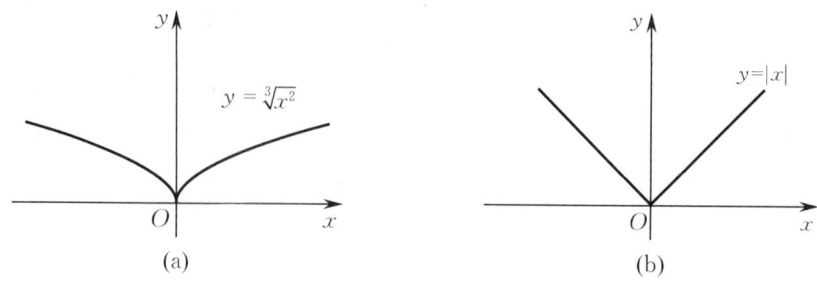

图 $4-8$

综上所述,连续函数的极值点必是函数的驻点或不可导点,但是驻点和不可导点不一定是极值点.驻点与不可导点统称为函数的**临界点**.

这时自然会提出问题:驻点和不可导点在何种条件下是极值点?若是,究竟是极大值点还是极小值点?

二、极值的判定

下面我们介绍利用函数的一阶和二阶导数判定极值的方法.

定理 2(第一判别法) 设函数 $f(x)$ 在点 x_0 处连续,且在点 x_0 的去心邻域内可导.

(1) 如果当 $x<x_0$ 时, $f'(x)>0$,而当 $x>x_0$ 时, $f'(x)<0$,那么 $f(x)$ 在点 x_0 处取得极大值 $f(x_0)$;

(2) 如果当 $x<x_0$ 时, $f'(x)<0$,而当 $x>x_0$ 时, $f'(x)>0$,那么 $f(x)$ 在点 x_0 处取得极小值 $f(x_0)$;

(3) 如果当 $x<x_0$ 和 $x>x_0$ 时, $f'(x)$ 不变号,那么 $f(x)$ 在点 x_0 处不取得极值.

证明从略.

定理 2 可以简单地表述为:当自变量 x 在点 x_0 的邻域内渐增地经过 x_0 时,如果 $f'(x)$ 的符号由正变负,那么 $f(x)$ 在点 x_0 处取得极大值;如果 $f'(x)$ 的符号由负变正,那么 $f(x)$ 在点 x_0 处取得极小值;如果 $f'(x)$ 的符号并不改变,那么 $f(x)$ 在点 x_0 处不取得极值.

由定理 2 得到求连续函数 $f(x)$ 的极值的一般方法如下:

(1) 求函数 $f(x)$ 的定义域;

(2) 求 $f'(x)$,令 $f'(x)=0$,求出 $f(x)$ 的所有驻点及不可导点;

(3) 用驻点及不可导点把函数的定义域分成若干部分区间,判断 $f'(x)$ 在各个部分区间上的符号,确定极值点;

(4) 把极值点代入函数 $f(x)$ 求出极值.

例 1 求函数 $f(x)=(x-1)^3(x+1)$ 的极值.

解 函数的定义域为 $(-\infty,+\infty)$,

$$f'(x)=3(x-1)^2(x+1)+(x-1)^3=(x-1)^2(4x+2).$$

令 $f'(x)=0$,得驻点 $x=1, x=-\dfrac{1}{2}$.列出表 $4-3$ 并做如下讨论.

表 4-3

x	$\left(-\infty,-\frac{1}{2}\right)$	$-\frac{1}{2}$	$\left(-\frac{1}{2},1\right)$	1	$(1,+\infty)$
$f'(x)$	−	0	+	0	+
$f(x)$	↘	极小值 $-\frac{27}{16}$	↗	0	↗

由表可知,当 $x=-\frac{1}{2}$ 时,函数有极小值 $f\left(-\frac{1}{2}\right)=-\frac{27}{16}$;函数没有极大值.

例 2 求函数 $f(x)=x-\frac{3}{2}x^{\frac{2}{3}}$ 的极值.

解 函数的定义域为 $(-\infty,+\infty)$,

$$f'(x)=1-x^{-\frac{1}{3}}=\frac{x^{\frac{1}{3}}-1}{x^{\frac{1}{3}}}.$$

当 $x=1$ 时,$f'(x)=0$;当 $x=0$ 时,$f'(x)$ 不存在.列出表 4-4 并做如下讨论.

表 4-4

x	$(-\infty,0)$	0	$(0,1)$	1	$(1,+\infty)$
$f'(x)$	+	不存在	−	0	+
$f(x)$	↗	极大值 0	↘	极小值 $-\frac{1}{2}$	↗

由表可知,当 $x=0$ 时,函数有极大值 $f(0)=0$;当 $x=1$ 时,函数有极小值 $f(1)=-\frac{1}{2}$.

当函数 $f(x)$ 在驻点的二阶导数存在且不为零时,也可以通过以下定理判定 $f(x)$ 在驻点处取得极大值还是极小值.

定理 3(第二判别法) 设函数 $f(x)$ 在点 x_0 处具有二阶导数,且 $f'(x_0)=0$,$f''(x_0)\neq 0$,那么

(1) 当 $f''(x_0)<0$ 时,函数 $f(x)$ 在点 x_0 处取得极大值;

(2) 当 $f''(x_0)>0$ 时,函数 $f(x)$ 在点 x_0 处取得极小值.

证明从略.

定理 3 告诉我们,如果函数 $f(x)$ 在驻点 x_0 处的二阶导数 $f''(x_0)\neq 0$,那么点 x_0 一定是极值点,并且可以按 $f''(x_0)$ 的符号来判定 $f(x_0)$ 是极大值还是极小值.但如果 $f''(x_0)=0$,定理 3 就不适用了.事实上,当 $f''(x_0)=0$ 时,$f(x)$ 在点 x_0 处可能取得极值,也可能不取得极值.例如 $y=x^4$ 和 $y=x^3$,它们在点 $x=0$ 处都满足 $f'(0)=0$,$f''(0)=0$,但前者在点 $x=0$ 处取得极小值,后者在点 $x=0$ 处不取得极值.因此,如果函数在驻点处的二阶导数为零,那么还要用第一判别法来判别.

例 3 求函数 $f(x)=x^3-3x$ 的极值.

解 函数的定义域为 $(-\infty,+\infty)$,
$$f'(x)=3x^2-3,\quad f''(x)=6x.$$

令 $f'(x)=0$,得

$$x = -1, \quad x = 1.$$

由于 $f''(-1) = -6 < 0$,因此 $f(-1) = 2$ 为极大值;又由于 $f''(1) = 6 > 0$,因此 $f(1) = -2$ 为极小值.

习 题 4.4

1. 求下列函数的极值:

(1) $y = 2x^3 - 6x^2 - 18x + 7$;

(2) $y = x - \ln(1+x)$;

(3) $y = -x^4 + 2x^2$;

(4) $y = x + \sqrt{1-x}$;

(5) $y = \dfrac{3x^2 + 4x + 4}{x^2 + x + 1}$.

2. 证明:如果函数 $y = ax^3 + bx^2 + cx + d$ 满足条件 $b^2 - 3ac < 0$,那么该函数没有极值.

3. 试问 a 为何值时,函数

$$f(x) = a\sin x + \frac{1}{3}\sin 3x$$

在点 $x = \dfrac{\pi}{3}$ 处取得极值? 它是极大值还是极小值? 并求出此极值.

4.5 曲线的凹凸性和拐点

一、曲线的凹凸性

我们已经研究了函数的单调性,这对描绘函数的图形有很大的作用. 但是,仅仅知道这些,还不能比较准确地描绘函数的图形. 例如,图 4-9 中有两条曲线弧 ACB 与 ADB,虽然它们都是单调增加的,但图形却有显著的不同,弧 ACB 是向上凸的,而弧 ADB 是向上凹的,它们的凹凸性不同.

下面我们研究曲线的凹凸性及判定的方法.

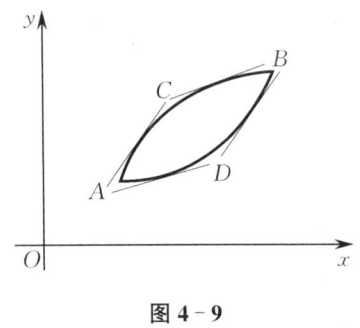

图 4-9

从图 4-9 可以看出,弧 ACB 是向上凸的,此时弧 ACB 位于该弧上任一点的切线的下方;弧 ADB 是向上凹的,此时弧 ADB 位于该弧上任一点的切线的上方. 由此我们给出曲线凹凸性的定义.

定义 1 一个可导函数 $y = f(x)$ 的图形,如果在区间 I 上的曲线弧都位于其任一点的切线上方,那么称此曲线弧在区间 I 上是**凹的**;如果在区间 I 上的曲线弧都位于其任一点的切线下方,那么称此曲线弧在区间 I 上是**凸的**.

从图 4-9 还可以看出,对于向上凸的弧 ACB,切线的斜率随 x 的增大而减小,即函数 $f'(x)$ 是单调减少的;对于向上凹的弧 ADB,切线的斜率随 x 的增大而增大,即函数 $f'(x)$ 是单调增加的. 由此可见,曲线 $y = f(x)$ 的凹凸性可以用 $f'(x)$ 的单调性来判定. 而 $f'(x)$ 的单

调性又可由 $f''(x)$ 的符号来判定,故曲线 $y=f(x)$ 的凹凸性与 $f''(x)$ 的符号有关.下面给出曲线凹凸性的判定定理.

定理 1　设函数 $f(x)$ 在闭区间 $[a,b]$ 上连续,在开区间 (a,b) 内有二阶导数.
(1) 如果在区间 (a,b) 内,$f''(x)>0$,那么曲线 $y=f(x)$ 在区间 (a,b) 内是凹的;
(2) 如果在区间 (a,b) 内,$f''(x)<0$,那么曲线 $y=f(x)$ 在区间 (a,b) 内是凸的.
证明从略.

例 1　判定曲线 $y=x^3-3x+1$ 的凹凸性.

解　函数 $y=x^3-3x+1$ 的定义域为 $(-\infty,+\infty)$,
$$y'=3x^2-3,\quad y''=6x.$$
当 $x=0$ 时,$y''=0$.点 $x=0$ 把 $(-\infty,+\infty)$ 分成两个部分区间,列表 4-5 讨论.

表 4-5

x	$(-\infty,0)$	0	$(0,+\infty)$
y''	$-$	0	$+$
$y=x^3-3x+1$	凸的		凹的

因此,曲线在 $(-\infty,0)$ 内是凸的,在 $(0,+\infty)$ 内是凹的.

例 2　判定曲线 $y=x^3$ 的凹凸性.

解　函数 $y=x^3$ 的定义域为 $(-\infty,+\infty)$,
$$y'=3x^2,\quad y''=6x.$$
当 $x<0$ 时,$y''<0$,所以曲线在 $(-\infty,0)$ 内是凸的;当 $x>0$ 时,$y''>0$,所以曲线在 $(0,+\infty)$ 内是凹的.点 $(0,0)$ 是曲线由凸变凹的分界点,如图 4-10 所示.

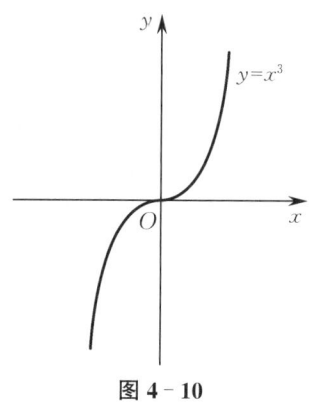

图 4-10

二、曲线的拐点

定义 2　连续曲线 $y=f(x)$ 上的凹弧与凸弧的分界点,称为曲线的**拐点**.

我们如何寻找曲线 $y=f(x)$ 的拐点呢? 一般来说,如果函数 $y=f(x)$ 在点 x_0 两侧 $f''(x)$ 异号,那么点 $(x_0,f(x_0))$ 就是曲线 $y=f(x)$ 的一个拐点.反之,如果点 $(x_0,f(x_0))$ 是曲线 $y=f(x)$ 的拐点,那么二阶导数 $f''(x)$ 在点 x_0 处有什么特点呢?

如果 $f''(x)$ 在区间 (a,b) 内连续,因为 $f''(x)$ 在点 x_0 两侧异号,所以必然有 $f''(x_0)=0$;如果 $f''(x)$ 在区间 (a,b) 内不连续,则 $f(x)$ 的二阶导数不存在的点也可能是 $f''(x)$ 的符号在其两侧发生变化的点.

由此得到求曲线 $y=f(x)$ 拐点的步骤如下：

(1) 求函数 $f(x)$ 的定义域；

(2) 求 $f''(x)$，找出 $f''(x)=0$ 的根及 $f''(x)$ 不存在的点；

(3) 对于(2)中求出的点 x_0，若 $f''(x)$ 在点 x_0 两侧异号，则点 $(x_0,f(x_0))$ 是 $y=f(x)$ 的拐点，否则点 $(x_0,f(x_0))$ 就不是拐点.

例 3 求曲线 $y=xe^{-x}$ 的凹凸区间和拐点.

解 函数 $y=xe^{-x}$ 的定义域为 $(-\infty,+\infty)$，
$$y'=(1-x)e^{-x},\quad y''=(x-2)e^{-x}.$$
令 $y''=0$，得 $x=2$. 列表 4-6 讨论.

表 4-6

x	$(-\infty,2)$	2	$(2,+\infty)$
y''	$-$	0	$+$
$y=xe^{-x}$	凸的	拐点 $(2,2e^{-2})$	凹的

因此，$(-\infty,2)$ 是曲线的凸区间，$(2,+\infty)$ 是曲线的凹区间，拐点为 $(2,2e^{-2})$.

例 4 求曲线 $y=(x-2)^{\frac{5}{3}}$ 的凹凸区间和拐点.

解 函数 $y=(x-2)^{\frac{5}{3}}$ 的定义域为 $(-\infty,+\infty)$，
$$y'=\frac{5}{3}(x-2)^{\frac{2}{3}},\quad y''=\frac{10}{9}(x-2)^{-\frac{1}{3}}=\frac{\frac{10}{9}}{\sqrt[3]{x-2}}.$$
当 $x=2$ 时，$y'=0$，y'' 不存在. 列表 4-7 讨论.

表 4-7

x	$(-\infty,2)$	2	$(2,+\infty)$
y''	$-$	不存在	$+$
$y=(x-2)^{\frac{5}{3}}$	凸的	拐点 $(2,0)$	凹的

因此，$(-\infty,2)$ 是曲线的凸区间，$(2,+\infty)$ 是曲线的凹区间，拐点为 $(2,0)$.

习 题 4.5

1. 判定下列曲线的凹凸性：

(1) $y=4x-x^2$；

(2) $y=1+\dfrac{1}{x}(x>0)$.

2. 求下列曲线的凹凸区间及拐点：

(1) $y=x^3-5x^2+3x+5$；

(2) $y=(x+1)^4+e^x$；

(3) $y=x^4(12\ln x-7)$.

3. 利用曲线的凹凸性,证明下列不等式:

(1) $\frac{1}{2}(x^n+y^n) > \left(\frac{x+y}{2}\right)^n (x>0, y>0, x\neq y, n>1)$;

(2) $\frac{e^x+e^y}{2} > e^{\frac{x+y}{2}} (x\neq y)$.

4. 问 a, b 为何值时,点 $(1,3)$ 为曲线 $y=ax^3+bx^2$ 的拐点?

4.6 函数的最大值和最小值

在实际生产中,常常遇到在一定条件下,怎样使"产品最多""用料最省""成本最低""效率最高""利润最大"等问题.这些问题在数学上就是求函数的最大值或最小值问题.

一、函数在闭区间上的最大值和最小值的求法

如果函数 $f(x)$ 在闭区间 $[a,b]$ 上连续,则在 $[a,b]$ 上必有最大值和最小值.最大值和最小值可能在端点处取得,也可能在开区间 (a,b) 内取得.若在 (a,b) 内取得最大值或最小值,则最大值或最小值一定在函数的极值点处取得.因此,可用如下方法求连续函数 $f(x)$ 在闭区间 $[a,b]$ 上的最大值和最小值:

(1) 求出 $f(x)$ 在开区间 (a,b) 内所有的驻点和不可导点;
(2) 求出驻点、不可导点以及区间端点处的函数值;
(3) 比较上面各函数值的大小,其中最大的就是最大值,最小的就是最小值.

例1 求函数 $f(x)=2x^3+3x^2-12x+14$ 在区间 $[-3,4]$ 上的最大值和最小值.

解 $f'(x)=6x^2+6x-12=6(x+2)(x-1)$.
令 $f'(x)=0$,得驻点
$$x=-2, \quad x=1.$$
又
$$f(-3)=23, \quad f(-2)=34, \quad f(1)=7, \quad f(4)=142,$$
因此函数 $f(x)=2x^3+3x^2-12x+14$ 在区间 $[-3,4]$ 上的最大值是 $f(4)=142$,最小值是 $f(1)=7$.

例2 求函数 $f(x)=x+3\sqrt[3]{1-x}$ 在区间 $[-1,2]$ 上的最大值和最小值.

解 $f'(x)=1+3\frac{-1}{3\sqrt[3]{(1-x)^2}}=\frac{\sqrt[3]{(1-x)^2}-1}{\sqrt[3]{(1-x)^2}}$.
令 $f'(x)=0$,得驻点 $x=0$;当 $x=1$ 时,$f'(x)$ 不存在.而
$$f(-1)=-1+3\sqrt[3]{2}, \quad f(0)=3, \quad f(1)=1, \quad f(2)=-1,$$
因此函数 $f(x)=x+3\sqrt[3]{1-x}$ 在区间 $[-1,2]$ 上的最大值是 $f(0)=3$,最小值是 $f(2)=-1$.

二、实际问题中的最大值和最小值

虽然我们求最大值和最小值的方法是先在定义域内求驻点和不可导点,最后比较这些点

和端点处的函数值确定函数的最大值和最小值.但在实际应用中,我们常常会遇到这样的情况:

(1) 实际问题表明函数的最大值或最小值存在,并且不在端点处取得;
(2) 函数在定义域内只有唯一的驻点.

在这种情况下,我们实际上可不必再去详细讨论,就可判定驻点处的函数值就是问题要求的最大值或最小值.

例 3 设有一块边长为 a 的正方形铁皮,从四个角各截去大小一样的小正方形,做一个无盖的方匣,问截去边长为多大的小正方形能使做成的方匣的容积最大?

解 设截去的小正方形的边长为 x(见图 4-11),则做成的方匣的容积为

$$y = (a-2x)^2 x \quad \left(0 < x < \frac{a}{2}\right),$$

于是问题就转化为求函数 $y = (a-2x)^2 x$ 在 $\left(0, \frac{a}{2}\right)$ 内的最大值问题. 因为

$$y' = 2(a-2x)(-2)x + (a-2x)^2 = (a-2x)(a-6x),$$

令 $y' = 0$,得函数在 $\left(0, \frac{a}{2}\right)$ 内的唯一驻点 $x = \frac{a}{6}$,而且从实际情况可知,函数的最大值一定存在,所以当 $x = \frac{a}{6}$ 时函数取得最大值,即方匣的最大容积为 $y\left(\frac{a}{6}\right) = \frac{2}{27}a^3$.

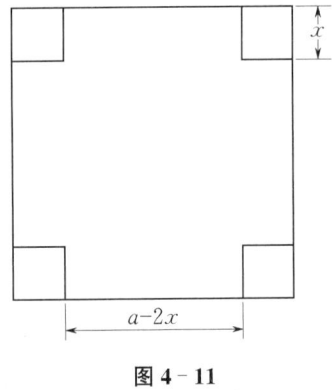

图 4-11

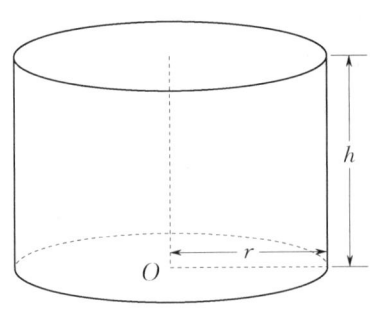

图 4-12

例 4 欲做一个容积为 $V = 300 \text{ m}^3$ 的无盖圆柱形水池(见图 4-12),已知池底单位造价为侧面单位造价的两倍.问水池的尺寸怎样设计才能使总造价最低?

解 设底面半径为 r,高为 h,侧面单位造价为 a,则水池的总造价为

$$y = 2\pi r^2 a + 2\pi rha \quad (r > 0).$$

由 $V = \pi r^2 h$,得 $h = \dfrac{V}{\pi r^2}$,代入上式可得

$$y = 2a\pi\left(r^2 + \frac{V}{\pi r}\right) \quad (r > 0).$$

因为

$$y' = 2a\pi\left(2r - \frac{V}{\pi r^2}\right),$$

令 $y'=0$，得唯一驻点 $r=\sqrt[3]{\dfrac{V}{2\pi}}$，而且从所要解决的问题来看，总造价一定有最小值，所以当 $r=\sqrt[3]{\dfrac{V}{2\pi}}$ 时，y 取得最小值，相应的高为

$$h=\dfrac{V}{\pi r^2}=2r.$$

将 $V=300\ \text{m}^3$ 代入，得

$$r=\sqrt[3]{\dfrac{300}{2\pi}}\ \text{m}\approx 3.63\ \text{m},\quad h=2r=7.26\ \text{m}.$$

因此，当水池的高为 7.26 m，底面半径为 3.63 m 时，总造价最低．

习 题 4.6

1．求下列函数在所给区间上的最大值与最小值：

(1) $y=2x^3-3x^2,\ -1\leqslant x\leqslant 4$；

(2) $y=x^4-8x^2+2,\ -1\leqslant x\leqslant 3$；

(3) $y=x+\sqrt{1-x},\ -5\leqslant x\leqslant 1$．

2．问函数 $y=2x^3-6x^2-18x-7(1\leqslant x\leqslant 4)$ 在何处取得最大值？并求其最大值．

3．问函数 $y=x^2-\dfrac{54}{x}(x<0)$ 在何处取得最小值？

4．某车间要靠墙壁盖一间长方形小屋，现有存砖只够砌 20 m 长的墙壁，问应围成怎样的长方形才能使这间小屋的面积最大？

5．要造一容积为 V 的圆柱形油罐，问底面半径 r 和高 h 分别等于多少时，才能使表面积最小？这时底面直径与高的比是多少？

6．一房地产公司有 50 套公寓要出租，当月租金定为 $1\,000$ 元时，公寓会全部租出去；当月租金每增加 50 元时，就会多一套公寓租不出去，而租出去的公寓每月需花费 100 元的维修费．试问月租金定为多少可获得最大收入？

4.7 导数在经济分析中的应用

本节介绍导数在经济学中的两个应用——边际分析和弹性分析．

一、边际分析

边际是经济学中的一个重要概念，通常是指经济变量的变化率．利用导数研究经济变量的边际变化的方法称为边际分析．

定义 1　经济学中，把函数 $f(x)$ 的导数 $f'(x)$ 称为 $f(x)$ 的**边际函数**，在点 x_0 处的导数值 $f'(x_0)$ 称为 $f(x)$ 在 x_0 处的**边际值**，又称为**变化率**或**变化速度**．

1. 边际成本

在经济学中，边际成本定义为产量增加 1 单位时所增加的成本．

设某种商品产量为 Q 时所需的成本为 $C=C(Q)$. 由于
$$C(Q+1)-C(Q)=\Delta C(Q)\approx \mathrm{d}C(Q)=C'(Q)\Delta Q=C'(Q),$$
因此边际成本就是成本函数关于产量 Q 的导数.

2. 边际收入

在经济学中,边际收入定义为多销售 1 单位商品所增加的销售收入.

设某种商品的销售量为 Q 时的收入函数为 $R=R(Q)$,则收入函数关于销售量 Q 的导数 $R'(Q)$ 就是该种商品的边际收入.

3. 边际利润

设某种商品的销售量为 Q 时的利润函数为 $L=L(Q)$,称 $L'(Q)$ 为销售量为 Q 时的边际利润,它近似等于销售量为 Q 时再多销售 1 单位商品所增加(或减少)的利润.

例1 某企业的成本 C 关于产量 Q 的函数为
$$C(Q)=-10\,485+6.75Q-0.000\,3Q^2,$$
求:

(1) 该企业的平均成本函数和边际成本函数;

(2) 该企业生产 $5\,000$ 单位商品时的平均成本和边际成本.

解 (1) 平均成本函数为
$$\overline{C}(Q)=\frac{C(Q)}{Q}=-\frac{10\,485}{Q}+6.75-0.000\,3Q,$$
边际成本函数为
$$C'(Q)=-0.000\,6Q+6.75.$$

(2) $\overline{C}(5\,000)=3.153, C'(5\,000)=3.75.$

这表示在产量为 $5\,000$ 单位的基础上,再生产 1 单位商品时,成本将增加 3.75 成本单位.

例2 设某种商品的需求函数为 $Q=100-5P$,其中 P 为价格,Q 为需求量. 求边际收入函数以及当 $Q=20,50$ 和 70 时的边际收入,并说明所得结果的经济意义.

解 收入函数为
$$R(Q)=PQ=\frac{1}{5}(100-Q)Q,$$
所以边际收入函数为
$$R'(Q)=\frac{1}{5}(100-2Q).$$
当 $Q=20,50,70$ 时,边际收入分别为
$$R'(20)=12,\quad R'(50)=0,\quad R'(70)=-8.$$

其经济意义为:当销售量为 20 单位时,再多销售 1 单位商品,收入将增加 12 收入单位;当销售量为 50 单位时,收入达到最大值;当销售量为 70 单位时,再多销售 1 单位商品,收入将减少 8 收入单位.

二、弹性分析

在边际分析中,讨论函数的变化率与函数增量均属于绝对范围内的讨论,在经济问题中,仅有绝对数的分析是不足以深刻分析问题的,例如,甲商品单位价格为 10 元,涨价 2 元,乙商

品单位价格为100元,涨价2元,这两种商品单位价格的绝对改变量都是2元,哪种商品涨价幅度更大呢? 我们用2元与原价相比就能回答问题,甲商品涨价百分比为20%,乙商品涨价百分比为2%,为此,我们有必要研究函数的相对改变量与相对变化率.

定义 2 设函数 $y=f(x)$ 在点 x 处可导,函数的相对改变量 $\dfrac{\Delta y}{y}=\dfrac{f(x+\Delta x)-f(x)}{f(x)}$ 与自变量的相对改变量 $\dfrac{\Delta x}{x}$ 之比

$$\dfrac{\Delta y}{y} \bigg/ \dfrac{\Delta x}{x},$$

称为 $y=f(x)$ 从 x 到 $x+\Delta x$ **两点间的弹性**. 当 $\Delta x \to 0$ 时,若 $\dfrac{\Delta y}{y} \bigg/ \dfrac{\Delta x}{x}$ 的极限存在,则称该极限值为 $y=f(x)$ 在点 x 处的**弹性**,记作 η,即

$$\eta = \lim_{\Delta x \to 0} \dfrac{\Delta y}{y} \bigg/ \dfrac{\Delta x}{x} = y' \dfrac{x}{y} = f'(x) \dfrac{x}{f(x)}.$$

由于 η 也是 x 的函数,因此也称它为 $f(x)$ 对 x 的**弹性函数**.

一般地,设某种商品的需求量为 Q,价格为 P,需求函数 $Q=f(P)$ 可导,则 $f'(P)\dfrac{P}{f(P)}$ 为该种商品的**需求价格弹性函数**,简称**需求弹性**,记作 $\eta=f'(P)\dfrac{P}{f(P)}$. 由于需求函数为价格的递减函数,因此需求弹性 η 一般为负值,这表明当某种商品的价格上升(或下降)1%时,其需求量将减小(或增加)$|\eta|$%. 在经济学中,比较商品需求弹性的大小时比较的是需求弹性的绝对值 $|\eta|$.

当 $|\eta|>1$ 时,称为**富有弹性**,价格变动对需求量的影响较大;

当 $|\eta|=1$ 时,称为**单位弹性**,此时价格与需求量变动的幅度相同;

当 $|\eta|<1$ 时,称为**弱有弹性**,价格变动对需求量的影响不大.

例 3 设某种商品的需求函数为 $Q=3\,000\mathrm{e}^{-0.02P}$,求价格为100单位时的需求弹性,并解释其经济意义.

解 $\eta=Q'(P)\dfrac{P}{Q}=\dfrac{-0.02P \times 3\,000\mathrm{e}^{-0.02P}}{3\,000\mathrm{e}^{-0.02P}}=-0.02P$, $\eta\big|_{P=100}=-2$.

其经济意义为:当价格为100单位时,若价格上升(或下降)1%,则需求量将减少(或增加)2%.

例 4 设某种商品的需求函数为 $Q=10-\dfrac{P}{2}$,求:

(1) 需求弹性;

(2) 当 $P=3$ 时的需求弹性,并解释其经济意义.

解 (1) 因为 $Q'(P)=-\dfrac{1}{2}$,所以

$$\eta=Q'(P)\dfrac{P}{Q}=-\dfrac{1}{2} \cdot \dfrac{P}{10-\dfrac{P}{2}}=\dfrac{P}{P-20}.$$

(2) $\eta\big|_{P=3} = -\frac{3}{17}$. $|\eta| < 1$,即价格变化对需求量的影响不大.

其经济意义为:当商品价格为3单位时,若价格上升(或下降)1%,则需求量将减少(或增加)$\frac{3}{17}$%.

习 题 4.7

1. 设某种商品的需求量Q与价格P之间的关系式为$Q = \frac{1-P}{P}$,求需求弹性. 如果销售价格为0.5单位,试确定需求弹性的值.

2. 设某种商品的需求量Q与价格P的函数关系为$Q(P) = 1\,600\left(\frac{1}{4}\right)^P$,求需求弹性.

3. 设某种商品的需求弹性为$\eta = -2P\ln 2$,求收入$R = PQ$对价格P的弹性.

4. 设某种商品的收入R(单位:元)是产量Q(单位:kg)的函数

$$R(Q) = 800Q - \frac{Q^2}{4} \quad (Q \geqslant 0),$$

求:

(1) 生产200 kg该种商品时的收入;

(2) 生产200 kg到300 kg时收入的平均变化率;

(3) 生产200 kg该种商品时的边际收入.

5. 某工厂日成本C(单位:百元)与日产量Q(单位:kg)的关系为

$$C(Q) = 4Q + 2\sqrt{Q} + 500,$$

求日产量为900 kg时的边际成本.

6. 设一市场对某种商品的需求量Q与价格P的关系式为$Q = 50 - 5P$,求其边际需求及边际价格.

7. 某厂的月产量为Q(单位:百件)时的成本为$C(Q) = Q^2 + 2Q + 100$(单位:千元). 若每百件的销售价格为4万元,试写出利润函数$L(Q)$,并求边际利润为0时的月产量.

复习题四

1. 列举一个函数$f(x)$满足$f(x)$在$[a,b]$上连续,在(a,b)内除某一点外处处可导,但在(a,b)内不存在点ξ,使得

$$f(b) - f(a) = f'(\xi)(b-a).$$

2. 证明多项式$f(x) = x^3 - 3x + a$在$[0,1]$上不可能有两个零点.

3. 设$a_0 + \frac{a_1}{2} + \cdots + \frac{a_n}{n+1} = 0$,证明多项式函数

$$f(x) = a_0 + a_1 x + \cdots + a_n x^n$$

在$(0,1)$内至少有一个零点.

4. 设函数 $f(x)$ 在 $[0,a]$ 上连续，在 $(0,a)$ 内可导，且 $f(a)=0$，证明存在一点 $\xi \in (0,a)$，使得
$$f(\xi)+\xi f'(\xi)=0.$$

5. 求下列极限：

(1) $\lim\limits_{x \to 1} \dfrac{x-x^x}{1-x+\ln x}$；

(2) $\lim\limits_{x \to 0} \left[\dfrac{1}{\ln(1+x)} - \dfrac{1}{x} \right]$.

6. 证明下列不等式：

(1) 当 $0 < x_1 < x_2 < \dfrac{\pi}{2}$ 时，$\dfrac{\tan x_2}{\tan x_1} > \dfrac{x_2}{x_1}$；

(2) 当 $x > 0$ 时，$\ln(1+x) > \dfrac{\arctan x}{1+x}$.

典型问题

问题 4.1 分子、分母导数之比的极限不存在时，可以使用洛必达法则求极限吗？

问题 4.2 求数列极限可以直接使用洛必达法则吗？

问题 4.3 如何寻找函数的极值点和函数图形的拐点？如何确定函数的单调区间和凹凸区间的分界点？

问题 4.4 证明不等式有哪些常用方法？

课件及习题课课件

典型问题答疑解惑

第4章习题及复习题四解答

第5章 不定积分

前面几章我们研究了一元函数微分学,其基本问题是求已知函数的导数或微分.但是,在许多实际问题中往往还会遇到与此相反的问题,即已知一个函数的导数或微分,要求这个函数,这就是不定积分的问题.本章重点研究不定积分的概念、性质和求不定积分的方法.

5.1 不定积分的概念与性质

一、原函数和不定积分的概念

先看一个例子.已知平面曲线 $y=f(x)$ 上任意点处的切线斜率 $f'(x)=2x$,求该曲线 $y=f(x)$ 的表达式.

本例实际上是已知函数的一阶导数 $f'(x)=2x$,求函数 $f(x)$ 的表达式的问题.为此,我们引入原函数的概念.

定义1 设函数 $f(x)$ 在区间 I 上有定义.如果存在函数 $F(x)$,使得对于任意 $x \in I$,均有
$$F'(x)=f(x) \quad \text{或} \quad \mathrm{d}F(x)=f(x)\mathrm{d}x,$$
则称 $F(x)$ 为 $f(x)$ 在区间 I 上的一个**原函数**.

例如,因为 $(x^2)'=2x$,所以 x^2 是 $2x$ 的一个原函数.又如,$(\sin x)'=\cos x$,所以 $\sin x$ 是 $\cos x$ 的一个原函数.另外,$(\sin x+1)'=\cos x$,$(\sin x-1)'=\cos x$,$(\sin x+C)'=\cos x$(C 为任意常数),所以 $\sin x+1, \sin x-1, \sin x+C$ 均为 $\cos x$ 的原函数.

实际上,设 $F(x)$ 是 $f(x)$ 的一个原函数,C 为任意常数,则由
$$[F(x)+C]'=F'(x)=f(x)$$
可知,$F(x)+C$ 也是 $f(x)$ 的原函数.由 C 的任意性,一般有以下结论:

如果函数 $f(x)$ 存在原函数,那么它就有无数个原函数.

另一方面,若 $F(x)$ 和 $G(x)$ 均是 $f(x)$ 的原函数,则由
$$[F(x)-G(x)]'=F'(x)-G'(x)=f(x)-f(x)=0$$

可知
$$F(x)-G(x)=C \quad (C\text{ 为任意常数}),$$
即它们只相差一个常数 C. 因此有以下结论：

如果 $F(x)$ 是 $f(x)$ 的原函数，那么 $F(x)+C$（C 为任意常数）就是 $f(x)$ 的全部原函数.

定义 2 若 $F(x)$ 为 $f(x)$ 的一个原函数，则称 $f(x)$ 的全部原函数 $F(x)+C$（C 为任意常数）为 $f(x)$ 的**不定积分**，记作 $\int f(x)\mathrm{d}x$，即
$$\int f(x)\mathrm{d}x = F(x)+C,$$
其中记号"$\int$"称为**积分号**，$f(x)$ 称为**被积函数**，$f(x)\mathrm{d}x$ 称为**被积表达式**，x 称为**积分变量**，C 称为**积分常数**.

由定义可知，求 $f(x)$ 的不定积分实际上只需求出它的一个原函数，再加上任意常数 C 即可.

例 1 求不定积分 $\int 2x\mathrm{d}x$.

解 因为 $(x^2)'=2x$，所以 x^2 是 $2x$ 的一个原函数，再加上任意常数 C，即
$$\int 2x\mathrm{d}x = x^2 + C.$$

例 2 求不定积分 $\int \cos x\mathrm{d}x$.

解 由于 $(\sin x)'=\cos x$，因此 $\sin x$ 是 $\cos x$ 的一个原函数，从而
$$\int \cos x\mathrm{d}x = \sin x + C.$$

例 3 求不定积分 $\int \dfrac{1}{x}\mathrm{d}x$.

解 当 $x>0$ 时，
$$(\ln|x|)' = (\ln x)' = \frac{1}{x};$$
当 $x<0$ 时，
$$(\ln|x|)' = [\ln(-x)]' = \frac{1}{-x}\cdot(-x)' = \frac{1}{x}.$$
综上所述，
$$\int \frac{1}{x}\mathrm{d}x = \ln|x| + C.$$

在关系式 $F'(x)=f(x)$ 成立的情况下，若已知函数 $F(x)$，求 $f(x)$ 是求一阶导数运算，而已知函数 $f(x)$，求 $F(x)$ 是求原函数的运算，故求一阶导数运算与求原函数运算互为逆运算. 它们之间有如下关系：

(1) $\left[\int f(x)\mathrm{d}x\right]' = f(x)$ 或 $\mathrm{d}\left[\int f(x)\mathrm{d}x\right] = f(x)\mathrm{d}x$；

(2) $\int f'(x)\mathrm{d}x = f(x)+C$ 或 $\int \mathrm{d}f(x) = f(x)+C$.

二、不定积分的性质

性质 1 被积函数中不为零的常数因子 k 可以提到积分号外面,即

$$\int kf(x)\mathrm{d}x = k\int f(x)\mathrm{d}x.$$

性质 2 两个函数代数和的不定积分等于两个函数不定积分的代数和,即

$$\int [f(x) \pm g(x)]\mathrm{d}x = \int f(x)\mathrm{d}x \pm \int g(x)\mathrm{d}x.$$

性质 2 可以推广到有限多个函数的情形,即

$$\int [f_1(x) \pm f_2(x) \pm \cdots \pm f_n(x)]\mathrm{d}x = \int f_1(x)\mathrm{d}x \pm \int f_2(x)\mathrm{d}x \pm \cdots \pm \int f_n(x)\mathrm{d}x.$$

三、不定积分的几何意义

函数 $f(x)$ 的原函数 $F(x)$ 的图形,称为 $f(x)$ 的积分曲线. 不定积分 $\int f(x)\mathrm{d}x$ 的图形是 $f(x)$ 的一族积分曲线,称为 $f(x)$ 的积分曲线族. 这族曲线可以由一条积分曲线 $y = F(x)$ 沿 y 轴方向上下平移得到. 另外,积分曲线族中每一条曲线在横坐标为 x_0 的点处的切线斜率都是 $f(x_0)$(见图 5-1).

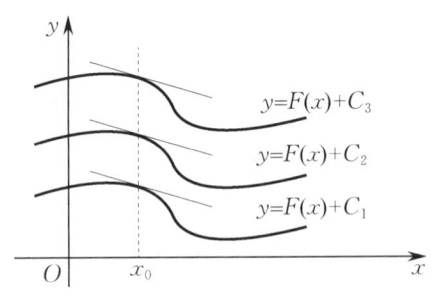

图 5-1

例 4 已知平面曲线上任意点 $M(x,y)$ 处的切线斜率 $y' = 2x$,且曲线经过点 $(1,2)$,求此平面曲线的方程.

解 因为 $(x^2)' = 2x$,所以 $\int 2x\mathrm{d}x = x^2 + C$,得积分曲线族

$$y = x^2 + C.$$

又因为所求曲线经过点 $(1,2)$,所以将 $x=1, y=2$ 代入上式,有

$$2 = 1 + C, \quad 即 \quad C = 1.$$

于是 $y = x^2 + 1$ 是所求曲线的方程.

习 题 5.1

1. 填空:

(1) _____$' = 1, \int \mathrm{d}x =$ _____;

(2) d _____ $= \mathrm{e}^x \mathrm{d}x, \int \mathrm{e}^x \mathrm{d}x =$ _____;

(3) 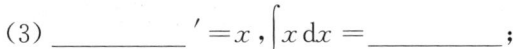$' = x$, $\int x\,dx =$ _____;

(4) 函数 $e^{\sqrt{x}}$ 为_____的一个原函数;

(5) 若函数 $f(x)$ 的一个原函数为 $\ln x$,则 $f'(x) =$ _____;

(6) 若不定积分 $\int f(x)\,dx = 2\sin\dfrac{x}{2} + C$,则 $f(x) =$ _____;

(7) 若函数 $f(x)$ 的一个原函数是 $\sin x$,则 $\int f'(x)\,dx =$ _____;

(8) 不定积分 $\int d(\sin\sqrt{x}) =$ _____.

2. 一曲线经过点 $(e^2, 3)$,且在其上任一点处的切线斜率等于该点横坐标的倒数,求该曲线的方程.

 不定积分的直接积分法

因为求不定积分是求导数或微分的逆运算,所以根据不定积分的定义及基本导数公式,相应地可以得到不定积分的基本积分公式:

(1) $\int k\,dx = kx + C$ (k 为常数);

(2) $\int x^\alpha\,dx = \dfrac{1}{\alpha+1}x^{\alpha+1} + C$ ($\alpha \neq -1$);

(3) $\int \dfrac{1}{x}\,dx = \ln|x| + C$;

(4) $\int a^x\,dx = \dfrac{a^x}{\ln a} + C$ ($a > 0$ 且 $a \neq 1$);

(5) $\int e^x\,dx = e^x + C$;

(6) $\int \sin x\,dx = -\cos x + C$;

(7) $\int \cos x\,dx = \sin x + C$;

(8) $\int \sec^2 x\,dx = \tan x + C$;

(9) $\int \csc^2 x\,dx = -\cot x + C$;

(10) $\int \sec x \tan x\,dx = \sec x + C$;

(11) $\int \csc x \cot x\,dx = -\csc x + C$;

(12) $\int \dfrac{1}{\sqrt{1-x^2}}\,dx = \arcsin x + C$;

(13) $\int \dfrac{1}{1+x^2}\,dx = \arctan x + C$.

利用不定积分的基本积分公式和性质直接求不定积分的方法,称为**直接积分法**.

例 1 求不定积分 $\int x^2(\sqrt{x} - 1)\,dx$.

解 $\int x^2(\sqrt{x} - 1)\,dx = \int (x^{\frac{5}{2}} - x^2)\,dx = \int x^{\frac{5}{2}}\,dx - \int x^2\,dx$

$= \dfrac{1}{\frac{5}{2}+1}x^{\frac{5}{2}+1} - \dfrac{1}{2+1}x^{2+1} + C$

$= \dfrac{2}{7}x^{\frac{7}{2}} - \dfrac{1}{3}x^3 + C.$

在进行不定积分的计算时,两个不定积分应该各含一个积分常数,但由于任意常数的和仍为任意常数,因此在整个不定积分的运算结果中只需写一个任意常数 C 即可.

例 2 求不定积分 $\int\left(\dfrac{x}{3}+\dfrac{3}{x}\right)\mathrm{d}x$.

解
$$\int\left(\dfrac{x}{3}+\dfrac{3}{x}\right)\mathrm{d}x = \dfrac{1}{3}\int x\,\mathrm{d}x + 3\int \dfrac{1}{x}\mathrm{d}x$$
$$= \dfrac{1}{6}x^2 + 3\ln|x| + C.$$

例 3 求不定积分 $\int(1+\mathrm{e}^x - 2\cos x)\mathrm{d}x$.

解
$$\int(1+\mathrm{e}^x - 2\cos x)\mathrm{d}x = \int\mathrm{d}x + \int\mathrm{e}^x\mathrm{d}x - 2\int\cos x\,\mathrm{d}x$$
$$= x + \mathrm{e}^x - 2\sin x + C.$$

例 4 求不定积分 $\int 3^x \mathrm{e}^x \mathrm{d}x$.

解 $\int 3^x \mathrm{e}^x \mathrm{d}x = \int (3\mathrm{e})^x \mathrm{d}x = \dfrac{(3\mathrm{e})^x}{\ln 3\mathrm{e}} + C = \dfrac{3^x \mathrm{e}^x}{1+\ln 3} + C.$

在进行不定积分的计算时,有时需要先把被积函数做适当的变形,然后再利用不定积分的基本积分公式及性质进行计算.

例 5 求不定积分 $\int \dfrac{x^4}{1+x^2}\mathrm{d}x$.

解
$$\int \dfrac{x^4}{1+x^2}\mathrm{d}x = \int \dfrac{(x^4-1)+1}{1+x^2}\mathrm{d}x = \int \dfrac{x^4-1}{x^2+1}\mathrm{d}x + \int \dfrac{1}{1+x^2}\mathrm{d}x$$
$$= \int (x^2-1)\mathrm{d}x + \int \dfrac{1}{1+x^2}\mathrm{d}x$$
$$= \dfrac{1}{3}x^3 - x + \arctan x + C.$$

例 6 求不定积分 $\int\left(\sqrt{1-x^2}+\dfrac{x^2}{\sqrt{1-x^2}}\right)\mathrm{d}x$.

解
$$\int\left(\sqrt{1-x^2}+\dfrac{x^2}{\sqrt{1-x^2}}\right)\mathrm{d}x = \int\left(\dfrac{1-x^2}{\sqrt{1-x^2}}+\dfrac{x^2}{\sqrt{1-x^2}}\right)\mathrm{d}x$$
$$= \int \dfrac{1}{\sqrt{1-x^2}}\mathrm{d}x = \arcsin x + C.$$

例 7 求不定积分 $\int \dfrac{1}{x^2(1+x^2)}\mathrm{d}x$.

解
$$\int \dfrac{1}{x^2(1+x^2)}\mathrm{d}x = \int \dfrac{(1+x^2)-x^2}{x^2(1+x^2)}\mathrm{d}x = \int\left(\dfrac{1}{x^2}-\dfrac{1}{1+x^2}\right)\mathrm{d}x$$
$$= -\dfrac{1}{x} - \arctan x + C.$$

例 8 求不定积分 $\int \dfrac{1}{\sin^2 x \cos^2 x}\mathrm{d}x$.

解 $\int \dfrac{1}{\sin^2 x \cos^2 x} \mathrm{d}x = \int \dfrac{\sin^2 x + \cos^2 x}{\sin^2 x \cos^2 x} \mathrm{d}x = \int \dfrac{1}{\cos^2 x} \mathrm{d}x + \int \dfrac{1}{\sin^2 x} \mathrm{d}x$
$= \int \sec^2 x \, \mathrm{d}x + \int \csc^2 x \, \mathrm{d}x = \tan x - \cot x + C.$

习 题 5.2

1. 求下列不定积分：

(1) $\int \dfrac{1}{x^2} \mathrm{d}x$；

(2) $\int x \sqrt{x} \, \mathrm{d}x$；

(3) $\int \dfrac{1}{\sqrt{x}} \mathrm{d}x$；

(4) $\int (x^2 - 3x + 2) \mathrm{d}x$；

(5) $\int (x^2 + 1)^2 \mathrm{d}x$；

(6) $\int \dfrac{3x^4 + 3x^2 + 1}{x^2 + 1} \mathrm{d}x$；

(7) $\int \dfrac{x^2}{1 + x^2} \mathrm{d}x$；

(8) $\int \left(2\mathrm{e}^x + \dfrac{3}{x}\right) \mathrm{d}x$；

(9) $\int \left(\dfrac{3}{1 + x^2} - \dfrac{2}{\sqrt{1 - x^2}}\right) \mathrm{d}x$；

(10) $\int \cos^2 \dfrac{x}{2} \mathrm{d}x$；

(11) $\int \dfrac{\cos 2x}{\cos x - \sin x} \mathrm{d}x$.

5.3 换元积分法

一、第一类换元积分法

利用直接积分法能解决的积分运算是十分有限的，例如 $\int \ln x \, \mathrm{d}x$，$\int \cos 2x \, \mathrm{d}x$ 等不定积分就不能用直接积分法求解，因此我们有必要寻找其他的积分方法. 例如，计算 $\int \cos 2x \, \mathrm{d}x$，基本积分公式中只有 $\int \cos x \, \mathrm{d}x = \sin x + C$，其特点是被积表达式中函数符号"cos"下的变量 x 与微分号"d"下的变量 x 是相同的，而 $\int \cos 2x \, \mathrm{d}x$ 不具备此特点，因此不能直接运用上述公式去计算它. 而

$$\int \cos 2x \, \mathrm{d}x = \dfrac{1}{2} \int \cos 2x \, \mathrm{d}(2x),$$

令 $2x = u$，则有

$$\int \cos 2x \, \mathrm{d}x = \dfrac{1}{2} \int \cos 2x \, \mathrm{d}(2x) = \dfrac{1}{2} \int \cos u \, \mathrm{d}u = \dfrac{1}{2} \sin u + C.$$

再将 u 换成 $2x$，得

$$\int \cos 2x \, \mathrm{d}x = \dfrac{1}{2} \sin 2x + C.$$

不难验证,$\frac{1}{2}\sin 2x$ 确是 $\cos 2x$ 的一个原函数. 上述积分方法是通过改变积分变量,使所求的积分化为能直接利用基本积分公式求解的一种积分方法.

定理 1(第一类换元积分法) 若不定积分 $\int f(u)\mathrm{d}u = F(u) + C$,且函数 $u = \varphi(x)$ 可导,则

$$\int f[\varphi(x)]\varphi'(x)\mathrm{d}x = F[\varphi(x)] + C.$$

第一类换元积分法也称为**凑微分法**,此方法可以形象地表述为

$$\int f[\varphi(x)]\varphi'(x)\mathrm{d}x \xrightarrow{\text{凑微分}} \int f[\varphi(x)]\mathrm{d}[\varphi(x)] \xrightarrow[\varphi(x)=u]{\text{替换}} \int f(u)\mathrm{d}u$$

$$= F(u) + C \xrightarrow[u=\varphi(x)]{\text{还原}} F[\varphi(x)] + C.$$

例 1 求不定积分 $\int (x-1)^3 \mathrm{d}x$.

解 将 $\mathrm{d}x$ 凑成 $\mathrm{d}x = \mathrm{d}(x-1)$,则

$$\int (x-1)^3 \mathrm{d}x = \int (x-1)^3 \mathrm{d}(x-1) \xrightarrow[x-1=u]{\text{替换}} \int u^3 \mathrm{d}u$$

$$= \frac{1}{4}u^4 + C \xrightarrow[u=x-1]{\text{还原}} \frac{1}{4}(x-1)^4 + C.$$

例 2 求不定积分 $\int \frac{1}{3x+4}\mathrm{d}x$.

解 将 $\mathrm{d}x$ 凑成 $\mathrm{d}x = \frac{1}{3}\mathrm{d}(3x+4)$,则

$$\int \frac{1}{3x+4}\mathrm{d}x = \frac{1}{3}\int \frac{1}{3x+4}\mathrm{d}(3x+4) \xrightarrow[3x+4=u]{\text{替换}} \frac{1}{3}\int \frac{1}{u}\mathrm{d}u$$

$$= \frac{1}{3}\ln|u| + C \xrightarrow[u=3x+4]{\text{还原}} \frac{1}{3}\ln|3x+4| + C.$$

熟练之后,可以省去中间的换元过程.

例 3 求不定积分 $\int \sec^2 \frac{x}{2}\mathrm{d}x$.

解 $\int \sec^2 \frac{x}{2}\mathrm{d}x = 2\int \sec^2 \frac{x}{2}\mathrm{d}\left(\frac{x}{2}\right) = 2\tan \frac{x}{2} + C.$

例 4 求不定积分 $\int x\mathrm{e}^{x^2}\mathrm{d}x$.

解 因 $x\mathrm{d}x = \frac{1}{2}\mathrm{d}(x^2)$,故

$$\int x\mathrm{e}^{x^2}\mathrm{d}x = \frac{1}{2}\int \mathrm{e}^{x^2}\mathrm{d}(x^2) = \frac{1}{2}\mathrm{e}^{x^2} + C.$$

运用第一类换元积分法进行不定积分运算的难点在于从原被积函数中找出合适的部分同 $\mathrm{d}x$ 结合凑出新变量的微分 $\mathrm{d}[\varphi(x)]$. 这需要解题经验,而熟记下面的微分等式有助于解题.

(1) $\mathrm{d}x = \frac{1}{a}\mathrm{d}(ax+b)$($a,b$ 为常数且 $a \neq 0$); (2) $x\mathrm{d}x = \frac{1}{2}\mathrm{d}(x^2)$;

(3) $x^2 \mathrm{d}x = \dfrac{1}{3}\mathrm{d}(x^3)$; (4) $\dfrac{1}{x}\mathrm{d}x = \mathrm{d}(\ln x)(x>0)$;

(5) $\dfrac{1}{x^2}\mathrm{d}x = -\mathrm{d}\left(\dfrac{1}{x}\right)$; (6) $\dfrac{1}{\sqrt{x}}\mathrm{d}x = 2\mathrm{d}(\sqrt{x})$;

(7) $\mathrm{e}^x \mathrm{d}x = \mathrm{d}(\mathrm{e}^x)$; (8) $\mathrm{e}^{-x}\mathrm{d}x = -\mathrm{d}(\mathrm{e}^{-x})$;

(9) $\sin x \mathrm{d}x = -\mathrm{d}(\cos x)$; (10) $\cos x \mathrm{d}x = \mathrm{d}(\sin x)$;

(11) $\sec^2 x \mathrm{d}x = \mathrm{d}(\tan x)$; (12) $\csc^2 x \mathrm{d}x = -\mathrm{d}(\cot x)$;

(13) $\dfrac{1}{\sqrt{1-x^2}}\mathrm{d}x = \mathrm{d}(\arcsin x)$; (14) $\dfrac{1}{1+x^2}\mathrm{d}x = \mathrm{d}(\arctan x)$.

例 5 求不定积分 $\displaystyle\int x\sqrt{x^2-1}\,\mathrm{d}x$.

解 $\displaystyle\int x\sqrt{x^2-1}\,\mathrm{d}x = \dfrac{1}{2}\int \sqrt{x^2-1}\,\mathrm{d}(x^2-1) = \dfrac{1}{2}\cdot\dfrac{1}{\frac{3}{2}}(x^2-1)^{\frac{3}{2}}+C$

$$= \dfrac{1}{3}(x^2-1)^{\frac{3}{2}}+C = \dfrac{1}{3}\sqrt{(x^2-1)^3}+C.$$

例 6 求不定积分 $\displaystyle\int \dfrac{\ln^3 x}{x}\mathrm{d}x$.

解 $\displaystyle\int \dfrac{\ln^3 x}{x}\mathrm{d}x = \int \ln^3 x\,\mathrm{d}(\ln x) = \dfrac{1}{4}\ln^4 x + C$.

例 7 求不定积分 $\displaystyle\int \cos^6 x \sin x\,\mathrm{d}x$.

解 $\displaystyle\int \cos^6 x \sin x\,\mathrm{d}x = -\int \cos^6 x\,\mathrm{d}(\cos x) = -\dfrac{1}{7}\cos^7 x + C$.

进行不定积分的运算时，有时被积函数需要先做适当变形，然后再运用第一类换元积分法进行求解.

例 8 求不定积分 $\displaystyle\int \tan x\,\mathrm{d}x$.

解 $\displaystyle\int \tan x\,\mathrm{d}x = \int \dfrac{\sin x}{\cos x}\mathrm{d}x = -\int \dfrac{1}{\cos x}\mathrm{d}(\cos x) = -\ln|\cos x|+C$.

同理，有

$$\int \cot x\,\mathrm{d}x = \ln|\sin x|+C.$$

例 9 求不定积分 $\displaystyle\int \dfrac{1}{a^2+x^2}\mathrm{d}x\,(a\neq 0)$.

解 $\displaystyle\int \dfrac{1}{a^2+x^2}\mathrm{d}x = \int \dfrac{\frac{1}{a^2}}{1+\frac{x^2}{a^2}}\mathrm{d}x = \dfrac{1}{a}\int \dfrac{1}{1+\left(\frac{x}{a}\right)^2}\mathrm{d}\left(\dfrac{x}{a}\right) = \dfrac{1}{a}\arctan\dfrac{x}{a}+C$.

例 10 求不定积分 $\displaystyle\int \dfrac{1}{\sqrt{a^2-x^2}}\mathrm{d}x\,(a>0)$.

解 $\int \dfrac{1}{\sqrt{a^2-x^2}}\mathrm{d}x = \int \dfrac{\frac{1}{a}}{\sqrt{1-\frac{x^2}{a^2}}}\mathrm{d}x = \int \dfrac{1}{\sqrt{1-\left(\frac{x}{a}\right)^2}}\mathrm{d}\left(\dfrac{x}{a}\right) = \arcsin\dfrac{x}{a} + C.$

例 11 求不定积分 $\int \dfrac{1}{a^2-x^2}\mathrm{d}x \,(a \neq 0)$.

解 $\int \dfrac{1}{a^2-x^2}\mathrm{d}x = \int \dfrac{1}{(a+x)(a-x)}\mathrm{d}x = \dfrac{1}{2a}\int \dfrac{(a+x)+(a-x)}{(a+x)(a-x)}\mathrm{d}x$

$\qquad = \dfrac{1}{2a}\int \left(\dfrac{1}{a-x} + \dfrac{1}{a+x}\right)\mathrm{d}x$

$\qquad = \dfrac{1}{2a}\left[-\int \dfrac{1}{a-x}\mathrm{d}(a-x) + \int \dfrac{1}{a+x}\mathrm{d}(a+x)\right]$

$\qquad = \dfrac{1}{2a}(-\ln|a-x| + \ln|a+x|) + C$

$\qquad = \dfrac{1}{2a}\ln\left|\dfrac{a+x}{a-x}\right| + C.$

例 12 求不定积分 $\int \sec x \,\mathrm{d}x$.

解 $\int \sec x \,\mathrm{d}x = \int \dfrac{\sec x(\sec x + \tan x)}{\sec x + \tan x}\mathrm{d}x = \int \dfrac{\sec^2 x + \sec x \tan x}{\sec x + \tan x}\mathrm{d}x$

$\qquad = \int \dfrac{1}{\sec x + \tan x}\mathrm{d}(\sec x + \tan x) = \ln|\sec x + \tan x| + C.$

同理,有

$$\int \csc x \,\mathrm{d}x = \ln|\csc x - \cot x| + C.$$

例 13 求不定积分 $\int \cos^3 x \,\mathrm{d}x$.

解 $\int \cos^3 x \,\mathrm{d}x = \int \cos^2 x \cos x \,\mathrm{d}x = \int (1-\sin^2 x)\mathrm{d}(\sin x)$

$\qquad = \sin x - \dfrac{1}{3}\sin^3 x + C.$

例 14 求不定积分 $\int \sec^4 x \,\mathrm{d}x$.

解 $\int \sec^4 x \,\mathrm{d}x = \int \sec^2 x \sec^2 x \,\mathrm{d}x = \int (1+\tan^2 x)\mathrm{d}(\tan x)$

$\qquad = \tan x + \dfrac{1}{3}\tan^3 x + C.$

以下一些函数的积分今后经常用到,可以将它们作为基本积分公式的补充:

(1) $\int \tan x \,\mathrm{d}x = -\ln|\cos x| + C$;

(2) $\int \cot x \,\mathrm{d}x = \ln|\sin x| + C$;

(3) $\int \sec x \,\mathrm{d}x = \ln|\sec x + \tan x| + C$;

(4) $\int \csc x \, dx = \ln|\csc x - \cot x| + C$;

(5) $\int \dfrac{1}{a^2 + x^2} dx = \dfrac{1}{a} \arctan \dfrac{x}{a} + C \, (a \neq 0)$;

(6) $\int \dfrac{1}{a^2 - x^2} dx = \dfrac{1}{2a} \ln\left|\dfrac{a+x}{a-x}\right| + C \, (a \neq 0)$;

(7) $\int \dfrac{1}{\sqrt{a^2 - x^2}} dx = \arcsin \dfrac{x}{a} + C \, (a > 0)$.

二、第二类换元积分法

第一类换元积分法是将形如 $\int f[\varphi(x)] \varphi'(x) dx$ 的积分化为 $\int f[\varphi(x)] d[\varphi(x)]$, 再做变量替换 $\varphi(x) = u$, 得积分 $\int f(u) du$, 而此积分可以用基本积分公式进行计算. 但是, 有些积分问题用上述方法就解决不了, 而应先做变量替换 $x = \varphi(t)$ [$\varphi(t)$ 单调可导且 $\varphi'(t) \neq 0$], 把积分 $\int f(x) dx$ 化为关于变量 t 的易于求解的积分 $\int f[\varphi(t)] \varphi'(t) dt$, 然后再求解. 这种方法称为第二类换元积分法, 下面进行介绍.

定理 2（第二类换元积分法） 设函数 $x = \varphi(t)$ 单调可导, 且其导数 $\varphi'(t) \neq 0$. 若 $\int f[\varphi(t)] \varphi'(t) dt = F(t) + C$, 则

$$\int f(x) dx = F[\varphi^{-1}(x)] + C.$$

第二类换元积分法可以形象地表述为

$$\int f(x) dx = \int f[\varphi(t)] d[\varphi(t)] = \int f[\varphi(t)] \varphi'(t) dt$$
$$= F(t) + C = F[\varphi^{-1}(x)] + C.$$

使用第二类换元积分法的关键是合理地选择函数 $x = \varphi(t)$, 常见的方法有以下两类.

1. 无理代换

当被积函数中含有无理式 $\sqrt[n]{ax+b}$ (a, b 为常数且 $a \neq 0$) 时, 令 $\sqrt[n]{ax+b} = t$, 将以 x 为积分变量的含根式的不定积分化为以 t 为积分变量的不含根式的不定积分, 然后再进行求解.

例 15 求不定积分 $\int \dfrac{1}{x + \sqrt{x}} dx$.

解 令 $t = \sqrt{x} \, (t > 0)$, 即 $x = t^2$, 从而 $dx = 2t \, dt$, 所以

$$\int \dfrac{1}{x + \sqrt{x}} dx = \int \dfrac{1}{t^2 + t} \cdot 2t \, dt = 2 \int \dfrac{1}{t+1} dt$$
$$= 2\ln|t+1| + C = 2\ln(\sqrt{x} + 1) + C.$$

例 16 求不定积分 $\int \dfrac{1}{\sqrt{(x-1)^3} + \sqrt{x-1}} dx$.

解 令 $t = \sqrt{x-1} \, (t > 0)$, 即 $x = t^2 + 1$, 从而 $dx = 2t \, dt$, 所以

$$\int \frac{1}{\sqrt{(x-1)^3}+\sqrt{x-1}}\mathrm{d}x = \int \frac{1}{t^3+t}\cdot 2t\,\mathrm{d}t = 2\int \frac{1}{t^2+1}\mathrm{d}t$$
$$= 2\arctan t + C = 2\arctan\sqrt{x-1} + C.$$

例 17 求不定积分 $\int \dfrac{1}{\sqrt[3]{x^2}+\sqrt{x}}\mathrm{d}x$.

解 令 $t = \sqrt[6]{x}\ (t>0)$，即 $x = t^6$，从而 $\mathrm{d}x = 6t^5\,\mathrm{d}t$，所以

$$\int \frac{1}{\sqrt[3]{x^2}+\sqrt{x}}\mathrm{d}x = \int \frac{1}{t^4+t^3}\cdot 6t^5\,\mathrm{d}t = 6\int \frac{t^2}{t+1}\mathrm{d}t = 6\int \frac{(t^2-1)+1}{t+1}\mathrm{d}t$$
$$= 6\left[\int (t-1)\,\mathrm{d}t + \int \frac{1}{t+1}\mathrm{d}t\right] = 6\left(\frac{1}{2}t^2 - t + \ln|t+1|\right) + C$$
$$= 3t^2 - 6t + 6\ln|t+1| + C = 3\sqrt[3]{x} - 6\sqrt[6]{x} + 6\ln(\sqrt[6]{x}+1) + C.$$

2. 三角代换

若被积函数中含有无理式 $\sqrt{a^2-x^2}$，可令 $x = a\sin t\ \left(-\dfrac{\pi}{2} < t < \dfrac{\pi}{2}\right)$；若被积函数中含有无理式 $\sqrt{a^2+x^2}$，可令 $x = a\tan t\ \left(-\dfrac{\pi}{2} < t < \dfrac{\pi}{2}\right)$；若被积函数中含有无理式 $\sqrt{x^2-a^2}$，可令 $x = a\sec t\ \left(0 < t < \dfrac{\pi}{2}\right)$，将原不定积分化为易求解的不定积分.

例 18 求不定积分 $\int \sqrt{a^2-x^2}\,\mathrm{d}x\ (a>0)$.

解 令 $x = a\sin t\ \left(-\dfrac{\pi}{2} < t < \dfrac{\pi}{2}\right)$，则

$$\mathrm{d}x = a\cos t\,\mathrm{d}t, \quad \sqrt{a^2-x^2} = a\cos t,$$

于是

$$\int \sqrt{a^2-x^2}\,\mathrm{d}x = \int a\cos t \cdot a\cos t\,\mathrm{d}t = a^2\int \cos^2 t\,\mathrm{d}t = a^2\int \frac{1+\cos 2t}{2}\mathrm{d}t$$
$$= \frac{a^2}{2}\left(t + \frac{1}{2}\sin 2t\right) + C = \frac{a^2}{2}(t + \sin t\cos t) + C.$$

因为 $x = a\sin t$，所以 $t = \arcsin \dfrac{x}{a}$. 根据 $x = a\sin t$ 作直角三角形（见图 5-2），得

$$\cos t = \frac{\sqrt{a^2-x^2}}{a},$$

所以

$$原式 = \frac{a^2}{2}\arcsin \frac{x}{a} + \frac{x}{2}\sqrt{a^2-x^2} + C.$$

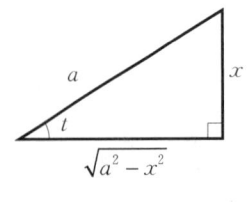

图 5-2

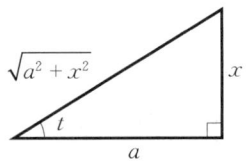

图 5-3

例 19 求不定积分 $\int \dfrac{1}{\sqrt{a^2+x^2}}\mathrm{d}x\,(a>0)$.

解 令 $x=a\tan t\left(-\dfrac{\pi}{2}<t<\dfrac{\pi}{2}\right)$，则

$$\mathrm{d}x=a\sec^2 t\,\mathrm{d}t,\quad \sqrt{a^2+x^2}=a\sec t,$$

于是

$$\int \dfrac{1}{\sqrt{a^2+x^2}}\mathrm{d}x=\int\dfrac{1}{a\sec t}\cdot a\sec^2 t\,\mathrm{d}t=\int\sec t\,\mathrm{d}t$$
$$=\ln|\sec t+\tan t|+C_1.$$

根据 $x=a\tan t$ 作直角三角形（见图 5-3），得

$$\sec t=\dfrac{\sqrt{a^2+x^2}}{a},$$

所以

$$\text{原式}=\ln\left|\dfrac{x}{a}+\dfrac{\sqrt{a^2+x^2}}{a}\right|+C_1=\ln|x+\sqrt{a^2+x^2}|-\ln a+C_1$$
$$=\ln|x+\sqrt{a^2+x^2}|+C.$$

例 20 求不定积分 $\int\dfrac{1}{\sqrt{x^2-a^2}}\mathrm{d}x\,(a>0)$.

解 令 $x=a\sec t\left(0<t<\dfrac{\pi}{2}\right)$，则

$$\mathrm{d}x=a\sec t\tan t\,\mathrm{d}t,\quad \sqrt{x^2-a^2}=a\tan t,$$

于是

$$\int\dfrac{1}{\sqrt{x^2-a^2}}\mathrm{d}x=\int\dfrac{1}{a\tan t}\cdot a\sec t\tan t\,\mathrm{d}t=\int\sec t\,\mathrm{d}t$$
$$=\ln|\sec t+\tan t|+C_1.$$

根据 $x=a\sec t$ 作直角三角形（见图 5-4），得

$$\tan t=\dfrac{\sqrt{x^2-a^2}}{a},$$

所以

$$\text{原式}=\ln\left|\dfrac{x}{a}+\dfrac{\sqrt{x^2-a^2}}{a}\right|+C_1=\ln|x+\sqrt{x^2-a^2}|-\ln a+C_1$$
$$=\ln|x+\sqrt{x^2-a^2}|+C.$$

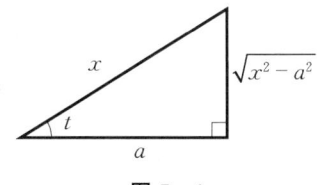

图 5-4

下述两式也可以作为公式使用：

(1) $\int \sqrt{a^2 - x^2}\, dx = \dfrac{a^2}{2} \arcsin \dfrac{x}{a} + \dfrac{x}{2}\sqrt{a^2 - x^2} + C \, (a > 0)$；

(2) $\int \dfrac{1}{\sqrt{x^2 \pm a^2}}\, dx = \ln|x + \sqrt{x^2 \pm a^2}| + C \, (a > 0)$.

注意：第一类换元积分法可以省去中间的换元过程，因此新变量可以不出现. 而第二类换元积分法必须进行换元，即新变量一定会出现，故最后一定注意要把新变量换回原变量.

不定积分的第一类换元积分法与第二类换元积分法统称为**不定积分的换元积分法**，它是求解不定积分的重要方法.

习 题 5.3

1. 求下列不定积分：

(1) $\int e^{5t}\, dt$；

(2) $\int (3 - 2x)^3\, dx$；

(3) $\int \dfrac{\sin \sqrt{t}}{\sqrt{t}}\, dt$；

(4) $\int \tan^{10} x \sec^2 x\, dx$；

(5) $\int \dfrac{1}{\sin x \cos x}\, dx$；

(6) $\int \dfrac{1}{e^x + e^{-x}}\, dx$.

5.4 分部积分法

前面介绍了不定积分的直接积分法和换元积分法，虽然这些积分法的应用范围很广，但还是有很多类型的积分无法用这些方法进行计算. 当被积函数是两种不同类型的函数的乘积时，如 $\int x \cos x\, dx, \int x e^{-x}\, dx, \int x \ln x\, dx$ 等，前面学过的方法就不一定有效. 下面将讨论计算不定积分的另一种重要方法——分部积分法.

定理1 设函数 $u = u(x), v = v(x)$ 都可导，且其一阶导数 $u'(x), v'(x)$ 都连续，则不定积分

$$\int u\, dv = uv - \int v\, du,$$

即

$$\int uv'\, dx = uv - \int u'v\, dx.$$

证 因为 $u = u(x), v = v(x)$ 具有连续的导数，所以由函数乘积的求导法则，有

$$(uv)' = u'v + uv',$$

即

$$uv' = (uv)' - u'v.$$

上式两边对 x 积分，得

$$\int uv' \mathrm{d}x = \int (uv)' \mathrm{d}x - \int u'v \mathrm{d}x,$$

于是

$$\int u \mathrm{d}v = uv - \int v \mathrm{d}u, \quad 即 \quad \int uv' \mathrm{d}x = uv - \int u'v \mathrm{d}x.$$

上式也称为**分部积分公式**,利用分部积分公式求不定积分的方法称为**分部积分法**.

使用分部积分公式时,恰当选择 u 和 $\mathrm{d}v$ 是关键,如果右边的积分 $\int v \mathrm{d}u$ 比左边的积分 $\int u \mathrm{d}v$ 简单,则该公式有效.

不定积分的分部积分法主要能够解决对数函数、反三角函数的不定积分及部分但不是全部函数乘积的不定积分,下面分两种情况来讨论.

一、第一种基本情况

当被积函数为对数函数或反三角函数时,可以把被积函数看成 u,$\mathrm{d}x$ 看成 $\mathrm{d}v$,直接应用分部积分公式求解.

例1 求不定积分 $\int \ln(x+1) \mathrm{d}x$.

解
$$\begin{aligned}
\int \ln(x+1) \mathrm{d}x &= x\ln(x+1) - \int x \mathrm{d}[\ln(x+1)] \\
&= x\ln(x+1) - \int x \cdot \frac{1}{x+1} \mathrm{d}x \\
&= x\ln(x+1) - \int \frac{(x+1)-1}{x+1} \mathrm{d}x \\
&= x\ln(x+1) - \int \mathrm{d}x + \int \frac{1}{x+1} \mathrm{d}x \\
&= x\ln(x+1) - x + \ln(x+1) + C \\
&= (x+1)\ln(x+1) - x + C.
\end{aligned}$$

例2 求不定积分 $\int \arcsin x \mathrm{d}x$.

解
$$\begin{aligned}
\int \arcsin x \mathrm{d}x &= x \arcsin x - \int x \mathrm{d}(\arcsin x) \\
&= x \arcsin x - \int x \cdot \frac{1}{\sqrt{1-x^2}} \mathrm{d}x \\
&= x \arcsin x - \frac{1}{2} \int \frac{1}{\sqrt{1-x^2}} \mathrm{d}(x^2) \\
&= x \arcsin x + \frac{1}{2} \int \frac{1}{\sqrt{1-x^2}} \mathrm{d}(1-x^2) \\
&= x \arcsin x + \sqrt{1-x^2} + C.
\end{aligned}$$

二、第二种基本情况

当被积函数为两种或两种以上不同类型的函数相乘时,一般可以按照"反、对、幂、三、指"的顺序来确定函数 u,即按照反三角函数、对数函数、幂函数、三角函数、指数函数的顺序,将排在前面的设为 u,排在后面的与 $\mathrm{d}x$ 结合凑成 $\mathrm{d}v$.

例 3 求不定积分 $\int x \ln x \, dx$.

解 $\int x \ln x \, dx = \frac{1}{2} \int \ln x \, d(x^2) = \frac{1}{2} \left[x^2 \ln x - \int x^2 \, d(\ln x) \right]$

$= \frac{1}{2} \left(x^2 \ln x - \int x^2 \cdot \frac{1}{x} \, dx \right) = \frac{1}{2} \left(x^2 \ln x - \int x \, dx \right)$

$= \frac{1}{2} \left(x^2 \ln x - \frac{1}{2} x^2 \right) + C = \frac{1}{2} x^2 \ln x - \frac{1}{4} x^2 + C.$

例 4 求不定积分 $\int x \arctan x \, dx$.

解 $\int x \arctan x \, dx = \frac{1}{2} \int \arctan x \, d(x^2) = \frac{1}{2} \left[x^2 \arctan x - \int x^2 \, d(\arctan x) \right]$

$= \frac{1}{2} \left(x^2 \arctan x - \int x^2 \cdot \frac{1}{1+x^2} \, dx \right)$

$= \frac{1}{2} \left[x^2 \arctan x - \int \frac{(1+x^2)-1}{1+x^2} \, dx \right]$

$= \frac{1}{2} \left(x^2 \arctan x - \int dx + \int \frac{1}{1+x^2} \, dx \right)$

$= \frac{1}{2} (x^2 \arctan x - x + \arctan x) + C$

$= \frac{1}{2} (x^2 + 1) \arctan x - \frac{x}{2} + C.$

有时需要连续两次凑微分,然后才能应用不定积分的分部积分公式求解.

例 5 求不定积分 $\int x \cos 2x \, dx$.

解 $\int x \cos 2x \, dx = \frac{1}{2} \int x \cos 2x \, d(2x) = \frac{1}{2} \int x \, d(\sin 2x)$

$= \frac{1}{2} \left(x \sin 2x - \int \sin 2x \, dx \right)$

$= \frac{1}{2} \left[x \sin 2x - \frac{1}{2} \int \sin 2x \, d(2x) \right]$

$= \frac{1}{2} \left(x \sin 2x + \frac{1}{2} \cos 2x \right) + C$

$= \frac{1}{2} x \sin 2x + \frac{1}{4} \cos 2x + C.$

有时需要多次应用不定积分的分部积分公式求解.

例 6 求不定积分 $\int e^x \cos x \, dx$.

解 $\int e^x \cos x \, dx = \int \cos x \, d(e^x) = e^x \cos x - \int e^x \, d(\cos x)$

$= e^x \cos x + \int e^x \sin x \, dx$

$= e^x \cos x + \int \sin x \, d(e^x)$

$$= e^x \cos x + e^x \sin x - \int e^x d(\sin x)$$
$$= e^x \cos x + e^x \sin x - \int e^x \cos x \, dx,$$

移项,得
$$2\int e^x \cos x \, dx = e^x \cos x + e^x \sin x + C_1,$$

于是有
$$\int e^x \cos x \, dx = \frac{1}{2} e^x (\cos x + \sin x) + \frac{C_1}{2} = \frac{1}{2} e^x (\cos x + \sin x) + C.$$

例 7 求不定积分 $\int x^2 \sin x \, dx$.

解
$$\int x^2 \sin x \, dx = -\int x^2 d(\cos x) = -\left[x^2 \cos x - \int \cos x \, d(x^2)\right]$$
$$= -\left(x^2 \cos x - 2\int x \cos x \, dx\right)$$
$$= -x^2 \cos x + 2\int x \, d(\sin x)$$
$$= -x^2 \cos x + 2\left(x \sin x - \int \sin x \, dx\right)$$
$$= -x^2 \cos x + 2(x \sin x + \cos x) + C$$
$$= (2 - x^2) \cos x + 2x \sin x + C.$$

有时需要联合应用不定积分的换元积分法与分部积分法求解不定积分.

例 8 求不定积分 $\int \sin \sqrt{x} \, dx$.

解 令 $t = \sqrt{x} \ (t \geq 0)$,则 $x = t^2, dx = 2t \, dt$,于是
$$\int \sin \sqrt{x} \, dx = \int \sin t \cdot 2t \, dt = -2\int t \, d(\cos t)$$
$$= -2\left(t \cos t - \int \cos t \, dt\right) = -2t \cos t + 2\sin t + C$$
$$= -2\sqrt{x} \cos \sqrt{x} + 2\sin \sqrt{x} + C.$$

习 题 5.4

1. 求下列不定积分:

(1) $\int x \sin x \, dx$;

(2) $\int \ln x \, dx$;

(3) $\int x e^{-x} \, dx$;

(4) $\int x^2 \ln x \, dx$;

(5) $\int e^{-x} \cos x \, dx$;

(6) $\int x \cos \frac{x}{2} \, dx$;

(7) $\int x^2 \arctan x \, dx$;

(8) $\int x \tan^2 x \, dx$;

(9) $\int x^2 \cos x \, dx$;

(10) $\int t e^{-2t} \, dt$;

(11) $\int e^{\sqrt{x}} dx$.

 5.5 微分方程初步

一、微分方程的基本概念

1. 微分方程的概念和分类

含有未知函数的导数或微分的方程称为**微分方程**. 未知函数是一元函数的微分方程称为**常微分方程**;未知函数是多元函数的微分方程称为**偏微分方程**(一元函数、多元函数的概念见第 8 章).

例如,$\frac{dy}{dx} = f(x)g(y)$,$\frac{dy}{dx} = 2x$,$y'' + y' - 2y = 0$,$\frac{\partial^2 z}{\partial x^2} + \frac{\partial^2 z}{\partial y^2} = 0$ 均为微分方程. 其中, $\frac{dy}{dx} = f(x)g(y)$,$\frac{dy}{dx} = 2x$,$y'' + y' - 2y = 0$ 均为常微分方程;而 $\frac{\partial^2 z}{\partial x^2} + \frac{\partial^2 z}{\partial y^2} = 0$ 为偏微分方程. 本节我们仅介绍几种较为简单的常微分方程及其解法.

2. 微分方程的阶数

微分方程中未知函数的最高阶导数的阶数称为微分方程的**阶数**. 一个微分方程的阶数是 n,我们就称该微分方程是 n **阶微分方程**.

例如,在微分方程

$$y' + \frac{2y}{x+1} = (x+1)^{\frac{5}{2}}$$

中,未知函数 y 的最高阶导数为一阶导数,其为一阶微分方程. 显然,$y'' + y' - 2y = 0$ 是二阶微分方程.

3. 微分方程的解和解微分方程

使微分方程左右两边相等的已知函数,称为微分方程的**解**.

例如,函数 $y = x^2 + C$ 就是微分方程 $y' = 2x$ 的解. 因为该函数能使微分方程 $y' = 2x$ 左右两边相等,验证如下:将 $y = x^2 + C$ 代入微分方程的左边,有

$$\text{左边} = (x^2 + C)' = 2x,$$

而微分方程的右边 $= 2x$,故 $y = x^2 + C$ 就是微分方程 $y' = 2x$ 的解.

求微分方程解的过程,称为**解微分方程**.

4. 微分方程的通解和特解

含有任意常数 C 的微分方程的解,叫作微分方程的**通解**. 一般来说,n 阶微分方程的通解中含有 n 个任意常数.

例如,$y' = 2x$ 是一阶微分方程,故其通解 $y = x^2 + C$ 中仅含有一个任意常数 C;而 $y'' + y' - 2y = 0$ 是二阶微分方程,故其通解 $y = C_1 e^x + C_2 e^{-2x}$ 中含有两个任意常数 C_1 和 C_2.

在给定的或来自实际生产和科学实践的微分方程中,常常事先已知一个或 n 个微分方程中未知函数在某处的函数值,未知函数的函数值叫作微分方程的**附加条件**. 如果微分方程中的

附加条件是未知函数在初始位置的函数值,则称这种附加条件为微分方程的**初始条件**.

例如,已知微分方程 $y'\sin x = y\ln y$,且 $y\Big|_{x=\frac{\pi}{2}}=\mathrm{e}$,这里 $y\Big|_{x=\frac{\pi}{2}}=\mathrm{e}$ 就是该微分方程的附加条件. 又如,已知微分方程 $\cos x\sin y\mathrm{d}y=\cos y\sin x\mathrm{d}x$,且 $y\Big|_{x=0}=\frac{\pi}{4}$,这里 $y\Big|_{x=0}=\frac{\pi}{4}$ 即为该微分方程的初始条件.

满足附加条件或初始条件的微分方程的解,称为微分方程的**特解**. 以后我们将具体介绍.

二、一阶微分方程

这里主要讨论一阶微分方程中一类很重要的微分方程——可分离变量的微分方程.

我们称形如

$$\frac{\mathrm{d}y}{\mathrm{d}x}=f(x)g(y)$$

的微分方程为**可分离变量的微分方程**. 例如,$\frac{\mathrm{d}y}{\mathrm{d}x}=10^x\cdot10^y$,$xy'-y\ln y=0$ 均为可分离变量的微分方程.

可分离变量的微分方程的解法就是分离变量法. 分离变量法解微分方程一般可分为两步. 以 $\frac{\mathrm{d}y}{\mathrm{d}x}=f(x)g(y)$ 为例,其解法步骤如下:

(1) 分离变量得

$$\frac{\mathrm{d}y}{g(y)}=f(x)\mathrm{d}x;$$

(2) 两边积分得

$$\int\frac{\mathrm{d}y}{g(y)}=\int f(x)\mathrm{d}x.$$

例1 求微分方程 $y'=y^2+xy^2$ 的通解.

解 这是一个可分离变量的微分方程,分离变量得

$$\frac{\mathrm{d}y}{y^2}=(1+x)\mathrm{d}x,$$

两边积分得

$$-\frac{1}{y}=x+\frac{x^2}{2}+C$$

或

$$-\frac{1}{y}-x-\frac{x^2}{2}=C.$$

此函数即为原微分方程的通解.

三、一阶线性微分方程

一阶线性微分方程是微分方程中一种较为简单的微分方程,其一般形式为

$$\frac{\mathrm{d}y}{\mathrm{d}x}+P(x)y=Q(x) \quad \text{或} \quad y'+P(x)y=Q(x).$$

当 $Q(x)=0$ 时,我们称其为**一阶齐次线性微分方程**,即 $\dfrac{dy}{dx}+P(x)y=0$,这是可分离变量的微分方程. 当 $Q(x)\neq 0$ 时,我们称其为**一阶非齐次线性微分方程**. 下面我们分别进行介绍.

1. 一阶齐次线性微分方程

一阶齐次线性微分方程的一般形式为
$$\frac{dy}{dx}+P(x)y=0 \quad 或 \quad y'+P(x)y=0,$$
这是可分离变量的微分方程,故可用分离变量法求其通解. 分离变量得
$$\frac{dy}{y}=-P(x)dx,$$
两边积分得
$$\int\frac{dy}{y}=\int -P(x)dx,$$
即
$$\ln|y|=-\int P(x)dx+C_1,$$
解得
$$y=Ce^{-\int P(x)dx}.$$
这就是一阶齐次线性微分方程的通解.

2. 一阶非齐次线性微分方程

一阶非齐次线性微分方程的一般形式为
$$\frac{dy}{dx}+P(x)y=Q(x) \quad 或 \quad y'+P(x)y=Q(x).$$

求解一阶非齐次线性微分方程通常采用常数变易法. 这种方法在一般的高等数学教材中均可见到. 本书采用一种更为容易理解的解法,即积分因子法,就是将方程两边同时乘以一个已知函数 $u(x)$,并要求 $u(x)$ 具有如下性质: $u'(x)=u(x)P(x)$,且 $u(x)\neq 0$,即
$$\frac{du(x)}{dx}=u(x)P(x), \quad u(x)\neq 0.$$
怎样才能找到函数 $u(x)$ 呢?我们可以通过解可分离变量的微分方程
$$\frac{du(x)}{dx}=u(x)P(x)$$
求得 $u(x)$. 分离变量得
$$\frac{du(x)}{u(x)}=P(x)dx,$$
两边积分得
$$\ln|u(x)|=\int P(x)dx+C_1,$$
解得
$$u(x)=Ce^{\int P(x)dx}.$$
显然,当 C 取不同值时,就有不同的 $u(x)$. 取 $C=1$,$u(x)$ 为一个较为常见的函数 $u(x)=$

$e^{\int P(x)dx}$,称为积分因子.

现在 $u(x)$ 已经找到,用 $u(x)$ 去乘以一阶非齐次线性微分方程 $y'+P(x)y=Q(x)$ 两边得

$$y'u(x)+u(x)P(x)y=Q(x)u(x),$$
$$y'u(x)+u'(x)y=Q(x)u(x),$$
$$[u(x)y]'=Q(x)u(x).$$

两边积分,得

$$\int [u(x)y]'dx=\int Q(x)u(x)dx,$$
$$u(x)y=\int Q(x)u(x)dx+C.$$

因为 $u(x)\neq 0$,所以

$$y=\frac{1}{u(x)}\left[\int Q(x)u(x)dx+C\right]$$
$$=e^{-\int P(x)dx}\left[\int Q(x)e^{\int P(x)dx}dx+C\right].$$

这就是一阶非齐次线性微分方程的通解公式. 它又可以写成

$$y=e^{-\int P(x)dx}\int Q(x)e^{\int P(x)dx}dx+Ce^{-\int P(x)dx}.$$

上式表明,一阶非齐次线性微分方程的通解是本身的一个特解(取 $C=0$)与对应的一阶齐次线性微分方程的通解之和. 这就是一阶非齐次线性微分方程的通解的结构性质. 今后求解一阶非齐次线性微分方程就可以直接利用上述通解公式.

例 2 求微分方程 $\dfrac{dy}{dx}+y=e^{-x}$ 的通解.

解 所求解的微分方程为一阶非齐次线性微分方程,利用通解公式求解.
因为这里

$$P(x)=1,\quad Q(x)=e^{-x},$$

所以

$$y=e^{-\int P(x)dx}\left[\int Q(x)e^{\int P(x)dx}dx+C\right]$$
$$=e^{-x}\left(\int e^{-x}e^{x}dx+C\right)$$
$$=e^{-x}(x+C).$$

习 题 5.5

1. 指出下列微分方程的阶数:
(1) $x(y')^2-2yy'+x=0$;
(2) $x^2y'-xy'+y=0$;
(3) $xy'''+2y'+x^2y=0$;
(4) $(7x-6y)dx+(x+y)dy=0$.

2. 求下列微分方程的通解:
(1) $xy'-y\ln y=0$;
(2) $3x^2+5x-5y'=0$.

3. 求下列微分方程满足所给初始条件的特解:

(1) $\dfrac{dy}{dx} - y\tan x = \sec x, y\big|_{x=0} = 0$;

(2) $\dfrac{dy}{dx} + 3y = 8, y\big|_{x=0} = 2$.

4. 一曲线通过原点且在点 (x,y) 处的切线斜率等于 $2x+y$,求该曲线的方程.

复习题五

1. 求下列不定积分:

(1) $\displaystyle\int \dfrac{1}{e^x - e^{-x}} dx$;

(2) $\displaystyle\int \dfrac{x}{(1-x)^3} dx$;

(3) $\displaystyle\int \dfrac{1+\cos x}{x+\sin x} dx$;

(4) $\displaystyle\int \dfrac{\sin x \cos x}{1+\sin^4 x} dx$;

(5) $\displaystyle\int \dfrac{1}{x(x^6+4)} dx$;

(6) $\displaystyle\int x\cos^2 x\, dx$;

(7) $\displaystyle\int \sqrt{x}\sin\sqrt{x}\, dx$;

(8) $\displaystyle\int \ln(1+x^2)\, dx$;

(9) $\displaystyle\int \dfrac{\sin x}{1+\sin x} dx$;

(10) $\displaystyle\int e^{\sin x}\dfrac{x\cos^3 x - \sin x}{\cos^2 x} dx$;

(11) $\displaystyle\int \dfrac{\sqrt[3]{x}}{x(\sqrt{x}+\sqrt[3]{x})} dx$;

(12) $\displaystyle\int \dfrac{1}{(1+e^x)^2} dx$.

典型问题

问题 5.1 不定积分可以像初等函数一样进行运算吗?

问题 5.2 连续的奇(偶)函数的原函数都是偶(奇)函数吗?

问题 5.3 微分方程的通解是否包含所有解?解微分方程时有无遗漏的可能?

课件及习题课课件

典型问题答疑解惑

第5章习题及复习题五解答

定积分

上一章我们讲述了积分学的第一个基本问题——不定积分,本章将要讨论积分学的第二个基本问题——定积分. 本章我们将阐明定积分的定义、基本性质以及计算方法. 除此之外,我们还将介绍沟通积分与微分之间关系的微积分基本定理,从而使微分学与积分学成为一个有机整体. 因此本章可以说是微积分学的枢纽.

 定积分的概念与性质

一、定积分问题的引入

1. 曲边梯形的面积

所谓**曲边梯形**是指这样一个图形:它的三条边是直线段,其中有两条边互相平行且均垂直于第三条边,而它的第四条边是一条曲线. 建立一个坐标系,使它的两条平行边与 y 轴平行,另一条直线段的边落在 x 轴上,两个端点的横坐标分别为 $a,b(a<b)$,而整个曲边梯形在 x 轴的上方,曲边的方程为 $y=f(x)$,其中 $f(x)$ 在 $[a,b]$ 上连续,且 $f(x) \geqslant 0$(见图 6-1).

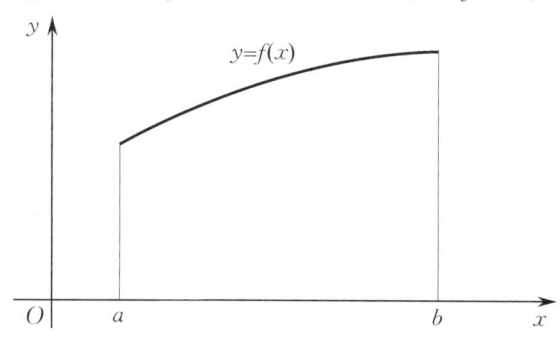

图 6-1

它的面积不能用初等数学的方法来求得,于是人们产生了如下想法:用平行于 y 轴的直线将曲边梯形切割成若干个小曲边梯形,每个小曲边梯形用相应的小矩形近似代替,把这些小矩形的面积累加起来,就得到曲边梯形面积的一个近似值,当分割得无限细时,该近似值就无限

趋近于所求曲边梯形的面积.

根据上面的想法,曲边梯形的面积可按下述步骤来计算.

(1) 分割. 将曲边梯形分割成 n 个小曲边梯形:用分点 $a=x_0<x_1<x_2<\cdots<x_{i-1}<x_i<\cdots<x_{n-1}<x_n=b$ 把区间 $[a,b]$ 任意分成 n 个小区间 $[x_{i-1},x_i](i=1,2,\cdots,n)$,于是每个小区间的长度为 $\Delta x_i=x_i-x_{i-1}$,过各分点作 x 轴的垂线,把曲边梯形分成 n 个小曲边梯形(见图6-2),它们的面积分别记作 $\Delta S_i(i=1,2,\cdots,n)$.

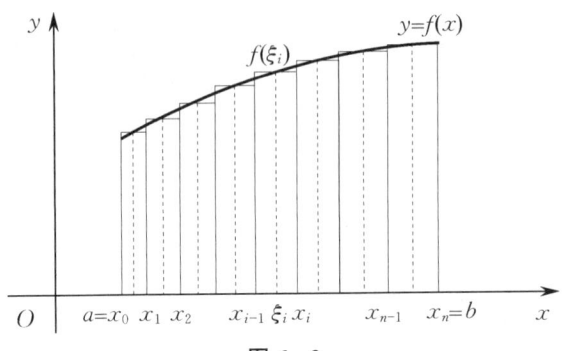

图 6-2

(2) 近似. 用小矩形的面积近似代替小曲边梯形的面积:在每个小区间 $[x_{i-1},x_i]$ 上任取一点 $\xi_i(i=1,2,\cdots,n)$,作以 $[x_{i-1},x_i]$ 为底、$f(\xi_i)$ 为高的小矩形,用其面积近似代替第 i 个小曲边梯形的面积 ΔS_i,则

$$\Delta S_i \approx f(\xi_i)\Delta x_i \quad (i=1,2,\cdots,n).$$

(3) 求和. 把 n 个小矩形的面积加起来得到所求曲边梯形面积 S 的近似值,即

$$S=\sum_{i=1}^{n}\Delta S_i \approx \sum_{i=1}^{n}f(\xi_i)\Delta x_i.$$

(4) 取极限. 无限细分区间 $[a,b]$,使所有小区间的长度趋于零. 为此,记 $\lambda=\max_{1\leqslant i\leqslant n}\{\Delta x_i\}$,当 $\lambda \to 0$ 时(这时分段数 n 无限增多,即 $n \to \infty$),$\sum_{i=1}^{n}f(\xi_i)\Delta x_i$ 的极限便是曲边梯形的面积 S,即

$$S=\lim_{\lambda \to 0}\sum_{i=1}^{n}f(\xi_i)\Delta x_i.$$

2. 变速直线运动的路程

设某物体做变速直线运动,已知其速度 v 是时间 t 的连续函数 $v(t)\geqslant 0$,求物体从时刻 $t=T_1$ 到 $t=T_2$ 这段时间内所经过的路程 s.

我们知道,匀速直线运动的路程公式是 $s=vt$. 但是,变速直线运动中速度不是常量而是随时间变化的变量,因此不能直接用这个公式计算路程. 然而,物体运动的速度 $v(t)$ 是连续变化的,在很短一段时间内速度的变化很小,近似于匀速,可以用匀速直线运动的路程近似代替变速直线运动的路程. 仿照求曲边梯形面积的方法来计算路程 s,步骤如下.

(1) 分割. 将时间区间 $[T_1,T_2]$ 任意分成 n 个小区间 $[t_{i-1},t_i](i=1,2,\cdots,n)$,每个小区间所表示的时间段为 $\Delta t=t_i-t_{i-1}$,各时间段内物体运动的路程记作 $\Delta s_i(i=1,2,\cdots,n)$.

(2) 近似. 在每个时间段上以匀速直线运动的路程近似代替变速直线运动的路程. 在每个时间段 $[t_{i-1},t_i]$ 上任取一时刻 ξ_i,以速度 $v(\xi_i)$ 近似代替时间段 $[t_{i-1},t_i]$ 上各个时刻的速度,则有

$$\Delta s_i \approx v(\xi_i)\Delta t_i \quad (i=1,2,\cdots,n).$$

(3) 求和. 将所有这些近似值求和,得到总路程 s 的近似值,即

$$s = \sum_{i=1}^{n}\Delta s_i \approx \sum_{i=1}^{n}v(\xi_i)\Delta t_i.$$

(4) 取极限. 对时间间隔 $[T_1,T_2]$ 分割越细,误差越小. 记 $\lambda = \max\limits_{1\leqslant i\leqslant n}\{\Delta t_i\}$,当 $\lambda \to 0$ 时, $\sum_{i=1}^{n}v(\xi_i)\Delta t_i$ 的极限便是所求路程 s,即

$$s = \lim_{\lambda \to 0}\sum_{i=1}^{n}v(\xi_i)\Delta t_i.$$

二、定积分的概念和定积分存在定理

1. 定积分的概念

从上面的两个具体问题我们看到,虽然它们的实际模型不同,一个是求面积,一个是求路程,但它们归结成的数学模型却是一致的,都是取决于一个函数及其自变量的变化区间,结果都是求一个具有相同结构的和式的极限. 类似这样的实际问题还有很多,撇开这些问题的具体意义,抓住它们在数量关系上共同的本质与特性,可以概括出定积分的概念.

定义 1 设函数 $f(x)$ 在区间 $[a,b]$ 上有定义,任取分点 $a=x_0<x_1<x_2<\cdots<x_{i-1}<x_i<\cdots<x_{n-1}<x_n=b$ 把区间 $[a,b]$ 任意分成 n 个小区间 $[x_{i-1},x_i]$,每个小区间的长度为 $\Delta x_i = x_i - x_{i-1}(i=1,2,\cdots,n)$,记 $\lambda = \max\limits_{1\leqslant i\leqslant n}\{\Delta x_i\}$,在每个小区间 $[x_{i-1},x_i]$ 上任取一点 ξ_i,做和式

$$S_n = \sum_{i=1}^{n}f(\xi_i)\Delta x_i.$$

如果不论对 $[a,b]$ 怎样分割,也不管在小区间上如何取点 ξ_i,只要当 $\lambda \to 0$ 时, S_n 总趋向于确定的极限,则称该极限为函数 $f(x)$ 在区间 $[a,b]$ 上的**定积分**,记作 $\int_a^b f(x)\mathrm{d}x$,即

$$\int_a^b f(x)\mathrm{d}x = \lim_{\lambda \to 0}\sum_{i=1}^{n}f(\xi_i)\Delta x_i,$$

其中 $f(x)$ 称为**被积函数**, $f(x)\mathrm{d}x$ 称为**被积表达式**, x 称为**积分变量**, a 称为**积分下限**, b 称为**积分上限**, $[a,b]$ 称为**积分区间**.

利用定积分的定义,前面所讨论的两个实际问题可以分别表述如下.

曲边梯形的面积 S 即为 $f(x)[f(x)\geqslant 0]$ 在区间 $[a,b]$ 上的定积分,即

$$S = \int_a^b f(x)\mathrm{d}x.$$

变速直线运动的物体所经过的路程 s 等于速度 $v(t)$ 在时间间隔 $[T_1,T_2]$ 上的定积分,即

$$s = \int_{T_1}^{T_2}v(t)\mathrm{d}t.$$

关于定积分的定义,还应注意以下几点:

(1) 在定积分的定义中,求极限过程之所以用 $\lambda \to 0$ 而不是用 $n \to \infty$,是因为 $[a,b]$ 的分点 $x_0,x_1,x_2,\cdots,x_n$ 不一定是均匀分布的, $n \to \infty$ 不能保证所有的 Δx_i 都趋于 0,因此不能保证每个小区间上的近似越来越精确.

(2) 定积分 $\int_a^b f(x)dx$ 是和式 $\sum_{i=1}^{n} f(\xi_i)\Delta x_i$ 的极限,是一个数值. 它只与被积函数 $f(x)$ 以及积分区间 $[a,b]$ 有关,而与积分变量的记号无关,即 $\int_a^b f(x)dx = \int_a^b f(t)dt$.

(3) 在定积分 $\int_a^b f(x)dx$ 的定义中有假设 $a<b$. 为了以后应用方便,我们规定当 $a>b$ 时,$\int_a^b f(x)dx = -\int_b^a f(x)dx$;当 $a=b$ 时,$\int_a^b f(x)dx = 0$.

2. 定积分的几何意义

由曲边梯形面积问题的讨论及定积分的定义,我们知道如果在区间 $[a,b]$ 上 $f(x)\geqslant 0$,则定积分 $\int_a^b f(x)dx$ 在几何上表示由曲线 $y=f(x)$ 与直线 $x=a$, $x=b$ 以及 x 轴所围成的曲边梯形的面积(见图 6-1);如果在区间 $[a,b]$ 上 $f(x)\leqslant 0$,则定积分 $\int_a^b f(x)dx$ 在几何上表示由曲线 $y=f(x)$ 与直线 $x=a$, $x=b$ 以及 x 轴所围成的曲边梯形的面积的负值(见图 6-3);如果在区间 $[a,b]$ 上 $f(x)$ 既取正值又取负值,那么函数的图形有些位于 x 轴上方,而有些位于 x 轴下方,此时定积分 $\int_a^b f(x)dx$ 在几何上表示由曲线 $y=f(x)$ 与直线 $x=a$, $x=b$ 以及 x 轴所围成各部分曲边梯形的面积的代数和,其中位于 x 轴上方的面积取正,位于 x 轴下方的面积取负(见图 6-4).

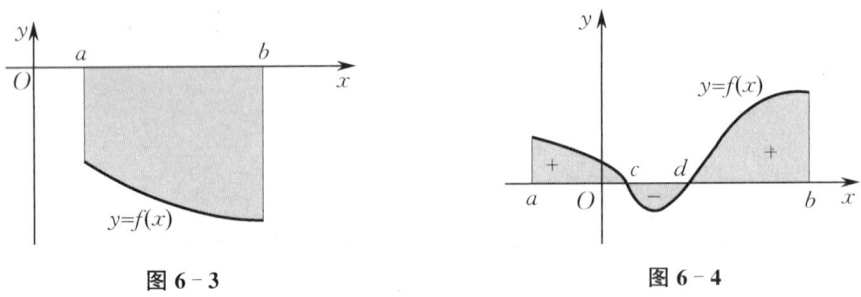

图 6-3   图 6-4

3. 定积分存在定理

对于定积分,有这样一个重要问题:函数 $f(x)$ 在区间 $[a,b]$ 上满足怎样的条件时,$f(x)$ 在区间 $[a,b]$ 上一定可积? 这个问题我们不进行深入讨论,而只给出以下两个充分条件.

定理 1 设函数 $f(x)$ 在区间 $[a,b]$ 上连续,则 $f(x)$ 在区间 $[a,b]$ 上一定可积.

定理 2 设函数 $f(x)$ 在区间 $[a,b]$ 上有界,且只有有限个间断点,则 $f(x)$ 在区间 $[a,b]$ 上一定可积.

三、定积分的性质

由定积分的定义,可以直接证明定积分具有下述性质. 假设各性质中所列出的定积分都是存在的.

性质 1 函数的和(差)的定积分等于它们的定积分的和(差),即
$$\int_a^b [f(x) \pm g(x)]dx = \int_a^b f(x)dx \pm \int_a^b g(x)dx.$$

性质 1 可以推广到有限个函数代数和的情形.

性质 2 被积函数中的常数因子可以提到积分号外面,即
$$\int_a^b kf(x)\mathrm{d}x = k\int_a^b f(x)\mathrm{d}x \quad (k \text{ 是常数}).$$

性质 3（积分对区间的可加性） 如果将积分区间 $[a,b]$ 分成两部分 $[a,c]$ 和 $[c,b]$,那么
$$\int_a^b f(x)\mathrm{d}x = \int_a^c f(x)\mathrm{d}x + \int_c^b f(x)\mathrm{d}x.$$

在性质 3 中,不论 a,b,c 的相对位置如何,等式仍成立.

性质 4 如果在区间 $[a,b]$ 上, $f(x) = 1$,则
$$\int_a^b f(x)\mathrm{d}x = \int_a^b \mathrm{d}x = b - a.$$

性质 5 如果在区间 $[a,b]$ 上, $f(x) \geqslant 0$,则
$$\int_a^b f(x)\mathrm{d}x \geqslant 0 \quad (a < b).$$

推论 1 如果在区间 $[a,b]$ 上, $f(x) \leqslant g(x)$,则
$$\int_a^b f(x)\mathrm{d}x \leqslant \int_a^b g(x)\mathrm{d}x \quad (a < b).$$

推论 2 $\left|\int_a^b f(x)\mathrm{d}x\right| \leqslant \int_a^b |f(x)|\mathrm{d}x \quad (a < b).$

性质 6（定积分估值定理） 设 M, m 分别是函数 $f(x)$ 在区间 $[a,b]$ 上的最大值和最小值,则
$$m(b-a) \leqslant \int_a^b f(x)\mathrm{d}x \leqslant M(b-a) \quad (a < b).$$

性质 7（定积分中值定理） 如果函数 $f(x)$ 在区间 $[a,b]$ 上连续,则在 $[a,b]$ 上至少存在一点 ξ,使得
$$\int_a^b f(x)\mathrm{d}x = f(\xi)(b-a) \quad (a \leqslant \xi \leqslant b).$$

定积分中值定理的几何意义是:以区间 $[a,b]$ 为底,以连续曲线 $y = f(x)$ 为曲边的曲边梯形的面积等于底为 $b-a$,高为 $f(\xi)$ 的矩形的面积,如图 6-5 所示. 因此,常称 $\dfrac{1}{b-a}\int_a^b f(x)\mathrm{d}x$ 为函数 $f(x)$ 在区间 $[a,b]$ 上的平均值.

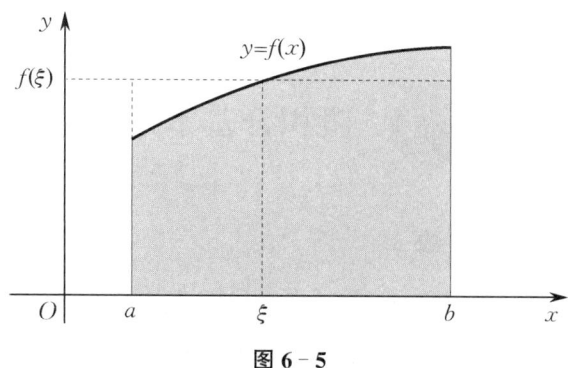

图 6-5

例 1 比较定积分 $\int_0^1 x^2 dx$ 与 $\int_0^1 x^3 dx$ 的大小.

解 因为在区间 $[0,1]$ 上,有 $x^2 \geqslant x^3$,所以由推论 1 得
$$\int_0^1 x^2 dx \geqslant \int_0^1 x^3 dx.$$

例 2 估计定积分 $\int_{\frac{\pi}{4}}^{\frac{5\pi}{4}} (1+\sin^2 x) dx$ 的值.

解 因为 $f(x)=1+\sin^2 x$ 在区间 $\left[\dfrac{\pi}{4},\dfrac{5\pi}{4}\right]$ 上的最大值为 $f\left(\dfrac{\pi}{2}\right)=2$,最小值为 $f(\pi)=1$,所以由定积分估值定理知
$$1 \times \left(\frac{5\pi}{4}-\frac{\pi}{4}\right) \leqslant \int_{\frac{\pi}{4}}^{\frac{5\pi}{4}} (1+\sin^2 x) dx \leqslant 2 \times \left(\frac{5\pi}{4}-\frac{\pi}{4}\right),$$
即
$$\pi \leqslant \int_{\frac{\pi}{4}}^{\frac{5\pi}{4}} (1+\sin^2 x) dx \leqslant 2\pi.$$

习 题 6.1

1. 用定积分表示由曲线 $y=x^3$ 与直线 $x=1, x=4$ 及 x 轴所围成的曲边梯形的面积.
2. 利用定积分的几何意义,说明下列等式:

(1) $\int_0^1 2x dx = 1$;

(2) $\int_0^1 \sqrt{1-x^2} dx = \dfrac{\pi}{4}$;

(3) $\int_{-\pi}^{\pi} \sin x dx = 0$;

(4) $\int_{-\frac{\pi}{2}}^{\frac{\pi}{2}} \cos x dx = 2\int_0^{\frac{\pi}{2}} \cos x dx$.

3. 证明下列定积分的性质:

(1) $\int_a^b k f(x) dx = k \int_a^b f(x) dx$;

(2) $\int_a^b 1 dx = \int_a^b dx = b-a$.

4. 估计定积分 $\int_1^4 (x^2+1) dx$ 的值.

5. 根据定积分的性质,比较下列定积分的大小:

(1) $\int_1^2 x^2 dx$ 与 $\int_1^2 x^3 dx$;

(2) $\int_1^2 \ln x dx$ 与 $\int_1^2 (\ln x)^2 dx$;

(3) $\int_0^1 x dx$ 与 $\int_0^1 \ln(1+x) dx$.

 微积分基本定理

一、积分上限函数及其导数

设函数 $f(x)$ 在区间 $[a,b]$ 上连续,并且设 x 为 $[a,b]$ 上的一点,由于 $f(x)$ 在 $[a,x]$ 上仍连续,因此定积分 $\int_a^x f(x) dx$ 存在. 这时 x 既表示积分上限,又表示积分变量. 由于定积分与积

分变量的记法无关,为了明确起见,把积分变量 x 换成 t,于是上面的定积分可以写成 $\int_a^x f(t)dt$.

如果上限 x 在区间 $[a,b]$ 上任意变动,则对于每一个取定的 x 值,定积分都有一个对应值,于是 $\int_a^x f(t)dt$ 是积分上限 x 的函数,此函数定义在区间 $[a,b]$ 上. 通常称这样的函数为**积分上限函数**,记作 $\Phi(x)$,即 $\Phi(x) = \int_a^x f(t)dt (a \leqslant x \leqslant b)$,其几何意义如图 6-6 所示.

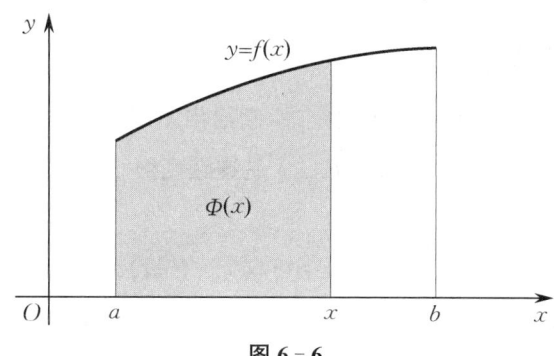

图 6-6

积分上限函数 $\Phi(x)$ 具有下面的重要性质.

定理 1 设函数 $f(x)$ 在区间 $[a,b]$ 上连续,那么积分上限函数 $\Phi(x) = \int_a^x f(t)dt$ 在区间 $[a,b]$ 上可导 $(a \leqslant x \leqslant b)$,且

$$\Phi'(x) = \frac{d}{dx}\int_a^x f(t)dt = f(x) \quad (a \leqslant x \leqslant b).$$

证明从略.

定理 1 指出了一个重要结论:连续函数 $f(x)$ 取变上限 x 的定积分然后求导,其结果还原为 $f(x)$ 本身. 由原函数的定义,就可以从定理 1 推知 $\Phi(x)$ 是连续函数 $f(x)$ 的一个原函数.

定理 2(原函数存在定理) 如果函数 $f(x)$ 在区间 $[a,b]$ 上连续,则函数 $\Phi(x) = \int_a^x f(t)dt$ 就是 $f(x)$ 在区间 $[a,b]$ 上的一个原函数.

定理 2 的重要性在于:(1)它肯定了连续函数的原函数的存在性;(2)它初步揭示了定积分与原函数的关系,为利用原函数计算定积分奠定了基础.

例 1 设函数 $\Phi(x) = \int_a^x e^t dt$,求 $\Phi'(x)$.

解 利用定理 1 得

$$\Phi'(x) = \frac{d}{dx}\int_a^x e^t dt = e^x.$$

例 2 设函数 $\Phi(x) = \int_x^0 \cos t\, dt$,求 $\Phi'(x)$.

解 因为 $\int_x^0 \cos t\, dt = -\int_0^x \cos t\, dt$,所以

$$\Phi'(x) = -\frac{d}{dx}\int_0^x \cos t\, dt = -\cos x.$$

例 3 计算极限 $\lim\limits_{x\to 0}\dfrac{\int_0^x \arctan t\,dt}{x^2}$.

解 这是一个 $\dfrac{0}{0}$ 型未定式,用洛必达法则以及定理 1 得

$$\lim_{x\to 0}\frac{\int_0^x \arctan t\,dt}{x^2}=\lim_{x\to 0}\frac{\arctan x}{2x}=\lim_{x\to 0}\frac{\dfrac{1}{1+x^2}}{2}=\frac{1}{2}.$$

二、微积分基本定理

现在我们根据定理 2 来证明一个重要定理,它给出了用原函数计算定积分的公式.

定理 3(微积分基本定理) 如果 $F(x)$ 是连续函数 $f(x)$ 在区间 $[a,b]$ 上的一个原函数,则

$$\int_a^b f(x)\,dx = F(b)-F(a). \tag{6.1}$$

证 已知 $F(x)$ 是连续函数 $f(x)$ 的一个原函数,又根据定理 2 知道,积分上限函数 $\Phi(x)=\int_a^x f(t)\,dt$ 也是 $f(x)$ 的一个原函数,于是这两个原函数之间相差某个常数 C,即

$$F(x)-\Phi(x)=C \quad (a\leqslant x\leqslant b). \tag{6.2}$$

令 $x=a$,得

$$F(a)-\Phi(a)=C,\quad \Phi(a)=\int_a^a f(t)\,dt=0,$$

故 $C=F(a)$. 将其代入式(6.2)得

$$\Phi(x)=F(x)-F(a),$$

即

$$\int_a^x f(x)\,dx = F(x)-F(a).$$

特别地,当 $x=b$ 时,有

$$\int_a^b f(x)\,dx = F(b)-F(a).$$

为了方便起见,以后把 $F(b)-F(a)$ 记作 $F(x)\Big|_a^b$,于是式(6.1)又可以写成

$$\int_a^b f(x)\,dx = F(x)\Big|_a^b = F(b)-F(a).$$

式(6.1)称为**牛顿-莱布尼茨公式**,它进一步揭示了定积分与不定积分之间的联系,表明一个连续函数在区间 $[a,b]$ 上的定积分等于它的任意一个原函数在区间 $[a,b]$ 上的增量.

式(6.1)又称为**微积分基本公式**.

下面我们举几个利用式(6.1)来计算定积分的简单例子.

例 4 计算定积分 $\int_0^1 x^3\,dx$.

解 因为 $\dfrac{x^4}{4}$ 是 x^3 的一个原函数,所以按牛顿-莱布尼茨公式,有

$$\int_0^1 x^3 \mathrm{d}x = \frac{x^4}{4} \Big|_0^1 = \frac{1}{4} - 0 = \frac{1}{4}.$$

例 5 计算定积分 $\int_{-1}^1 \frac{1}{1+x^2} \mathrm{d}x$.

解 由于 $\arctan x$ 是 $\frac{1}{1+x^2}$ 的一个原函数,因此

$$\int_{-1}^1 \frac{1}{1+x^2} \mathrm{d}x = \arctan x \Big|_{-1}^1 = \arctan 1 - \arctan(-1)$$

$$= \frac{\pi}{4} - \left(-\frac{\pi}{4}\right) = \frac{\pi}{2}.$$

例 6 计算定积分 $\int_0^5 |2x-4| \mathrm{d}x$.

解 为了把被积函数中的绝对值符号去掉,将其写成分段函数

$$|2x-4| = \begin{cases} 4-2x, & 0 \leqslant x \leqslant 2, \\ 2x-4, & 2 < x \leqslant 5. \end{cases}$$

于是

$$\int_0^5 |2x-4| \mathrm{d}x = \int_0^2 (4-2x) \mathrm{d}x + \int_2^5 (2x-4) \mathrm{d}x$$

$$= (4x - x^2) \Big|_0^2 + (x^2 - 4x) \Big|_2^5$$

$$= 4 + 9 = 13.$$

例 7 计算定积分 $\int_{-1}^1 \frac{1}{x^2} \mathrm{d}x$.

解 由于 $-\frac{1}{x}$ 是 $\frac{1}{x^2}$ 的一个原函数,因此

$$\int_{-1}^1 \frac{1}{x^2} \mathrm{d}x = -\frac{1}{x} \Big|_{-1}^1 = -[1-(-1)] = -2.$$

但其实上面的计算是错误的. 这是因为,函数 $\frac{1}{x^2}$ 在区间 $[-1,1]$ 上有一个无穷间断点 $x=0$,所以牛顿-莱布尼茨公式的条件不成立.

注意:有了牛顿-莱布尼茨公式后,求定积分的问题就转化为求原函数的问题了. 但在应用此公式时,一定要注意验证公式成立的条件是否满足,否则就不能保证所得结论正确.

习 题 6.2

1. 试求函数 $y = \int_0^x \sin t \, \mathrm{d}t$ 当 $x=0$ 及 $x=\frac{\pi}{4}$ 时的导数.

2. 求下列极限:

(1) $\lim\limits_{x \to 0} \dfrac{\int_0^x \cos t^2 \mathrm{d}t}{x}$;

(2) $\lim\limits_{x \to 0} \dfrac{\left(\int_0^x \mathrm{e}^{t^2} \mathrm{d}t\right)^2}{\int_0^x t \mathrm{e}^{2t^2} \mathrm{d}t}$.

3. 计算下列定积分:

(1) $\int_0^a (3x^2 - x + 1)\,dx$;

(2) $\int_1^2 \left(x^2 + \dfrac{1}{x^4}\right) dx$;

(3) $\int_{\frac{1}{\sqrt{3}}}^{\sqrt{3}} \dfrac{1}{1+x^2}\,dx$;

(4) $\int_{-\frac{1}{2}}^{\frac{1}{2}} \dfrac{1}{\sqrt{1-x^2}}\,dx$;

(5) $\int_0^1 \dfrac{1}{\sqrt{4-x^2}}\,dx$;

(6) $\int_0^{\frac{\pi}{4}} \tan^2\theta\,d\theta$;

(7) $\int_0^{2\pi} |\sin x|\,dx$;

(8) $\int_0^2 f(x)\,dx$, 其中 $f(x) = \begin{cases} x+1, & x \leqslant 1, \\ \dfrac{1}{2}x^2, & x > 1. \end{cases}$

6.3 定积分的换元积分法

由 6.2 节可知,计算定积分 $\int_a^b f(x)\,dx$ 的简便方法是把它转化为求 $f(x)$ 的原函数在积分区间上的增量. 在第 5 章中,我们知道用换元积分法可以求出一些函数的原函数. 因此,在一定的条件下,可以用换元积分法来计算定积分. 本节介绍如何用换元积分法来计算定积分.

定理 1 假设函数 $f(x)$ 在区间 $[a,b]$ 上连续,做变换 $x = \varphi(t)$,如果
(1) 函数 $x = \varphi(t)$ 在区间 $[\alpha,\beta]$ 上有连续导数 $\varphi'(t)$;
(2) 当 t 在区间 $[\alpha,\beta]$ 上变化时,$x = \varphi(t)$ 的值从 $\varphi(\alpha) = a$ 单调地变到 $\varphi(\beta) = b$,
则有

$$\int_a^b f(x)\,dx = \int_\alpha^\beta f[\varphi(t)]\varphi'(t)\,dt. \tag{6.3}$$

式 (6.3) 叫作**定积分的换元积分公式**.

例 1 求定积分 $\int_0^4 \dfrac{1}{1+\sqrt{x}}\,dx$.

解 令 $\sqrt{x} = t$,则 $x = t^2$,$dx = 2t\,dt$,且当 $x = 0$ 时,$t = 0$;当 $x = 4$ 时,$t = 2$. 于是

$$\int_0^4 \dfrac{1}{1+\sqrt{x}}\,dx = \int_0^2 \dfrac{2t}{1+t}\,dt = 2\int_0^2 \left(1 - \dfrac{1}{1+t}\right) dt$$
$$= 2[t - \ln(1+t)]\Big|_0^2 = 4 - 2\ln 3.$$

例 2 求定积分 $\int_0^{\frac{\pi}{2}} \cos^5 x \sin x\,dx$.

解 令 $t = \cos x$,则 $dt = -\sin x\,dx$,且当 $x = 0$ 时,$t = 1$;当 $x = \dfrac{\pi}{2}$ 时,$t = 0$. 于是

$$\int_0^{\frac{\pi}{2}} \cos^5 x \sin x\,dx = -\int_1^0 t^5\,dt = \int_0^1 t^5\,dt = \dfrac{t^6}{6}\Big|_0^1 = \dfrac{1}{6}.$$

这个定积分中被积函数的原函数也可用凑微分法求得,即
$$\int_0^{\frac{\pi}{2}} \cos^5 x \sin x \, \mathrm{d}x = -\int_0^{\frac{\pi}{2}} \cos^5 x \, \mathrm{d}(\cos x) = -\frac{1}{6}\cos^6 x \bigg|_0^{\frac{\pi}{2}} = \frac{1}{6}.$$

从上面两个例子可以看出,在应用换元积分公式时有两点值得注意.

(1) 使用定积分的换元积分法,最后不必回代原来的变量. 但必须记住,在换元的同时,积分上、下限一定要做相应的变换,而且下限 α 不一定比上限 β 小.

(2) 用凑微分法求定积分时,可以不设中间变量,因而积分的上、下限也不用变换.

例 3 求定积分 $\int_0^a \sqrt{a^2 - x^2} \, \mathrm{d}x \, (a > 0)$.

解 令 $x = a\sin t$,则 $\mathrm{d}x = a\cos x \, \mathrm{d}t$,且当 $x = 0$ 时,$t = 0$;当 $x = a$ 时,$t = \frac{\pi}{2}$. 于是
$$\int_0^a \sqrt{a^2 - x^2} \, \mathrm{d}x = a^2 \int_0^{\frac{\pi}{2}} \cos^2 t \, \mathrm{d}t = \frac{a^2}{2} \int_0^{\frac{\pi}{2}} (1 + \cos 2t) \, \mathrm{d}t$$
$$= \frac{a^2}{2}\left(t + \frac{1}{2}\sin 2t\right)\bigg|_0^{\frac{\pi}{2}} = \frac{\pi}{4}a^2.$$

例 4 求定积分 $\int_0^\pi \sqrt{\sin^3 x - \sin^5 x} \, \mathrm{d}x$.

解
$$\int_0^\pi \sqrt{\sin^3 x - \sin^5 x} \, \mathrm{d}x = \int_0^\pi \sqrt{\sin^3 x (1 - \sin^2 x)} \, \mathrm{d}x$$
$$= \int_0^\pi \sqrt{\sin^3 x} \, |\cos x| \, \mathrm{d}x$$
$$= \int_0^{\frac{\pi}{2}} \sin^{\frac{3}{2}} x \cos x \, \mathrm{d}x + \int_{\frac{\pi}{2}}^\pi \sin^{\frac{3}{2}} x (-\cos x) \, \mathrm{d}x$$
$$= \int_0^{\frac{\pi}{2}} \sin^{\frac{3}{2}} x \, \mathrm{d}(\sin x) - \int_{\frac{\pi}{2}}^\pi \sin^{\frac{3}{2}} x \, \mathrm{d}(\sin x)$$
$$= \frac{2}{5}\sin^{\frac{5}{2}} x \bigg|_0^{\frac{\pi}{2}} - \frac{2}{5}\sin^{\frac{5}{2}} x \bigg|_{\frac{\pi}{2}}^\pi$$
$$= \frac{2}{5} - \left(-\frac{2}{5}\right) = \frac{4}{5}.$$

例 5 设函数 $f(x)$ 在区间 $[-a, a]$ 上连续,证明:

(1) 如果 $f(x)$ 为奇函数,则 $\int_{-a}^a f(x) \, \mathrm{d}x = 0$;

(2) 如果 $f(x)$ 为偶函数,则 $\int_{-a}^a f(x) \, \mathrm{d}x = 2\int_0^a f(x) \, \mathrm{d}x$.

证 因为
$$\int_{-a}^a f(x) \, \mathrm{d}x = \int_{-a}^0 f(x) \, \mathrm{d}x + \int_0^a f(x) \, \mathrm{d}x,$$
对于 $\int_{-a}^0 f(x) \, \mathrm{d}x$,做变换 $x = -t$,得
$$\int_{-a}^0 f(x) \, \mathrm{d}x = -\int_a^0 f(-t) \, \mathrm{d}t = \int_0^a f(-t) \, \mathrm{d}t = \int_0^a f(-x) \, \mathrm{d}x,$$

于是
$$\int_{-a}^{a} f(x)dx = \int_{-a}^{0} f(x)dx + \int_{0}^{a} f(x)dx = \int_{0}^{a}[f(-x)+f(x)]dx.$$

(1) 如果 $f(x)$ 为奇函数,即 $f(-x) = -f(x)$,则
$$f(-x) + f(x) = 0,$$
从而
$$\int_{-a}^{a} f(x)dx = 0.$$

(2) 如果 $f(x)$ 为偶函数,即 $f(-x) = f(x)$,则
$$f(-x) + f(x) = 2f(x),$$
从而
$$\int_{-a}^{a} f(x)dx = 2\int_{0}^{a} f(x)dx.$$

利用例 5 的结论,常可简化计算奇、偶函数在关于原点对称的区间上的定积分.

例 6 求定积分 $\int_{-\pi}^{\pi} x^4 \sin x \, dx$.

解 因为 $f(x) = x^4 \sin x$ 在区间 $[-\pi, \pi]$ 上是奇函数,所以由例 5 的结果可知
$$\int_{-\pi}^{\pi} x^4 \sin x \, dx = 0.$$

习 题 6.3

1. 计算下列定积分:

(1) $\int_{\frac{\pi}{2}}^{\pi} \sin\left(x + \frac{\pi}{3}\right) dx$;

(2) $\int_{\frac{\pi}{6}}^{\frac{\pi}{2}} \cos^2 u \, du$;

(3) $\int_{0}^{\sqrt{2}} \sqrt{2-x^2} \, dx$;

(4) $\int_{\frac{1}{\sqrt{2}}}^{1} \frac{\sqrt{1-x^2}}{x^2} dx$;

(5) $\int_{-1}^{1} \frac{x}{\sqrt{5-4x}} dx$;

(6) $\int_{1}^{4} \frac{1}{1+\sqrt{x}} dx$;

(7) $\int_{0}^{1} t e^{-\frac{t^2}{2}} dt$;

(8) $\int_{-2}^{0} \frac{1}{x^2 + 2x + 2} dx$.

2. 利用函数的奇偶性计算定积分 $\int_{-5}^{5} \frac{x^3 \sin^2 x}{x^4 + 2x^2 + 1} dx$.

3. 证明:
$$\int_{-a}^{a} \varphi(x^2) dx = 2\int_{0}^{a} \varphi(x^2) dx,$$
其中 $\varphi(u)$ 为连续函数.

4. 证明: $\int_{x}^{1} \frac{1}{1+x^2} dx = \int_{1}^{\frac{1}{x}} \frac{1}{1+x^2} dx \, (x > 0)$.

6.4 定积分的分部积分法

计算不定积分有分部积分法,相应地,计算定积分也有分部积分法.

设函数 $u=u(x),v=v(x)$ 在区间 $[a,b]$ 上具有连续的导数 $u'(x),v'(x)$,则有
$$(uv)'=u'v+uv'.$$
上式两边分别在区间 $[a,b]$ 上求定积分得
$$\int_a^b (uv)'\mathrm{d}x=\int_a^b u'v\mathrm{d}x+\int_a^b uv'\mathrm{d}x,$$
从而
$$\int_a^b uv'\mathrm{d}x=\int_a^b (uv)'\mathrm{d}x-\int_a^b u'v\mathrm{d}x.$$
又因为
$$\int_a^b (uv)'\mathrm{d}x=uv\Big|_a^b,$$
所以
$$\int_a^b uv'\mathrm{d}x=uv\Big|_a^b-\int_a^b u'v\mathrm{d}x, \tag{6.4}$$
或写为
$$\int_a^b u\mathrm{d}v=uv\Big|_a^b-\int_a^b v\mathrm{d}u. \tag{6.5}$$

式(6.4)和式(6.5)就是定积分的分部积分公式.其本质上与先用不定积分的分部积分法求原函数,再用牛顿-莱布尼茨公式计算定积分是一样的.因此,定积分的分部积分法的做题技巧和适应的函数类型与不定积分的分部积分法完全一样.

例1 计算定积分 $\int_0^1 x\mathrm{e}^x\mathrm{d}x$.

解 $\int_0^1 x\mathrm{e}^x\mathrm{d}x=\int_0^1 x\mathrm{d}(\mathrm{e}^x)=x\mathrm{e}^x\Big|_0^1-\int_0^1 \mathrm{e}^x\mathrm{d}x=\mathrm{e}-\mathrm{e}^x\Big|_0^1=\mathrm{e}-(\mathrm{e}-1)=1.$

例2 计算定积分 $\int_0^{\frac{\pi}{2}} x\cos x\mathrm{d}x$.

解 $\int_0^{\frac{\pi}{2}} x\cos x\mathrm{d}x=\int_0^{\frac{\pi}{2}} x\mathrm{d}(\sin x)=x\sin x\Big|_0^{\frac{\pi}{2}}-\int_0^{\frac{\pi}{2}} \sin x\mathrm{d}x$

$=\dfrac{\pi}{2}+\cos x\Big|_0^{\frac{\pi}{2}}=\dfrac{\pi}{2}+(0-1)=\dfrac{\pi}{2}-1.$

例3 计算定积分 $\int_0^{\frac{1}{2}} \arcsin x\mathrm{d}x$.

解 $\int_0^{\frac{1}{2}} \arcsin x\mathrm{d}x=x\arcsin x\Big|_0^{\frac{1}{2}}-\int_0^{\frac{1}{2}} \dfrac{x}{\sqrt{1-x^2}}\mathrm{d}x$

$=\dfrac{1}{2}\cdot\dfrac{\pi}{6}+\int_0^{\frac{1}{2}} \mathrm{d}(\sqrt{1-x^2})$

$$= \frac{\pi}{12} + \sqrt{1-x^2} \Big|_0^{\frac{1}{2}} = \frac{\pi}{12} + \frac{\sqrt{3}}{2} - 1.$$

例 4 计算定积分 $\int_0^1 e^{\sqrt{x}} dx$.

解 先用换元积分法. 令 $x = t^2$, 则 $dx = 2t dt$, 且当 $x=0$ 时, $t=0$; 当 $x=1$ 时, $t=1$. 于是
$$\int_0^1 e^{\sqrt{x}} dx = 2\int_0^1 t e^t dt.$$

再用分部积分法. 因为
$$\int_0^1 t e^t dt = \int_0^1 t d(e^t) = t e^t \Big|_0^1 - \int_0^1 e^t dt$$
$$= e - e^t \Big|_0^1 = e - (e-1) = 1,$$

所以
$$\int_0^1 e^{\sqrt{x}} dx = 2\int_0^1 t e^t dt = 2.$$

习 题 6.4

1. 计算下列定积分：

(1) $\int_0^1 x e^{-x} dx$;

(2) $\int_1^e x \ln x \, dx$;

(3) $\int_1^4 \frac{\ln x}{\sqrt{x}} dx$;

(4) $\int_0^1 x \arctan x \, dx$;

(5) $\int_0^{\frac{\pi}{2}} e^{2x} \cos x \, dx$;

(6) $\int_{\frac{1}{e}}^e |\ln x| \, dx$.

6.5 反 常 积 分

前面所讨论的定积分,其积分区间是有限的,并且被积函数在积分区间上是有界函数. 但在自然科学和工程技术中,我们常遇到积分区间为无穷区间,或者被积函数为无界函数的积分. 这两种情况下的积分叫作反常积分. 本节只介绍无穷区间上的反常积分.

定义 1 设函数 $f(x)$ 在区间 $[a, +\infty)$ 内连续,取 $b > a$, 如果极限
$$\lim_{b \to +\infty} \int_a^b f(x) dx$$
存在,则称此极限为**函数 $f(x)$ 在区间 $[a, +\infty)$ 内的反常积分**,记作 $\int_a^{+\infty} f(x) dx$, 即
$$\int_a^{+\infty} f(x) dx = \lim_{b \to +\infty} \int_a^b f(x) dx, \tag{6.6}$$
这时称反常积分 $\int_a^{+\infty} f(x) dx$ **收敛**；如果上述极限不存在,就称反常积分 $\int_a^{+\infty} f(x) dx$ **发散**,这时记号 $\int_a^{+\infty} f(x) dx$ 不再表示数值了.

类似地,设函数 $f(x)$ 在区间 $(-\infty, b]$ 内连续,取 $b > a$, 如果极限

$$\lim_{a \to -\infty} \int_a^b f(x) \mathrm{d}x$$

存在,则称此极限为函数 $f(x)$ **在区间** $(-\infty,b]$ **内的反常积分**,记作 $\int_{-\infty}^b f(x)\mathrm{d}x$,即

$$\int_{-\infty}^b f(x)\mathrm{d}x = \lim_{a \to -\infty} \int_a^b f(x)\mathrm{d}x, \tag{6.7}$$

这时称反常积分 $\int_{-\infty}^b f(x)\mathrm{d}x$ **收敛**;如果上述极限不存在,就称反常积分 $\int_{-\infty}^b f(x)\mathrm{d}x$ **发散**.

设函数 $f(x)$ 在区间 $(-\infty,+\infty)$ 内连续,如果反常积分

$$\int_{-\infty}^0 f(x)\mathrm{d}x \quad \text{和} \quad \int_0^{+\infty} f(x)\mathrm{d}x$$

都收敛,则称上述两反常积分之和为**函数** $f(x)$ **在区间** $(-\infty,+\infty)$ **内的反常积分**,记作 $\int_{-\infty}^{+\infty} f(x)\mathrm{d}x$,即

$$\int_{-\infty}^{+\infty} f(x)\mathrm{d}x = \int_{-\infty}^0 f(x)\mathrm{d}x + \int_0^{+\infty} f(x)\mathrm{d}x, \tag{6.8}$$

这时称反常积分 $\int_{-\infty}^{+\infty} f(x)\mathrm{d}x$ **收敛**,否则就称反常积分 $\int_{-\infty}^{+\infty} f(x)\mathrm{d}x$ **发散**.

例 1 计算反常积分 $\int_1^{+\infty} \dfrac{1}{x^3} \mathrm{d}x$.

解 $\int_1^{+\infty} \dfrac{1}{x^3} \mathrm{d}x = \lim\limits_{b \to +\infty} \int_1^b \dfrac{1}{x^3} \mathrm{d}x = \lim\limits_{b \to +\infty} \left(-\dfrac{1}{2x^2} \bigg|_1^b \right) = -\dfrac{1}{2} \lim\limits_{b \to +\infty} \left(\dfrac{1}{b^2} - 1 \right) = \dfrac{1}{2}$.

仿照牛顿-莱布尼茨公式的形式,假设 $F(x)$ 是 $f(x)$ 在积分区间上的一个原函数,若记

$$F(+\infty) = \lim_{x \to +\infty} F(x), \quad F(-\infty) = \lim_{x \to -\infty} F(x),$$

则式(6.6)、式(6.7)、式(6.8)可用与牛顿-莱布尼茨公式类似的形式表示为

$$\int_a^{+\infty} f(x)\mathrm{d}x = F(x) \bigg|_a^{+\infty} = F(+\infty) - F(a),$$

$$\int_{-\infty}^b f(x)\mathrm{d}x = F(x) \bigg|_{-\infty}^b = F(b) - F(-\infty),$$

$$\int_{-\infty}^{+\infty} f(x)\mathrm{d}x = F(x) \bigg|_{-\infty}^{+\infty} = F(+\infty) - F(-\infty).$$

例 2 计算反常积分 $\int_{-\infty}^{+\infty} \dfrac{1}{1+x^2} \mathrm{d}x$.

解 $\int_{-\infty}^{+\infty} \dfrac{1}{1+x^2} \mathrm{d}x = \arctan x \bigg|_{-\infty}^{+\infty} = \lim\limits_{x \to +\infty} \arctan x - \lim\limits_{x \to -\infty} \arctan x$

$= \dfrac{\pi}{2} - \left(-\dfrac{\pi}{2} \right) = \pi$.

例 3 计算反常积分 $\int_{-\infty}^0 x \mathrm{e}^x \mathrm{d}x$.

解 $\int_{-\infty}^0 x \mathrm{e}^x \mathrm{d}x = \int_{-\infty}^0 x \mathrm{d}(\mathrm{e}^x) = x \mathrm{e}^x \bigg|_{-\infty}^0 - \int_{-\infty}^0 \mathrm{e}^x \mathrm{d}x = x \mathrm{e}^x \bigg|_{-\infty}^0 - \mathrm{e}^x \bigg|_{-\infty}^0$

$= \lim\limits_{x \to -\infty} (-x \mathrm{e}^x - 1 + \mathrm{e}^x) = -1$.

例 4 讨论反常积分 $\int_e^{+\infty} \dfrac{1}{x \ln^k x} \mathrm{d}x$ 的敛散性(k 为常数).

解 当 $k=1$ 时,
$$\int_e^{+\infty} \frac{1}{x\ln x}dx = \int_e^{+\infty} \frac{1}{\ln x}d(\ln x) = \ln(\ln x)\Big|_e^{+\infty} = \lim_{x\to +\infty}\ln(\ln x) = +\infty.$$

当 $k \neq 1$ 时,
$$\int_e^{+\infty} \frac{1}{x\ln^k x}dx = \int_e^{+\infty} \frac{1}{\ln^k x}d(\ln x) = \frac{1}{1-k}\cdot \frac{1}{(\ln x)^{k-1}}\Big|_e^{+\infty}$$
$$= \lim_{x\to +\infty}\left[\frac{1}{1-k}\left(\frac{1}{\ln^{k-1}x}-1\right)\right] = \begin{cases} \dfrac{1}{k-1}, & k>1, \\ +\infty, & k<1. \end{cases}$$

因此,$k>1$ 时,$\int_e^{+\infty}\dfrac{1}{x\ln^k x}dx$ 收敛,其值为 $\dfrac{1}{k-1}$;$k \leqslant 1$ 时,$\int_e^{+\infty}\dfrac{1}{x\ln^k x}dx$ 发散.

习 题 6.5

1. 判别下列反常积分是否收敛,若收敛,计算反常积分的值:

(1) $\int_1^{+\infty} \dfrac{1}{x^4}dx$;

(2) $\int_1^{+\infty} \dfrac{1}{\sqrt{x}}dx$;

(3) $\int_0^{+\infty} e^{-ax}dx\,(a>0)$;

(4) $\int_{-\infty}^{+\infty} \dfrac{1}{x^2+2x+2}dx$;

(5) $\int_0^1 \dfrac{x}{\sqrt{1-x^2}}dx$;

(6) $\int_0^2 \dfrac{1}{(1-x)^2}dx$.

复习题 六

1. 判断下列计算是否正确,试说明理由:

(1) $\int_{-1}^{1} \dfrac{1}{1+x^2}dx = -\int_{-1}^{1} \dfrac{1}{1+\left(\dfrac{1}{x}\right)^2}d\left(\dfrac{1}{x}\right) = -\arctan\dfrac{1}{x}\Big|_{-1}^{1} = -\dfrac{\pi}{2}$;

(2) 因为 $\int_{-1}^{1} \dfrac{1}{x^2+x+1}dx \xrightarrow{x=\frac{1}{t}} -\int_{-1}^{1} \dfrac{1}{t^2+t+1}dt$,所以 $\int_{-1}^{1} \dfrac{1}{x^2+x+1}dx=0$;

(3) $\int_{-\infty}^{+\infty} \dfrac{x}{1+x^2}dx = \lim_{A\to\infty}\int_{-A}^{A} \dfrac{x}{1+x^2}dx = 0$.

2. 计算下列极限:

(1) $\lim\limits_{n\to\infty} \dfrac{1}{n}\sum\limits_{i=1}^{n}\sqrt{1+\dfrac{i}{n}}$;

(2) $\lim\limits_{n\to\infty} \dfrac{1^p+2^p+\cdots+n^p}{n^{p+1}}\,(p>0)$;

(3) $\lim\limits_{x\to a} \dfrac{x}{x-a}\int_a^x f(t)dt$,其中函数 $f(x)$ 连续;

(4) $\lim\limits_{x\to +\infty} \dfrac{\int_0^x (\arctan t)^2 dt}{\sqrt{x^2+1}}$.

3. 计算下列定积分：

(1) $\int_0^{\frac{\pi}{2}} \sqrt{1-\sin 2x}\,dx$;

(2) $\int_0^{\frac{\pi}{2}} \frac{1}{1+\cos^2 x}\,dx$.

4. 设函数 $f(x)$ 在区间 $[a,b]$ 上连续，且 $f(x) > 0$, $F(x) = \int_a^x f(t)\,dt + \int_b^x \frac{1}{f(t)}\,dt$, $x \in [a,b]$. 证明：

(1) $F'(x) \geqslant 2$;

(2) 方程 $F(x) = 0$ 在区间 (a,b) 内有且仅有一个根.

5. 设函数

$$f(x) = \begin{cases} \dfrac{1}{1+x}, & x \geqslant 0, \\ \dfrac{1}{1+e^x}, & x < 0, \end{cases}$$

求定积分 $\int_0^2 f(x-1)\,dx$.

典型问题

问题 6.1 在定积分的定义中，$\lambda \to 0$ 与 $n \to \infty$ 等价吗？

问题 6.2 定积分的值与积分变量、积分区间、被积函数有什么关系？

问题 6.3 利用牛顿-莱布尼茨公式计算定积分时应注意什么问题？

问题 6.4 求分段函数的定积分时，怎样寻找分段函数的原函数？

问题 6.5 用换元积分法计算定积分时应注意哪些问题？

问题 6.6 对称区间上奇（偶）函数的积分性质对反常积分还成立吗？

问题 6.7 利用分部积分法计算定积分应注意哪些问题？

问题 6.8 利用洛必达法则求含积分上限函数的极限时应注意什么？

问题 6.9 在区间 $[a,b]$ 上连续的函数积分值为零与该函数恒为零等价吗？

问题 6.10 定积分中，当区间 $[c,d]$ 包含于 $[a,b]$ 时，有 $\int_a^b f(x)\,dx \geqslant \int_c^d f(x)\,dx$. 该表述正确吗？

课件及习题课课件

典型问题答疑解惑

第6章习题及复习题六解答

第7章 定积分的应用

本章中我们将应用前面学过的定积分理论来分析和解决一些几何、物理、经济中的问题,解决这些问题的目的不仅在于建立计算这些几何、物理、经济量的公式,更重要的还在于掌握运用元素法将一个量表示为定积分的分析方法.

 平面图形的面积计算

一、定积分的元素法

从定积分的概念可知,定积分所要解决的问题是求非均匀分布的整体量. 解决这类问题的方法是通过分割的手段,把整体问题转化为局部问题,在局部范围内通过"以均匀代替不均匀""以直代曲"等方法,求得该量在局部范围内的近似值. 然后把这些近似值求和并取极限,从而求得整体量. 这就是用定积分解决实际问题的基本思想:分割、近似、求和与取极限.

用定积分解决实际问题的常用方法是元素法. 为了说明这种方法,我们先回顾用定积分求曲边梯形的面积. 设函数 $f(x)$ 在区间 $[a,b]$ 上连续,且 $f(x) \geqslant 0$,求由曲线 $y=f(x)$ 及直线 $x=a$, $x=b$, $y=0$ 所围成的曲边梯形的面积 S. 求解的具体步骤是:

(1) 分割. 将区间 $[a,b]$ 任意分成 n 个小区间 $[x_{i-1}, x_i]$ $(i=1,2,\cdots,n)$,相应地把曲边梯形分成 n 个小曲边梯形,从而所求曲边梯形的面积 S 为每个小区间上小曲边梯形面积 ΔS_i 之和. 于是有

$$S = \sum_{i=1}^{n} \Delta S_i.$$

(2) 近似. 对于任意小区间 $[x_{i-1}, x_i]$ 上的小曲边梯形的面积 ΔS_i,用高为 $f(\xi_i)$ $(x_{i-1} \leqslant \xi_i \leqslant x_i)$,底为 $\Delta x_i = x_i - x_{i-1}$ 的小矩形面积 $f(\xi_i) \Delta x_i$ 近似代替,即

$$\Delta S_i \approx f(\xi_i) \Delta x_i.$$

(3) 求和. 将所有小矩形面积求和,得曲边梯形面积 S 的近似值,即

$$S = \sum_{i=1}^{n} \Delta S_i \approx \sum_{i=1}^{n} f(\xi_i) \Delta x_i.$$

(4) 取极限. 当 $\lambda \to 0$ 时,取极限得
$$S = \lim_{\lambda \to 0} \sum_{i=1}^{n} f(\xi_i) \Delta x_i = \int_a^b f(x) \mathrm{d}x.$$

在引出 S 的积分表达式的四个步骤中,第二步确定 $\Delta S_i \approx f(\xi_i) \Delta x_i$ 是关键,它使得
$$S = \lim_{\lambda \to 0} \sum_{i=1}^{n} f(\xi_i) \Delta x_i = \int_a^b f(x) \mathrm{d}x.$$

在应用上,为了简便起见,省略下标 i,并用 $[x, x+\mathrm{d}x]$ 表示区间 $[a,b]$ 上任一小区间,取这个小区间的左端点 x 为 ξ,那么 $\Delta S_i \approx f(\xi_i) \Delta x_i$ 可写成 $\Delta S \approx f(x) \mathrm{d}x$. 称 $f(x) \mathrm{d}x$ 为所求面积 S 的**元素**,记作 $\mathrm{d}S = f(x) \mathrm{d}x$,于是 $S = \int_a^b f(x) \mathrm{d}x$.

一般地,如果某一实际问题中的所求量 Y 符合下列条件:
(1) Y 是一个与变量 x 的变化区间 $[a,b]$ 有关的量.
(2) Y 对区间 $[a,b]$ 具有可加性. 也就是说,如果把区间 $[a,b]$ 分成若干个部分区间,则 Y 相应地分成许多部分量,部分量 ΔY_i 的近似值可表示为 $f(\xi_i) \Delta x_i$.

这样一来,所求量 Y 就可用定积分来计算. 具体步骤如下:
(1) 根据问题的具体情况,选取一个变量(如 x)为积分变量,并确定它的变化区间 $[a,b]$.
(2) 在区间 $[a,b]$ 上任取一小区间 $[x, x+\mathrm{d}x]$,并在该小区间上找出所求量 Y 的元素
$$\mathrm{d}y = f(x) \mathrm{d}x.$$
(3) 写出所求量 Y 的积分表达式 $Y = \int_a^b f(x) \mathrm{d}x$,然后计算它的值.

这种方法叫作定积分的**元素法**.

二、平面图形的面积计算

由定积分的几何意义知道,如果函数 $f(x)$ 在区间 $[a,b]$ 上连续且 $f(x) \geqslant 0$,则由曲线 $y = f(x)$ 及直线 $x = a, x = b, y = 0$ 所围成的曲边梯形(见图 7-1)的面积为
$$S = \int_a^b f(x) \mathrm{d}x. \tag{7.1}$$

设函数 $f(x), g(x)$ 在区间 $[a,b]$ 上连续且 $f(x) \geqslant g(x)$,求由曲线 $y = f(x), y = g(x)$ 及直线 $x = a, x = b$ 所围成的平面图形的面积 S(见图 7-2).

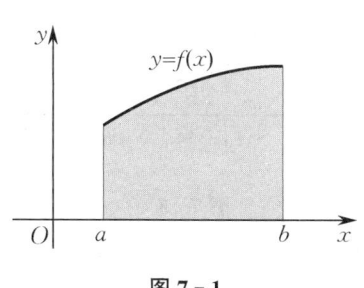

图 7-1

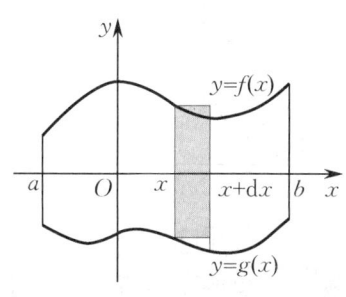

图 7-2

我们用元素法来求它的面积.

(1) 取 x 为积分变量,$x \in [a,b]$.

(2) 在区间 $[a,b]$ 上任取一小区间 $[x,x+\mathrm{d}x]$,该区间上的小平面图形的面积可用高为 $f(x)-g(x)$,底为 $\mathrm{d}x$ 的小矩形的面积近似代替,因此面积元素为
$$\mathrm{d}S = [f(x)-g(x)]\mathrm{d}x.$$

(3) 将面积元素在区间 $[a,b]$ 上积分,即得所求平面图形的面积,有
$$S = \int_a^b [f(x)-g(x)]\mathrm{d}x. \tag{7.2}$$

类似地,若 $\varphi(y) \geqslant \psi(y)$,则由连续曲线 $x=\varphi(y),x=\psi(y)$ 与直线 $y=c$ 及 $y=d$ 所围成的平面图形(见图 7-3)的面积为
$$S = \int_c^d [\varphi(y)-\psi(y)]\mathrm{d}y. \tag{7.3}$$

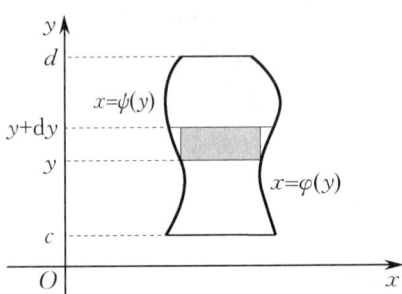

图 7-3

特别地,当 $\psi(y)=0$ 时,就得到由曲线 $x=\varphi(y)[\varphi(y) \geqslant 0]$ 与直线 $y=c$ 及 $y=d$ 所围成的曲边梯形的面积为
$$S = \int_c^d \varphi(y)\mathrm{d}y. \tag{7.4}$$

例 1 如图 7-4 所示,求由抛物线 $y^2=x,y=x^2$ 所围成的平面图形的面积.

解 联立方程 $y^2=x$ 和 $y=x^2$,解得交点 $(0,0)$ 及 $(1,1)$.

取 x 为积分变量,$x \in [0,1]$.由式(7.2)得所求平面图形的面积为
$$S = \int_0^1 (\sqrt{x}-x^2)\mathrm{d}x = \left(\frac{2}{3}x^{\frac{3}{2}}-\frac{1}{3}x^3\right)\Big|_0^1 = \frac{1}{3}.$$

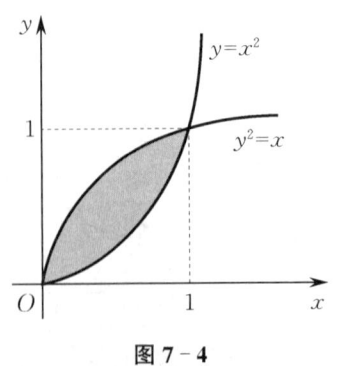

图 7-4   图 7-5

例 2 如图 7-5 所示,求由曲线 $xy=1$ 和直线 $y=x,y=2$ 所围成的平面图形的面积.

解 联立方程 $xy=1$ 和 $y=x$,解得交点 $(1,1)$ 及 $(-1,-1)$(舍去).

取 y 为积分变量,$y \in [1,2]$.由式(7.3)得所求平面图形的面积为

$$S=\int_1^2\left(y-\frac{1}{y}\right)\mathrm{d}y=\left(\frac{y^2}{2}-\ln y\right)\Big|_1^2=\frac{3}{2}-\ln 2.$$

注意:例 2 若取 x 为积分变量,由于 x 从$\frac{1}{2}$到 1 与 x 从 1 到 2 这两段中情况是不同的,因此需要把平面图形的面积分成两部分来计算,最后将两部分面积加起来才是所求平面图形的面积,即

$$S=\int_{\frac{1}{2}}^1\left(2-\frac{1}{x}\right)\mathrm{d}x+\int_1^2(2-x)\mathrm{d}x=(2x-\ln x)\Big|_{\frac{1}{2}}^1+\left(2x-\frac{x^2}{2}\right)\Big|_1^2=\frac{3}{2}-\ln 2.$$

这种计算方法不如上述方法简便,可见适当选取积分变量,可使计算简化.

例 3　求椭圆 $\frac{x^2}{a^2}+\frac{y^2}{b^2}=1$ 的面积.

解　如图 7-6 所示,椭圆关于两坐标轴都对称.由椭圆所围成的平面图形的面积为 $S=4S_1$,S_1 为椭圆在第一象限部分与两坐标轴所围成的平面图形的面积,所以

$$S=4S_1=4\int_0^a y\mathrm{d}x.$$

在第一象限内,椭圆方程对应的函数为

$$y=\frac{b}{a}\sqrt{a^2-x^2},$$

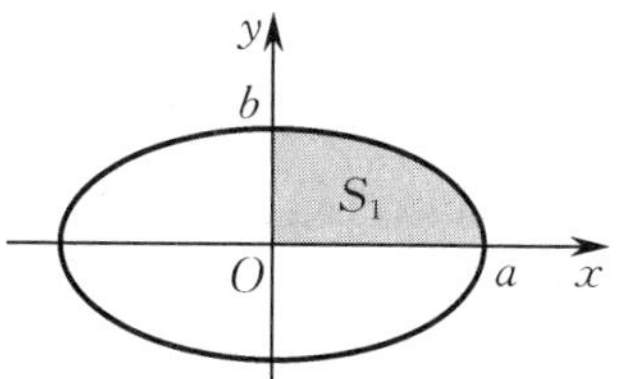

图 7-6

故

$$S=4\int_0^a\frac{b}{a}\sqrt{a^2-x^2}\mathrm{d}x=\frac{4b}{a}\left(\frac{x}{2}\sqrt{a^2-x^2}+\frac{a^2}{2}\arcsin\frac{x}{a}\right)\Big|_0^a=\pi ab.$$

当 $a=b$ 时,即得圆面积公式 $S=\pi a^2$,其中 a 是圆的半径.

我们知道,椭圆的参数方程为$\begin{cases}x=a\cos t,\\ y=b\sin t,\end{cases}$当 x 从 0 变到 a 时,t 从$\frac{\pi}{2}$变到 0. 根据式(7.1),椭圆的面积也可以表示为

$$\begin{aligned}S&=4S_1=4\int_0^a y\mathrm{d}x=4\int_{\frac{\pi}{2}}^0 b\sin t(-a\sin t)\mathrm{d}t=4ab\int_0^{\frac{\pi}{2}}\sin^2 t\mathrm{d}t\\&=2ab\int_0^{\frac{\pi}{2}}(1-\cos 2t)\mathrm{d}t=2ab\left(t-\frac{\sin 2t}{2}\right)\Big|_0^{\frac{\pi}{2}}=\pi ab.\end{aligned}$$

习　题　7.1

1. 求由下列曲线所围成的平面图形的面积:

(1) $y=\sqrt{x}$ 与 $y=x$;

(2) $y=\mathrm{e}$, $y=\mathrm{e}^x$ 与 $x=0$;

(3) $y=2x$ 与 $y=3-x^2$;

(4) $y=2x+3$ 与 $y=x^2$;

(5) $y=\frac{1}{2}x^2$ 与 $x^2+y^2=8$(两部分都要计算);

(6) $y = \dfrac{1}{x}$ 与直线 $y = x, x = 2$;

(7) $y = e^x, y = e^{-x}$ 与直线 $x = 1$;

(8) $y = \ln x$ 与直线 $x = 0, y = \ln a, y = \ln b \ (b > a > 0)$.

2. 求抛物线 $y = -x^2 + 4x - 3$ 及其在点 $(0, -3)$ 和 $(3, 0)$ 处的切线所围成的平面图形的面积.

3. 求抛物线 $y^2 = 2px$ 及其在点 $\left(\dfrac{p}{2}, p\right)$ 处的法线所围成的平面图形的面积.

7.2 立体的体积计算

一、旋转体的体积计算

旋转体就是由一个平面图形绕平面内一条直线旋转一周而成的立体,这条直线叫作**旋转轴**. 我们所熟悉的圆柱、圆锥、圆台、球体等都可以看成旋转体.

上述旋转体都可以看作由连续曲线 $y = f(x)$ 与直线 $x = a, x = b \ (a < b)$ 以及 $y = 0$ 所围成的曲边梯形绕 x 轴旋转一周而成的旋转体(见图 7-7). 现在我们用元素法来计算这种旋转体的体积.

(1) 取 x 为积分变量,$x \in [a, b]$. 在区间 $[a, b]$ 上任取一小区间 $[x, x + \mathrm{d}x]$,相应的窄曲边梯形绕 x 轴旋转一周而成的薄片的体积近似等于以 $f(x)$ 为底半径、$\mathrm{d}x$ 为高的扁圆柱体的体积,则体积元素为

$$\mathrm{d}V = \pi [f(x)]^2 \mathrm{d}x.$$

(2) 将体积元素在区间 $[a, b]$ 上做定积分,便得到所求旋转体的体积为

$$V = \int_a^b \pi [f(x)]^2 \mathrm{d}x. \tag{7.5}$$

类似地,由连续曲线 $x = \varphi(y)$ 与直线 $y = c, y = d \ (c < d)$ 以及 $x = 0$ 所围成的平面图形绕 y 轴旋转一周而成的旋转体(见图 7-8)的体积为

$$V = \int_c^d \pi [\varphi(y)]^2 \mathrm{d}y. \tag{7.6}$$

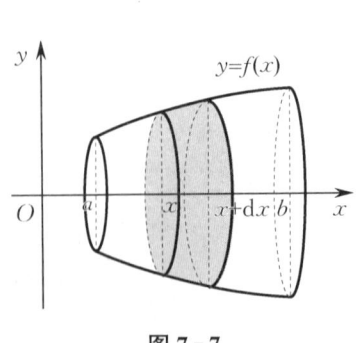

图 7-7

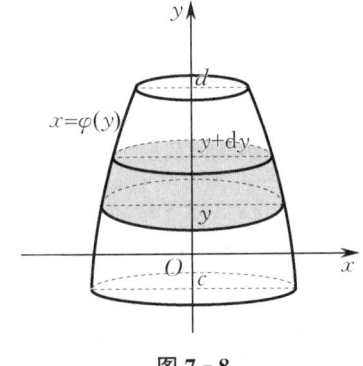

图 7-8

例1 求由曲线 $y = \sqrt{x}$、直线 $x = 1$ 及 $y = 0$ 所围成的平面图形绕 x 轴旋转一周而

成的旋转体的体积.

解 如图 7-9 所示,根据求旋转体的体积公式(7.5),得
$$V = \int_0^1 \pi(\sqrt{x})^2 \,dx = \pi \int_0^1 x \,dx = \frac{\pi x^2}{2}\bigg|_0^1 = \frac{\pi}{2}.$$

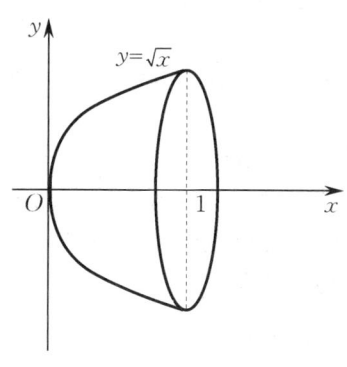

图 7-9

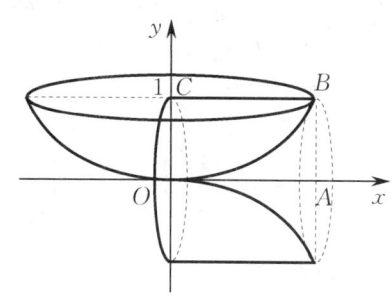

图 7-10

例 2 求由抛物线 $x^2 = 4y(x>0)$、直线 $y=1$ 及 $x=0$ 所围成的平面图形分别绕 x 轴、y 轴旋转一周而成的旋转体的体积(见图 7-10).

解 绕 x 轴旋转一周而成的旋转体的体积 V_x 等于由矩形 $OABC$ 绕 x 轴旋转一周而成的旋转体(圆柱)的体积 V_2 与由曲边三角形 OAB 绕 x 轴旋转一周而成的旋转体的体积 V_1 之差,即

$$V_x = V_2 - V_1 = 2\pi - \pi\int_0^2 \left(\frac{x^2}{4}\right)^2 dx$$
$$= 2\pi - \frac{\pi}{16}\int_0^2 x^4 \,dx = 2\pi - \frac{\pi}{16}\left(\frac{x^5}{5}\right)\bigg|_0^2 = \frac{8}{5}\pi.$$

绕 y 轴旋转一周而成的旋转体的体积为
$$V_y = \pi\int_0^1 x^2 \,dy = \pi\int_0^1 4y \,dy = 2\pi y^2\bigg|_0^1 = 2\pi.$$

二、平行截面面积已知的立体的体积计算

设一立体在过点 $x=a$,$x=b$ 且垂直于 x 轴的两个平面之间.用过点 x 且垂直于 x 轴的平面截此立体,设所得截面面积为 $A(x)$,且 $A(x)$ 是 x 的已知连续函数,那么该立体的体积可以用元素法来计算.

如图 7-11 所示,取 x 为积分变量,$x \in [a,b]$.

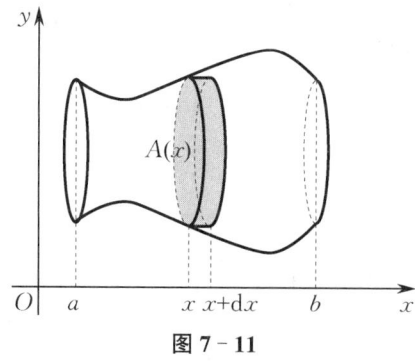

图 7-11

(1) 在区间 $[a,b]$ 上任取一小区间 $[x,x+\mathrm{d}x]$，该小区间上的薄片的体积近似等于底面积为 $A(x)$、高为 $\mathrm{d}x$ 的扁圆柱体的体积，则体积元素为 $\mathrm{d}V = A(x)\mathrm{d}x$.

(2) 将体积元素在区间 $[a,b]$ 上做定积分，便得到所求立体的体积为

$$V = \int_a^b A(x)\mathrm{d}x. \tag{7.7}$$

例 3 一平面经过半径为 R 的圆柱体的底面圆圆心 O，与底面的夹角为 α，求该平面截圆柱体所得立体的体积(见图 7-12).

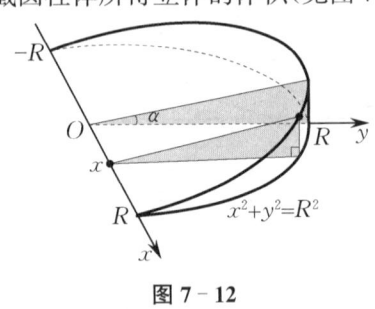

图 7-12

解 取该平面与圆柱体底面的交线为 x 轴，底面上过圆心且垂直于 x 轴的直线为 y 轴，那么底面圆的方程为 $x^2 + y^2 = R^2$. 立体中过点 x 且垂直于 x 轴的截面是直角三角形，它的两条直角边的长度分别为

$$\sqrt{R^2 - x^2} \quad \text{和} \quad \sqrt{R^2 - x^2}\tan\alpha,$$

因而截面面积为

$$A(x) = \frac{1}{2}\sqrt{R^2 - x^2}\sqrt{R^2 - x^2}\tan\alpha = \frac{1}{2}(R^2 - x^2)\tan\alpha.$$

由式(7.7)，得所求立体的体积为

$$\begin{aligned} V &= \int_{-R}^{R} \frac{1}{2}(R^2 - x^2)\tan\alpha\, \mathrm{d}x \\ &= \frac{1}{2}\tan\alpha\left(R^2 x - \frac{1}{3}x^3\right)\Big|_{-R}^{R} \\ &= \frac{2}{3}R^3 \tan\alpha. \end{aligned}$$

习 题 7.2

1. 求由下列曲线所围成的平面图形绕指定轴旋转一周而成的旋转体的体积：
(1) $y = x^2, x = y^2$，绕 y 轴；
(2) $x^2 + (y-5)^2 = 16$，绕 x 轴.
2. 求圆域 $x^2 + y^2 \leqslant a^2$ 绕直线 $x = -b(b > a > 0)$ 旋转一周而成的旋转体的体积.

 定积分在物理上的应用

前面用元素法给出了定积分在几何上的一些应用，本节将利用元素法给出定积分在物理上的一些应用.

一、功的计算

由物理学可知，在一个恒力 F 的作用下，物体沿力的方向做直线运动，当物体移动一段距离 s 时，F 所做的功为

$$W = Fs.$$

但在实际问题中,经常需要计算变力所做的功.下面通过例子来说明变力做功的求法.

例 1 已知弹簧每拉长 0.02 m 要用 9.8 N 的力,求把弹簧由原长拉长 0.1 m 时所做的功.

解 建立如图 7-13 所示的坐标系,已知在弹性限度内,拉长(或压缩)弹簧所需的力 F 和弹簧的伸长量(或压缩量)x 成正比,即
$$F = kx,$$
其中 k 为弹簧的劲度系数,图中 l_0 为弹簧的原长.

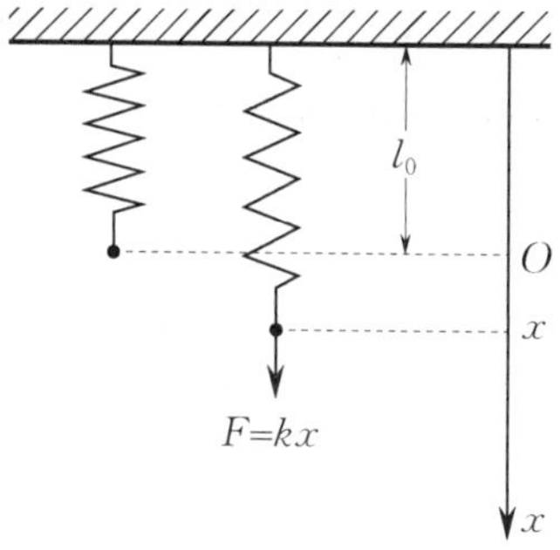

根据题意,当 $x = 0.02$ m 时,$F = 9.8$ N,所以 $k = 4.9 \times 10^2$ N/m.变力的表达式为
$$F = 4.9 \times 10^2 x \text{ (SI)}.$$

下面用元素法求此变力所做的功.

① 取 x 为积分变量,$x \in [0, 0.1]$.
② 在区间 $[0, 0.1]$ 上任取一小区间 $[x, x + \mathrm{d}x]$,与它对应的变力 F 所做的功近似等于把变力 F 看作恒力所做的功,从而得到功元素为
$$\mathrm{d}W = 4.9 \times 10^2 x \, \mathrm{d}x.$$

③ 写出定积分的表达式,得到拉长弹簧所做的功为
$$W = \int_0^{0.1} 4.9 \times 10^2 x \, \mathrm{d}x = 4.9 \times 10^2 \left(\frac{x^2}{2}\right) \Big|_0^{0.1} = 2.45 \text{ (J)}.$$

图 7-13

例 2 将一个带电量为 $+q$ 的点电荷置于 r 轴上原点 O 处,它产生的电场对周围的电荷有作用力.由物理学知道,如果将一个单位正电荷放在距离原点为 r 的地方,那么电场对它的作用力的大小为 $F = k\dfrac{q}{r^2}$(k 为常数).当单位正电荷在电场中从 $r = a$ 处沿 r 轴移动到 $r = b$ 处时,计算电场力 F 对它所做的功.

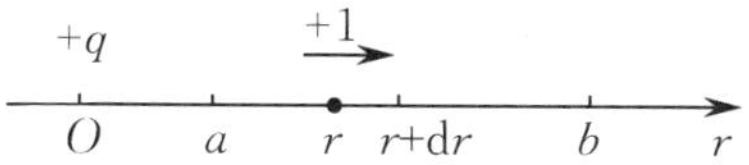

解 取 r 为积分变量,$r \in [a, b]$.如图 7-14 所示,在区间 $[a, b]$ 上任取一小区间 $[r, r + \mathrm{d}r]$,功元素为
$$\mathrm{d}W = \frac{kq}{r^2} \mathrm{d}r,$$

图 7-14

于是所求功为
$$W = \int_a^b \frac{kq}{r^2} \mathrm{d}r = kq\left(-\frac{1}{r}\right)\Big|_a^b = kq\left(\frac{1}{a} - \frac{1}{b}\right).$$

如果要考虑将单位正电荷从 $r = a$ 处移到无穷远处,则有
$$W_\infty = \int_a^\infty \frac{kq}{r^2} \mathrm{d}r = kq\left(-\frac{1}{r}\right)\Big|_a^\infty = \frac{kq}{a}.$$

二、液体的压力计算

由物理学可知,一水平放置在液体中的薄片,若其面积为 A,距离液体表面的深度为 h,则该薄片一侧所受的压力 p 等于以 A 为底、h 为高的液体柱的重力,即
$$p = \rho g A h,$$

其中 ρ 为液体的密度.

但在实际问题中,往往要计算与液面垂直放置的薄片(如水渠的闸门)一侧所受的压力.由于薄片上各个位置距液体表面的深度不一样,因此不能直接利用上述公式进行计算.下面通过例子来说明这种薄片所受液体压力的求法.

例 3 设有一竖直的闸门,形状是等腰梯形,尺寸如图 7-15(a) 所示.当水面齐闸门顶时,求闸门所受的水压力.水的密度取 10^3 kg/m^3.

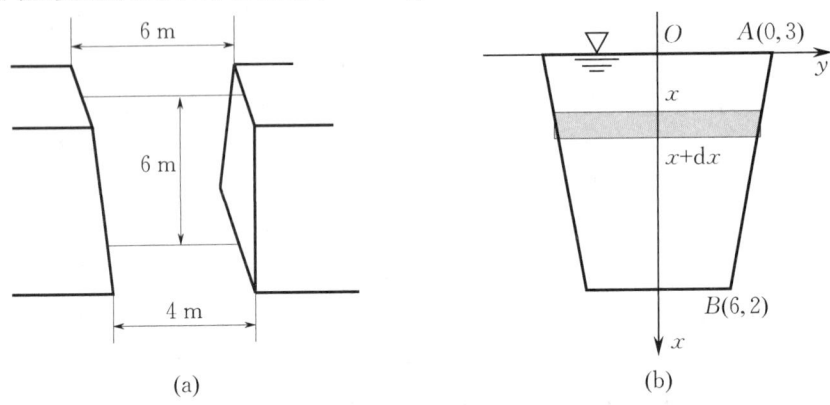

图 7-15

解 建立如图 7-15(b) 所示的坐标系.取 x 为积分变量,$x \in [0,6]$.在图 7-15(b) 所示的坐标系中,AB 的方程为

$$y = -\frac{x}{6} + 3.$$

在区间 $[0,6]$ 上任取一小区间 $[x, x+\mathrm{d}x]$,与它相应的小薄片的面积 $\mathrm{d}A$ 近似等于宽为 $\mathrm{d}x$、长为 $2y = 2\left(-\frac{x}{6} + 3\right)$ 的小矩形面积.这个小矩形受到的水压力近似等于把这个小矩形放在平行于液体表面且距液体表面深度为 x 的位置上一侧所受到的水压力.由于

$$\mathrm{d}A = 2\left(-\frac{x}{6} + 3\right)\mathrm{d}x, \quad h = x,$$

水压力元素为

$$\mathrm{d}p = \rho g x \mathrm{d}A = 9.8 \times 10^3 \times 2\left(-\frac{x}{6} + 3\right) x \mathrm{d}x,$$

即

$$\mathrm{d}p = 9.8 \times 10^3 \times \left(-\frac{x^2}{3} + 6x\right)\mathrm{d}x.$$

于是所求的水压力为

$$p = \int_0^6 9.8 \times 10^3 \times \left(-\frac{x^2}{3} + 6x\right)\mathrm{d}x$$

$$= 9.8 \times 10^3 \times \left(-\frac{x^3}{9} + 3x^2\right)\bigg|_0^6$$

$$\approx 8.23 \times 10^5 \text{ (N)}.$$

例 4 一圆柱形蓄水池高 $H=5$ m,底面半径 $R=3$ m,池内盛满了水.若将池内的水全部抽出,至少需要做多少功?

解 建立如图 7-16 所示的坐标系.取 x 为积分变量,$x\in[0,5]$,取该区间上的任一小区间 $[x,x+\mathrm{d}x]$,相应的一薄层水的重力为

$$g\,\mathrm{d}m=\rho g\pi R^2\mathrm{d}x=9.8\times 10^3\pi\cdot 3^2\mathrm{d}x,$$

将此薄层水抽出所需克服其重力做功为

$$\mathrm{d}W=88.2\times 10^3\pi x\,\mathrm{d}x,$$

于是将水全部抽出所需做功为

$$W=\int_0^5 88.2\times 10^3\pi x\,\mathrm{d}x=88.2\times 10^3\pi\left(\frac{x^2}{2}\right)\Big|_0^5\approx 3.46\times 10^6(\mathrm{J}).$$

图 7-16

习 题 7.3

1. 已知弹簧在拉伸过程中,需要的力 F(单位:N)与伸长量 s(单位:cm)成正比,即 $F=ks$(k 为常数). 如果把弹簧由原长拉伸 6 cm,计算力 F 所做的功.

2. 直径为 20 cm、高为 80 cm 的圆柱形容器内充满压强为 10 N/cm² 的蒸汽. 设温度保持不变,要使蒸汽体积缩小一半,需要做多少功?

3. 一物体做直线运动,其运动方程为 $x=ct^3$,介质的阻力与速度的平方成正比. 计算该物体由 $x=0$ 移至 $x=a$ 时克服介质的阻力所做的功.

4. 用铁锤将一铁钉击入木板,设木板对铁钉的阻力与铁钉击入木板的深度成正比,在击打第一次时,将铁钉击入木板 1 cm. 如果铁锤每次击打铁钉所做的功相等,求击打第二次时铁钉击入木板的深度.

5. 设一锥形蓄水池,高为 15 m,底面圆直径为 20 m,盛满水,如图 7-17 所示. 现用水泵将水抽尽,至少需要做多少功?

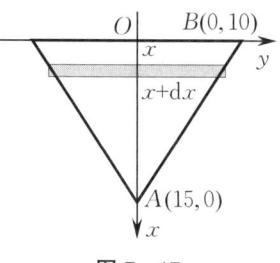

图 7-17

 定积分在经济上的应用

由 4.7 节中介绍的边际分析可知,对一已知经济函数 $F(x)$[如需求函数 $Q(P)$、成本函数 $C(Q)$、收入函数 $R(Q)$ 和利润函数 $L(Q)$ 等],它的边际函数就是它的导数 $F'(x)$. 作为导数(微分)的逆运算,若对已知的边际函数 $F'(x)$ 求不定积分 $\int F'(x)\mathrm{d}x$,即可求得原经济函数

$$F(x)=\int F'(x)\mathrm{d}x,$$

其中不定积分的积分常数 C 由 $F(0)=F_0$ 的具体条件确定.

也可由牛顿-莱布尼茨公式

$$\int_0^x F'(x)\mathrm{d}x=F(x)-F(0)$$

移项,从而由变上限的定积分求得原经济函数

$$F(x) = \int_0^x F'(x)\mathrm{d}x + F(0).$$

另外,牛顿-莱布尼茨公式也可用来求经济函数 $F(x)$ 从 $x=a$ 到 $x=b$ 的增量(或称为变动值),即

$$\Delta F = F(b) - F(a) = \int_a^b F'(x)\mathrm{d}x.$$

一、需求函数

由 1.3 节可知,需求量 Q 是价格 P 的函数 $Q=Q(P)$. 一般地,价格 $P=0$ 时,需求量最大,设最大需求量为 Q_0,即

$$Q_0 = Q(0).$$

若已知边际需求为 $Q'(P)$,则需求函数为

$$Q(P) = \int Q'(P)\mathrm{d}P,$$

其中不定积分的积分常数 C 可由条件 $Q_0 = Q(0)$ 确定.

也可由变上限的定积分求得需求函数为

$$Q(P) = \int_0^P Q'(P)\mathrm{d}P + Q_0.$$

例1 已知某种商品的需求量 Q 是价格 P 的函数,且边际需求为 $Q'(P)=-4$,该种商品的最大需求量为 80 单位(即 $P=0$ 时,$Q=80$),求需求量与价格的函数关系.

解 由边际需求的不定积分公式可得需求量

$$Q(P) = \int Q'(P)\mathrm{d}P = \int -4\mathrm{d}P = -4P + C,$$

再将 $Q(0)=80$ 代入上式,求得 $C=80$. 于是需求量与价格的函数关系是

$$Q(P) = -4P + 80.$$

二、成本函数

设产量为 Q 时的边际成本为 $C'(Q)$,固定成本为 C_0,则产量为 Q 时的成本函数为

$$C(Q) = \int C'(Q)\mathrm{d}Q,$$

其中不定积分的积分常数 C 由初始条件 $C(0)=C_0$ 确定.

也可由变上限的定积分求得成本函数为

$$C(Q) = \int_0^Q C'(Q)\mathrm{d}Q + C_0.$$

例2 若一企业生产某种产品的边际成本是产量 Q 的函数 $C'(Q)=2\mathrm{e}^{0.2Q}$,固定成本 $C_0=90$,求成本函数.

解 由边际成本的不定积分公式可得

$$C(Q) = \int C'(Q)\mathrm{d}Q = \int 2\mathrm{e}^{0.2Q}\mathrm{d}Q = \frac{2}{0.2}\mathrm{e}^{0.2Q} + C,$$

再将条件 $C_0=90$[即 $Q=0$ 时,$C(0)=90$] 代入上式得
$$90=10+C,$$
解得
$$C=80.$$
于是成本函数为
$$C(Q)=10e^{0.2Q}+80.$$

三、收入函数

设销售量为 Q 时的边际收入为 $R'Q$,则销售量为 Q 时的收入函数为
$$R(Q)=\int R'(Q)dQ,$$
其中不定积分的积分常数 C 由初始条件 $R(0)=0$ 确定(一般地,假定销售量为 0 时收入为 0).

也可由变上限的定积分求得收入函数为
$$R(Q)=\int_0^Q R'(Q)dQ+R(0)=\int_0^Q R'(Q)dQ.$$

例 3 已知某种产品销售量为 Q 时的边际收入为 $R'(Q)=100-2Q$. 求销售量为 40 单位时的收入及平均收入,并求再销售 10 单位时所增加的收入.

解 由边际收入的不定积分公式可得收入函数为
$$R(Q)=\int R'(Q)dQ,$$
直接求出销售量为 40 单位时的收入为
$$R(40)=\int_0^{40}(100-2Q)dQ=(100Q-Q^2)\Big|_0^{40}=2\,400,$$
平均收入为
$$\frac{R(40)}{40}=\frac{2\,400}{40}=60,$$
再销售 10 单位时所增加的收入为
$$\Delta R=R(50)-R(40)=\int_{40}^{50}R'(Q)dQ$$
$$=\int_{40}^{50}(100-2Q)dQ=(100Q-Q^2)\Big|_{40}^{50}$$
$$=100.$$

四、利润函数

设某种产品的边际收入为 $R'(Q)$,边际成本为 $C'(Q)$,则收入函数为
$$R(Q)=\int_0^Q R'(Q)dQ,$$
成本函数为
$$C(Q)=\int_0^Q C'(Q)dQ+C_0,$$

边际利润为
$$L'(Q) = R'(Q) - C'(Q),$$
从而利润函数为
$$\begin{aligned}L(Q) &= R(Q) - C(Q) \\ &= \int_0^Q R'(Q)\mathrm{d}Q - \left[\int_0^Q C'(Q)\mathrm{d}Q + C_0\right] \\ &= \int_0^Q [R'(Q) - C'(Q)]\mathrm{d}Q - C_0,\end{aligned}$$
即
$$L(Q) = \int_0^Q L'(Q)\mathrm{d}Q - C_0,$$
其中 $\int_0^Q L'(Q)\mathrm{d}Q$ 称为销售量为 Q 时的**毛利润**,毛利润减去固定成本即为**纯利润**.

例 4 已知某种产品的边际收入为 $R'(Q) = 25 - 2Q$,边际成本为 $C'(Q) = 13 - 4Q$,固定成本为 $C_0 = 10$,求当 $Q = 5$ 时的毛利润和纯利润.

解 由边际利润
$$\begin{aligned}L'(Q) &= R'(Q) - C'(Q) \\ &= (25 - 2Q) - (13 - 4Q) \\ &= 12 + 2Q,\end{aligned}$$
可求得 $Q = 5$ 时的毛利润为
$$\int_0^5 L'(Q)\mathrm{d}Q = \int_0^5 (12 + 2Q)\mathrm{d}Q = (12Q + Q^2)\Big|_0^5 = 85,$$
纯利润为
$$L(5) = 85 - 10 = 75.$$

习 题 7.4

1. 某种商品的需求量 Q 是价格 P 的函数,最大需求量为 $1\,000$ 单位. 已知边际需求为 $Q'(P) = \dfrac{20}{P+1}$,试求需求量与价格的函数关系.

2. 已知边际成本为 $C'(Q) = 25 + 30Q - 9Q^2$,固定成本为 55 单位,试求成本函数、平均成本与可变成本.

3. 已知某种产品的销售量为 Q 时的边际收入为 $R'(Q) = 200 - \dfrac{Q}{100}$,求:

(1) 销售量为 50 单位时的收入;

(2) 在销售量为 100 单位的基础上,再销售 100 单位时收入的增量.

4. 已知某种商品的产量为 Q 时的边际成本为 $C'(Q) = 0.4Q - 12$,固定成本为 500 单位,求成本函数 $C(Q)$.如果这种商品的销售价格是 20 单位,求利润函数 $L(Q)$,并问产量为多少单位时才能获得最大利润?

复习题七

1. 设抛物线 $y=ax^2+bx+c$ 通过点 $(0,0)$，且当 $x\in[0,1]$ 时，$y\geqslant 0$. 试确定 a,b,c 的值，使得抛物线 $y=ax^2+bx+c$ 与直线 $x=1,y=0$ 所围成的平面图形的面积为 $\dfrac{4}{9}$，且使该平面图形绕 x 轴旋转一周而成的旋转体的体积最小.

2. 求由曲线 $y=x^{\frac{3}{2}}$ 与直线 $x=4,y=0$ 所围成的平面图形绕 y 轴旋转一周而成的旋转体的体积.

3. 求圆域 $(x-2)^2+y^2\leqslant 1$ 绕 y 轴旋转一周而成的旋转体的体积.

4. 半径为 r 的球沉入水中，球的上部与水面相切，球的密度与水相同，现将球从水中取出，至少需要做多少功？

5. 边长为 a 和 $b(a>b)$ 的矩形薄板，与液面成 α 角斜沉于液体内，长边平行于液面而位于深 h 处，液体的密度为 ρ，试求薄板一侧所受的压力.

典型问题

问题 7.1 定积分的元素法具体步骤是什么？

问题 7.2 定积分的元素法有哪些应用？

课件及
习题课课件

典型问题
答疑解惑

第7章习题及
复习题七解答

第8章 多元函数微分学及其应用

前面讨论的函数都只有一个自变量,这种函数称为**一元函数**.而许多实际问题的结果往往由很多因素决定,反映到数学上,就是一个变量依赖于多个变量的情形,这就引出了多元函数的问题.本章将在一元函数微分学的基础上,讨论二元函数的微分法及其应用,至于二元以上的多元函数的一些问题可以类推,不再赘述.

8.1 多元函数的概念、极限与连续性

一、多元函数的基本概念

1. 引例

在自然科学和工程技术中常常遇到一个变量依赖于多个变量的函数关系.

例 1 矩形面积 S 与长 x、宽 y 有下列关系:
$$S = xy \quad (x>0, y>0),$$
其中长 x 与宽 y 是独立取值的两个变量.在它们的变化范围内,当 x,y 取定值后,矩形面积 S 有一个确定值与之对应.

例 2 椭圆抛物面的方程为 $z = \dfrac{x^2}{a^2} + \dfrac{y^2}{b^2}$,双曲抛物面的方程为 $z = \dfrac{x^2}{a^2} - \dfrac{y^2}{b^2}$,这里的 z 既跟 x 有关,又跟 y 有关,它是 x,y 的二元函数.

2. 多元函数的概念

定义 1 设 D 是 $\mathbf{R}^2$ 的一个非空平面点集,映射 $f:D \to \mathbf{R}$ 称为定义在 D 上的**二元函数**,简称函数,记作
$$z = f(x,y), \quad (x,y) \in D$$
或
$$z = f(P), \quad P \in D,$$

其中点集 D 称为该函数的**定义域**,x,y 称为**自变量**,z 称为**因变量**.

上述定义中,与自变量 x,y 的一对值 (x,y) 相对应的因变量 z 的值,也称为 $f(x,y)$ 在点 (x,y) 处的函数值. 函数 $f(x,y)$ 的值域记作 $f(D)$,即
$$f(D)=\{z\mid z=f(x,y),(x,y)\in D\}.$$

函数还可记为 $z=z(x,y),z=g(x,y)$ 等.

类似地,可定义三元函数 $u=f(x,y,z),(x,y,z)\in D$(D 为 $\mathbf{R}^3$ 的一个非空点集)以及三元以上的函数. 一般地,把定义中的平面点集 D 换成 n 维空间 $\mathbf{R}^n$ 内的点集 D,映射 $f:D\to\mathbf{R}$ 称为定义在 D 上的 n **元函数**,通常记作
$$u=f(x_1,x_2,\cdots,x_n),\quad (x_1,x_2,\cdots,x_n)\in D,$$
或简记作
$$u=f(P),\quad P(x_1,x_2,\cdots,x_n)\in D.$$

关于函数定义域的约定:在一般地讨论用算式表达的多元函数 $u=f(P)$ 时,就以使这个算式有意义的点 P 所组成的点集为该多元函数的自然定义域. 因而,对这类函数,它的定义域不再特别标出. 例如,函数 $z=\ln(x+y)$ 的定义域为 $\{(x,y)\mid x+y>0\}$(见图 8-1),这是一个无界开区域;函数 $z=\arcsin(x^2+y^2)$ 的定义域为 $\{(x,y)\mid x^2+y^2\leqslant 1\}$(见图 8-2),这是一个有界闭区域.

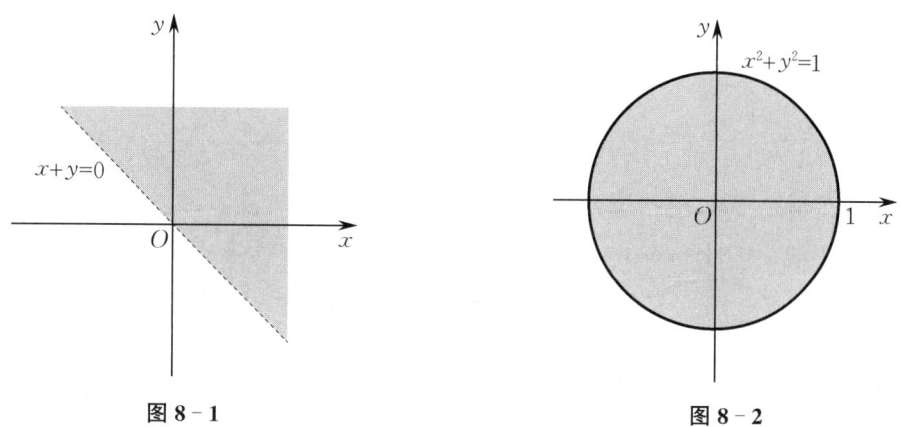

图 8-1　　　　　　　　　　图 8-2

点集 $\{(x,y,z)\mid z=f(x,y),(x,y)\in D\}$ 称为二元函数 $z=f(x,y)$ 的图形,二元函数的图形是一个曲面.

例如,函数 $z=ax+by+c$ 的图形是一个平面,而函数 $z=x^2+y^2$ 的图形是一个旋转抛物面.

例3 求函数 $z=\sqrt{9-x^2-y^2}$ 的定义域.

解 容易看出,当且仅当自变量 x,y 满足不等式
$$x^2+y^2\leqslant 9$$
时,函数才有定义. 其几何意义是 xOy 平面上以原点为圆心、半径为 3 的圆内及圆周边界上的所有点的集合(见图 8-3),即函数的定义域为
$$\{(x,y)\mid x^2+y^2\leqslant 9\}.$$

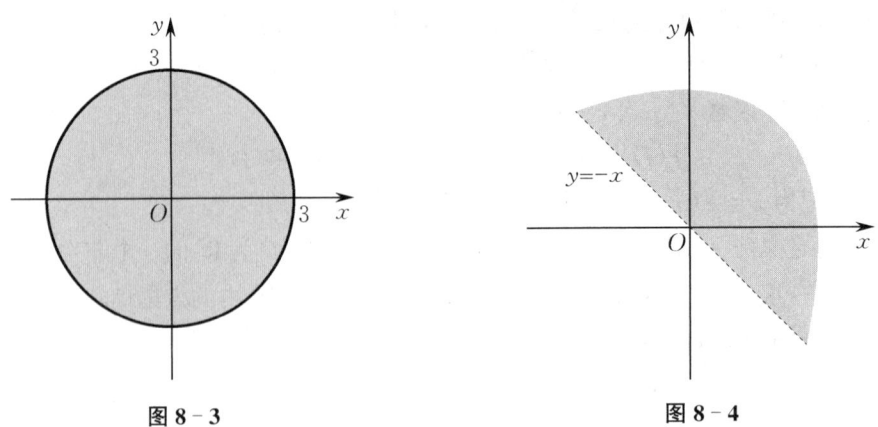

图 8-3　　　　　　　　　　　　图 8-4

例 4　求函数 $z=\ln(x+y)$ 的定义域.

解　函数的定义域为 $\{(x,y)\mid x+y>0\}$,其几何图形是 xOy 平面上位于直线 $y=-x$ 上方的半平面且不包括 $y=-x$ 的部分,如图 8-4 中阴影部分所示.

例 5　求函数 $z=\arcsin\dfrac{x^2+y^2}{2}+\operatorname{arcsec}(x^2+y^2)$ 的定义域.

解　函数 z 是两个函数的和,其定义域应是这两个函数的定义域的交集.函数的定义域由不等式组

$$\begin{cases} x^2+y^2 \leqslant 2, \\ x^2+y^2 \geqslant 1 \end{cases}$$

确定,即

$$\{(x,y)\mid 1\leqslant x^2+y^2\leqslant 2\}.$$

定义域的图形是圆环(包括边界),如图 8-5 所示.

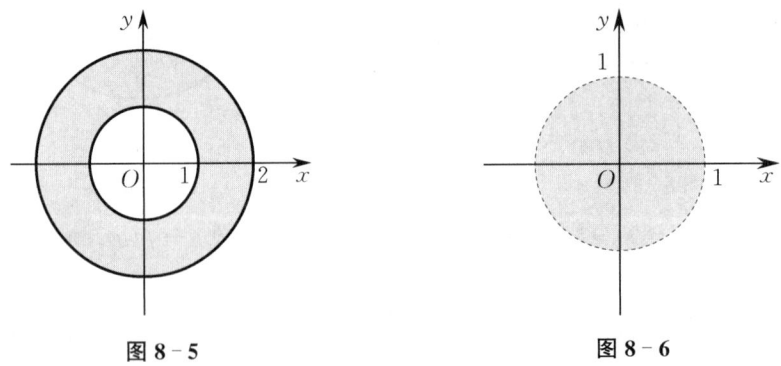

图 8-5　　　　　　　　　　　　图 8-6

例 6　求函数 $z=\dfrac{1}{\sqrt{1-x^2-y^2}}$ 的定义域.

解　函数的自变量 x,y 应满足

$$1-(x^2+y^2)>0,$$

即定义域为

$$\{(x,y)\mid x^2+y^2<1\}.$$

它的图形是不包括边界的单位圆域,如图 8-6 所示.

二、多元函数的极限

与一元函数的极限概念类似,下面给出多元函数的极限概念.

定义 2 设二元函数 $z=f(x,y)$ 在点 (x_0,y_0) 的某个去心邻域内有定义. 若当点 (x,y) 以任意方式趋于点 (x_0,y_0) 时,对应的函数值 $f(x,y)$ 无限接近于一个确定的常数 A,则称当 $(x,y) \to (x_0,y_0)$ 时函数 $f(x,y)$ 的**极限**为 A,记作

$$\lim_{(x,y)\to(x_0,y_0)} f(x,y) = A \quad \text{或} \quad f(x,y) \to A \ [(x,y) \to (x_0,y_0)].$$

为了区别于一元函数的极限,我们把二元函数的极限称为**二重极限**. 类似地可定义二元以上的多元函数的极限.

多元函数的极限运算法则与一元函数的极限运算法则类似.

例 7 求极限 $\displaystyle\lim_{(x,y)\to(0,0)} \frac{\sin(x^2 y)}{x^2+y^2}$

解 $\displaystyle\lim_{(x,y)\to(0,0)} \frac{\sin(x^2 y)}{x^2+y^2} = \lim_{(x,y)\to(0,0)} \left[\frac{\sin(x^2 y)}{x^2 y} \cdot \frac{x^2 y}{x^2+y^2}\right].$

令 $u = x^2 y$,则

$$\lim_{(x,y)\to(0,0)} \frac{\sin(x^2 y)}{x^2 y} = \lim_{u\to 0} \frac{\sin u}{u} = 1.$$

而

$$\left|\frac{x^2 y}{x^2+y^2}\right| = \frac{1}{2}\left|\frac{2xy}{x^2+y^2} x\right| \leqslant \frac{1}{2}|x| \xrightarrow{x\to 0} 0,$$

所以

$$\lim_{(x,y)\to(0,0)} \frac{\sin(x^2 y)}{x^2+y^2} = 0.$$

例 8 证明极限 $\displaystyle\lim_{(x,y)\to(0,0)} \frac{xy}{x^2+y^2}$ 不存在.

证 任取一种接近方式,如取 $y = kx$(k 为常数),则

$$\lim_{\substack{(x,y)\to(0,0)\\y=kx}} \frac{xy}{x^2+y^2} = \lim_{\substack{x\to 0\\y=kx}} \frac{x \cdot kx}{x^2+k^2 x^2} = \frac{k}{1+k^2}.$$

易见,所要求的极限值随 k 的变化而变化,故 $\displaystyle\lim_{(x,y)\to(0,0)} \frac{xy}{x^2+y^2}$ 不存在.

例 9 证明极限 $\displaystyle\lim_{(x,y)\to(0,0)} \frac{x^3 y}{x^6+y^2}$ 不存在.

证 任取一种接近方式,如取 $y = kx^3$(k 为常数),则

$$\lim_{\substack{(x,y)\to(0,0)\\y=kx^3}} \frac{x^3 y}{x^6+y^2} = \lim_{\substack{x\to 0\\y=kx^3}} \frac{x^3 \cdot kx^3}{x^6+k^2 x^6} = \frac{k}{1+k^2},$$

其极限值随 k 的变化而变化,故极限不存在.

三、多元函数的连续性

1. 多元函数的连续性概念

定义 3　设二元函数 $z=f(x,y)$ 在点 (x_0,y_0) 的某个邻域内有定义，且
$$\lim_{(x,y)\to(x_0,y_0)}f(x,y)=f(x_0,y_0),$$
则称 $z=f(x,y)$ 在点 (x_0,y_0) 处**连续**.

如果函数 $z=f(x,y)$ 在区域 D 上的各点处都连续，则称它在区域 D 上**连续**.

二元函数的连续性概念可相应地推广到 n 元函数上.

一元基本初等函数可看成其中一个自变量不出现的二元函数.

例 10　设函数 $f(x,y)=\cos x$，证明 $f(x,y)$ 是 $\mathbf{R}^2$ 上的连续函数.

证　对于任意的 $P_0(x_0,y_0)\in\mathbf{R}^2$，因为
$$\lim_{(x,y)\to(x_0,y_0)}f(x,y)=\lim_{(x,y)\to(x_0,y_0)}\cos x=\cos x_0=f(x_0,y_0),$$
所以函数 $f(x,y)=\cos x$ 在点 $P_0(x_0,y_0)$ 处连续，由 P_0 的任意性知，$\cos x$ 作为自变量为 x，y 的二元函数在 $\mathbf{R}^2$ 上连续.

由类似的讨论可知，一元基本初等函数看成二元函数或二元以上的多元函数时，它们在各自的定义域上都是连续的.

可以证明，多元连续函数的和、差、积仍为连续函数，多元连续函数的商在分母不为零的点处仍连续；多元连续函数的复合函数也是连续函数.

与一元初等函数类似，多元初等函数是指可用一个式子表示的多元函数，这个式子是由常数及具有不同自变量的一元基本初等函数经过有限次的四则运算和复合运算得到的. 例如，$\dfrac{x+x^2-y^2}{1+y^2},\cos(x+y+z),\mathrm{e}^{x^2+y^2+z^2}$ 都是多元初等函数.

一切多元初等函数在其定义区域上都是连续的. 所谓定义区域，是指包含在定义域内的区域或闭区域.

由多元初等函数的连续性，如果要求多元初等函数 $f(P)$ 在点 P_0 处的极限，而该点又在此函数的定义区域内，则
$$\lim_{P\to P_0}f(P)=f(P_0).$$

例 11　求极限 $\lim\limits_{(x,y)\to(0,1)}\left[\ln(y-x)+\dfrac{y}{\sqrt{1-x^2}}\right]$.

解　因初等函数 $f(x,y)=\ln(y-x)+\dfrac{y}{\sqrt{1-x^2}}$ 在点 $(0,1)$ 处连续，故
$$\lim_{(x,y)\to(0,1)}\left[\ln(y-x)+\dfrac{y}{\sqrt{1-x^2}}\right]=\ln(1-0)+\dfrac{1}{\sqrt{1-0^2}}=1.$$

例 12　求极限 $\lim\limits_{(x,y)\to(0,1)}\dfrac{\mathrm{e}^x+y}{x+y}$.

解　因初等函数 $f(x,y)=\dfrac{\mathrm{e}^x+y}{x+y}$ 在点 $(0,1)$ 处连续，故

$$\lim_{(x,y)\to(0,1)}\frac{e^x+y}{x+y}=\frac{e^0+1}{0+1}=2.$$

2. 多元连续函数的性质

性质 1（有界性与最大值最小值定理） 在有界闭区域 D 上的多元连续函数必定在 D 上有界，且在 D 上取得它的最大值和最小值.

性质 2（介值定理） 在有界闭区域 D 上的多元连续函数必取得介于最大值和最小值之间的任何值.

习 题 8.1

1. 已知函数 $f(x,y)=x^2+y^2-xy\tan\dfrac{x}{y}$，试求 $f(tx,ty)$.

2. 已知函数 $f(u,v,w)=u^w+w^{u+v}$，试求 $f(x+y,x-y,xy)$.

3. 求下列函数的定义域：

(1) $z=\ln(y^2-2x+1)$；

(2) $z=\dfrac{1}{\sqrt{x+y}}+\dfrac{1}{\sqrt{x-y}}$；

(3) $z=\sqrt{x-\sqrt{y}}$；

(4) $z=\ln(y-x)+\dfrac{\sqrt{x}}{\sqrt{1-x^2-y^2}}$；

(5) $u=\sqrt{R^2-x^2-y^2-z^2}+\dfrac{1}{\sqrt{x^2+y^2+z^2-r^2}}$ $(R>r>0)$；

(6) $u=\arccos\dfrac{z}{\sqrt{x^2+y^2}}$.

4. 求下列极限：

(1) $\lim\limits_{(x,y)\to(0,1)}\dfrac{1-xy}{x^2+y^2}$；

(2) $\lim\limits_{(x,y)\to(1,0)}\dfrac{\ln(x+e^y)}{\sqrt{x^2+y^2}}$；

(3) $\lim\limits_{(x,y)\to(0,0)}\dfrac{2-\sqrt{xy+4}}{xy}$；

(4) $\lim\limits_{(x,y)\to(0,0)}\dfrac{xy}{\sqrt{xy+1}-1}$；

(5) $\lim\limits_{(x,y)\to(2,0)}\dfrac{\sin(xy)}{y}$；

(6) $\lim\limits_{(x,y)\to(0,0)}\dfrac{1-\cos(x^2+y^2)}{(x^2+y^2)e^{x^2y^2}}$.

5. 证明下列极限不存在：

(1) $\lim\limits_{(x,y)\to(0,0)}\dfrac{x+y}{x-y}$；

(2) $\lim\limits_{(x,y)\to(0,0)}\dfrac{x^2y^2}{x^2y^2+(x-y)^2}$.

 8.2 偏导数和全微分

一、偏导数的概念

在研究一元函数时，引入导数是为了精确地刻画函数的变化率. 类似地，对于二元函数，同

样要研究其变化率,这要比一元函数问题复杂得多,因为从定义域上某点(x_0,y_0)出发,作为自变量的点(x,y)可沿不同方向变化. 一般来说,沿不同方向,函数的变化率也各不相同,这里我们着重考虑当(x,y)沿着平行于x轴或平行于y轴的方向变化时,函数的变化情况. 若只是x在变化,而y固定为y_0,则二元函数$z=f(x,y)$变为一元函数$z=f(x,y_0)$,它对x的导数称为二元函数$z=f(x,y)$对x的偏导数.

先看一个例子.

例1 设函数$z=x\cos(xy)$. 将y固定,把它看作一个常数,让x变化,这时z是自变量为x的一元函数,将z关于x求导$\left(\text{记此导数为}z_x,\dfrac{\partial z}{\partial x}\text{或}z'_x\right)$,得到

$$z_x=\cos(xy)-xy\sin(xy).$$

同样,将x固定,把它看作一个常数,让y变化,这时z是自变量为y的一元函数,将z关于y求导$\left(\text{记此导数为}z_y,\dfrac{\partial z}{\partial y}\text{或}z'_y\right)$,得到

$$z_y=-x^2\sin(xy).$$

称例1中的z_x和z_y分别是z关于x的偏导数和关于y的偏导数.

定义1 设函数$z=f(x,y)$定义在$\mathbf{R}^2$内某一区域D内,点$(x_0,y_0)\in D$. 固定$y=y_0$,那么$z=f(x,y_0)$是自变量为x的一元函数,如果它在点x_0处可导,则称此导数为函数$z=f(x,y)$在点(x_0,y_0)处关于x的**偏导数**,记作

$$\dfrac{\partial f}{\partial x}(x_0,y_0),\quad \dfrac{\partial z}{\partial x}(x_0,y_0),\quad f_x(x_0,y_0)\quad\text{或}\quad f'_x(x_0,y_0),$$

即

$$\dfrac{\partial f}{\partial x}(x_0,y_0)=\lim_{\Delta x\to 0}\dfrac{f(x_0+\Delta x,y_0)-f(x_0,y_0)}{\Delta x}.$$

同样,固定$x=x_0$,那么$z=f(x_0,y)$是自变量为y的一元函数,如果它在点y_0处可导,则称此导数为函数$z=f(x,y)$在点(x_0,y_0)处关于y的**偏导数**,记作

$$\dfrac{\partial f}{\partial y}(x_0,y_0),\quad \dfrac{\partial z}{\partial y}(x_0,y_0),\quad f_y(x_0,y_0)\quad\text{或}\quad f'_y(x_0,y_0),$$

即

$$\dfrac{\partial f}{\partial y}(x_0,y_0)=\lim_{\Delta y\to 0}\dfrac{f(x_0,y_0+\Delta y)-f(x_0,y_0)}{\Delta y}.$$

如果函数$z=f(x,y)$在区域D内每一点(x,y)处对x的偏导数都存在,那么这个偏导数就是x,y的函数,称为$z=f(x,y)$对自变量x的**偏导函数**,记作

$$\dfrac{\partial f}{\partial x},\quad \dfrac{\partial z}{\partial x},\quad f_x(x,y)\quad\text{或}\quad f'_x(x,y).$$

类似地,可以定义函数$z=f(x,y)$对自变量y的**偏导函数**,记作

$$\dfrac{\partial f}{\partial y},\quad \dfrac{\partial z}{\partial y},\quad f_y(x,y)\quad\text{或}\quad f'_y(x,y).$$

在不至于引起混淆的情况下,把偏导函数简称为偏导数.

例2 设函数$z=x^y$,证明:$\dfrac{x}{y}\cdot\dfrac{\partial z}{\partial x}+\dfrac{1}{\ln x}\cdot\dfrac{\partial z}{\partial y}=2z$.

证 因为
$$\frac{\partial z}{\partial x}=yx^{y-1}, \quad \frac{\partial z}{\partial y}=x^y\ln x,$$
所以
$$\text{左边}=\frac{x}{y}yx^{y-1}+\frac{1}{\ln x}x^y\ln x=x^y+x^y=2x^y=\text{右边}.$$

在一元函数中,如果 f 在点 x_0 处可导,那么可以确定 f 在点 x_0 处连续.但在多元函数中,设 f 在某点处关于每一个自变量的偏导数都存在,却不能确定 f 在该点处连续,甚至不能确定 f 在该点处的极限存在.

例3 设函数
$$f(x,y)=\begin{cases}\dfrac{xy}{x^2+y^2}, & x^2+y^2\neq 0,\\ 0, & x^2+y^2=0,\end{cases}$$
求 $f_x(0,0), f_y(0,0)$.

解 $f_x(0,0)=\lim\limits_{\Delta x\to 0}\dfrac{f(\Delta x,0)-f(0,0)}{\Delta x}=\lim\limits_{\Delta x\to 0}\dfrac{0}{\Delta x}=0,$

$f_y(0,0)=\lim\limits_{\Delta y\to 0}\dfrac{f(0,\Delta y)-f(0,0)}{\Delta y}=\lim\limits_{\Delta y\to 0}\dfrac{0}{\Delta y}=0.$

但 $\lim\limits_{(x,y)\to(0,0)}\dfrac{xy}{x^2+y^2}$ 不存在,即 $f(x,y)$ 在点 $(0,0)$ 处不连续.

下例是一个更加直观的例子.

例4 如图 8-7 所示,设函数
$$f(x,y)=\begin{cases}2, & x=x_0 \text{ 或 } y=y_0,\\ 1, & \text{其他},\end{cases}$$
显然 $f(x,y)$ 在点 $P_0(x_0,y_0)$ 处不连续,甚至极限也不存在,但
$$f_x(x_0,y_0)=0, \quad f_y(x_0,y_0)=0.$$

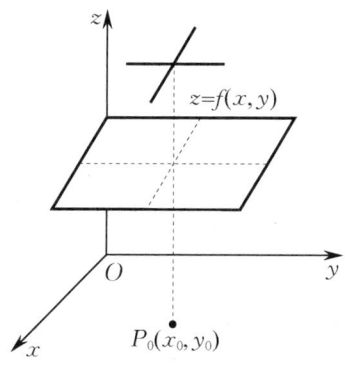

图 8-7

注意:例 3 中,函数 $f(x,y)$ 在点 $(0,0)$ 处偏导数 $f_x(0,0), f_y(0,0)$ 都存在,但在点 $(0,0)$ 处不连续,因为偏导数存在只能保证当动点 (x,y) 沿平行于 x,y 轴的方向趋于 (x_0,y_0) 时,函数 $f(x,y)$ 趋近于 $f(x_0,y_0)$,而不能保证它按任何方向趋于 (x_0,y_0) 时,函数 $f(x,y)$ 都趋近于 $f(x_0,y_0)$.

二、高阶偏导数

定义 2 设函数 $z=f(x,y)$ 在区域 D 内具有偏导数

$$\frac{\partial z}{\partial x}=f_x(x,y), \quad \frac{\partial z}{\partial y}=f_y(x,y),$$

这两个偏导数仍是 D 内的二元函数,若这两个函数的偏导数存在,则称它们是函数 $z=f(x,y)$ 的二阶偏导数.

按对自变量求偏导数的次序不同,有下列四个二阶偏导数:

$$\frac{\partial}{\partial x}\left(\frac{\partial z}{\partial x}\right)=\frac{\partial^2 z}{\partial x^2}=f_{xx}(x,y), \quad \frac{\partial}{\partial y}\left(\frac{\partial z}{\partial x}\right)=\frac{\partial^2 z}{\partial x \partial y}=f_{xy}(x,y),$$

$$\frac{\partial}{\partial x}\left(\frac{\partial z}{\partial y}\right)=\frac{\partial^2 z}{\partial y \partial x}=f_{yx}(x,y), \quad \frac{\partial}{\partial y}\left(\frac{\partial z}{\partial y}\right)=\frac{\partial^2 z}{\partial y^2}=f_{yy}(x,y),$$

其中 $\frac{\partial^2 z}{\partial x \partial y}, \frac{\partial^2 z}{\partial y \partial x}$ 称为**混合偏导数**.

类似地,可得三阶、四阶以及更高阶偏导数,二阶以上的偏导数统称为**高阶偏导数**.

例 5 求函数 $z=x^3y^3-3x^2y+xy^2+3$ 的二阶偏导数.

解 $\frac{\partial z}{\partial x}=3x^2y^3-6xy+y^2,$

$\frac{\partial z}{\partial y}=3x^3y^2-3x^2+2xy,$

$\frac{\partial^2 z}{\partial x^2}=6xy^3-6y, \quad \frac{\partial^2 z}{\partial x \partial y}=9x^2y^2-6x+2y,$

$\frac{\partial^2 z}{\partial y \partial x}=9x^2y^2-6x+2y, \quad \frac{\partial^2 z}{\partial y^2}=6x^3y+2x.$

在例 5 中,有 $\frac{\partial^2 z}{\partial x \partial y}=\frac{\partial^2 z}{\partial y \partial x}$. 一般地,有如下定理.

定理 1 如果函数 $z=f(x,y)$ 的两个二阶混合偏导数 $\frac{\partial^2 z}{\partial x \partial y}$ 及 $\frac{\partial^2 z}{\partial y \partial x}$ 在区域 D 内连续,那么在区域 D 内,这两个二阶混合偏导数必相等. 换句话说,二阶混合偏导数在连续条件下与求偏导数的次序无关.

定理 2 设函数 $f(x,y)$ 的两个二阶混合偏导数 $f_{xy}(x,y)$ 和 $f_{yx}(x,y)$ 在点 (x_0,y_0) 处连续,则有

$$f_{xy}(x_0,y_0)=f_{yx}(x_0,y_0).$$

在数学物理的许多应用中,出现的混合偏导数常常是连续的,因而在此情况下可以不用区分求偏导数的顺序.

以后,除非特别说明,本书中认为求偏导数与顺序无关的条件满足.

三、全微分的概念

和一元函数类似,可以引进多元函数的全微分概念. 为方便起见,这里仅讨论二元函数的

全微分.

定义 3 设 D 是 $\mathbf{R}^2$ 内的一个区域，$(x_0,y_0)\in D$，$z=f(x,y)$ 是定义在 D 内的函数. 如果
$$\Delta z = f(x_0+\Delta x, y_0+\Delta y) - f(x_0,y_0)$$
可以表示为
$$\Delta z = A\Delta x + B\Delta y + o(r),$$
其中 A,B 是两个仅与点 (x_0,y_0) 有关而与 $\Delta x,\Delta y$ 无关的常数，$r=\sqrt{(\Delta x)^2+(\Delta y)^2}$，即点 $(x_0+\Delta x, y_0+\Delta y)$ 与点 (x_0,y_0) 之间的距离，$o(r)$ 是当 $r\to 0$ 时关于 r 的高阶无穷小量，则称 $z=f(x,y)$ 在点 (x_0,y_0) 处**可微**，又称 $A\Delta x+B\Delta y$ 是 $z=f(x,y)$ 在点 (x_0,y_0) 处的**全微分**，记作
$$dz = A\Delta x + B\Delta y.$$
习惯上，记 $\Delta x = dx$，$\Delta y = dy$，于是全微分又可记作
$$dz = A dx + B dy.$$

从全微分的定义可知，如果函数 $z=f(x,y)$ 在点 (x_0,y_0) 处可微，那么在点 (x_0,y_0) 的充分小的邻域内有
$$f(x_0+\Delta x, y_0+\Delta y) - f(x_0,y_0) \approx A\Delta x + B\Delta y.$$
上式右边是一个线性函数，左边的 $f(x_0,y_0)$ 是一个常数，因此可微的意义在于：在局部范围内可以将函数 $z=f(x,y)$ 线性化，这就是全微分的一个重要作用.

那么，在什么条件下 $z=f(x,y)$ 可微？如果 $z=f(x,y)$ 可微，怎样确定 A,B？

性质 1 如果 $z=f(x,y)$ 在点 (x_0,y_0) 处可微，则
$$A = \frac{\partial f}{\partial x}(x_0,y_0), \quad B = \frac{\partial f}{\partial y}(x_0,y_0).$$

由性质 1 知道，如果函数 $z=f(x,y)$ 在点 (x_0,y_0) 处可微，那么 $z=f(x,y)$ 在点 (x_0,y_0) 处的全微分是
$$dz = \frac{\partial f}{\partial x}(x_0,y_0)dx + \frac{\partial f}{\partial y}(x_0,y_0)dy.$$

性质 2 若 $z=f(x,y)$ 在点 (x_0,y_0) 处可微，则 $z=f(x,y)$ 在点 (x_0,y_0) 处连续.

注意：如果仅仅知道函数 $z=f(x,y)$ 在点 (x_0,y_0) 处的两个偏导数 $\frac{\partial f}{\partial x}(x_0,y_0)$，$\frac{\partial f}{\partial y}(x_0,y_0)$ 都存在，还不能保证 $z=f(x,y)$ 在点 (x_0,y_0) 处可微（为什么？请读者思考），那么还要加上什么条件才能保证 $z=f(x,y)$ 在点 (x_0,y_0) 处可微呢？

定理 3 设函数 $z=f(x,y)$ 的两个偏导数 $\frac{\partial f}{\partial x}$ 和 $\frac{\partial f}{\partial y}$ 在点 (x_0,y_0) 处连续，则 $z=f(x,y)$ 在点 (x_0,y_0) 处可微.

例 6 设函数 $z = xe^{xy} + y$，则
$$\frac{\partial z}{\partial x} = e^{xy}(1+xy), \quad \frac{\partial z}{\partial y} = x^2 e^{xy} + 1.$$

因为 $\dfrac{\partial z}{\partial x}$ 和 $\dfrac{\partial z}{\partial y}$ 在任何点 (x,y) 处都连续，所以 z 在任何点 (x,y) 处都可微，其全微分为
$$\mathrm{d}z = \mathrm{e}^{xy}(1+xy)\mathrm{d}x + (x^2\mathrm{e}^{xy}+1)\mathrm{d}y.$$

例如，在点 $(1,1)$ 处，有
$$\mathrm{d}z(1,1) = 2\mathrm{e}\mathrm{d}x + (\mathrm{e}+1)\mathrm{d}y.$$

这表明当 (x,y) 充分靠近 $(1,1)$ 时，令 $\mathrm{d}x=x-1, \mathrm{d}y=y-1$，有
$$\begin{aligned}z(x,y) &\approx z(1,1) + 2\mathrm{e}\mathrm{d}x + (\mathrm{e}+1)\mathrm{d}y \\ &= \mathrm{e}+1+2\mathrm{e}(x-1)+(\mathrm{e}+1)(y-1),\end{aligned}$$

即
$$x\mathrm{e}^{xy}+y \approx 2\mathrm{e}x+(\mathrm{e}+1)y-2\mathrm{e}.$$

习 题 8.2

1. 求下列函数的偏导数：

(1) $z = x^3y - xy^3$；

(2) $z = \sin(xy) + \cos^2(xy)$；

(3) $z = (1+xy)^y$；

(4) $u = x^{\frac{y}{z}}$.

2. 设函数 $f(x,y) = x + (y-1)\arcsin\sqrt{\dfrac{x}{y}}$，求 $f_x(x,1)$.

3. 曲线
$$\begin{cases} z = \dfrac{x^2+y^2}{4}, \\ y = 4 \end{cases}$$

在点 $(2,4,5)$ 处的切线与 x 轴正向所成的倾角是多少？

4. 求下列函数的二阶偏导数 $\dfrac{\partial^2 z}{\partial x^2}, \dfrac{\partial^2 z}{\partial y^2}, \dfrac{\partial^2 z}{\partial x \partial y}$：

(1) $z = x^4 + y^4 - 4x^2y^2$；

(2) $z = \arctan\dfrac{y}{x}$.

5. 设函数 $f(x,y,z) = xy^2 + yz^2 + zx^2$，求 $f_{xx}(0,0,1), f_{xz}(1,0,2), f_{yz}(0,-1,0)$ 及 $f_{zzx}(2,0,1)$.

6. 设函数 $z = x\ln(xy)$，求三阶偏导数 $\dfrac{\partial^3 z}{\partial x^2 \partial y}$ 及 $\dfrac{\partial^3 z}{\partial x \partial y^2}$.

7. 求下列函数的全微分：

(1) $z = xy + \dfrac{x}{y}$；

(2) $z = \mathrm{e}^{\frac{y}{x}}$；

(3) $u = x^{yz}$.

8. 求函数 $z = \ln(1+x^2+y^2)$ 当 $x=1, y=2$ 时的全微分.

9. 求函数 $z = \mathrm{e}^{xy}$ 当 $x=1, y=1, \Delta x = 0.15, \Delta y = 0.1$ 时的全微分.

10. 计算 $\sqrt{(1.02)^3 + (1.97)^3}$ 的近似值.

8.3 多元复合函数与隐函数的微分法

一、多元复合函数求导法则

1. 多元函数与一元函数复合的情况

定理 1　如果函数 $u=\psi(t)$ 及 $v=\varphi(t)$ 都在点 t 处可导,函数 $z=f(u,v)$ 在对应点 (u,v) 处具有连续偏导数,则复合函数 $z=f[\psi(t),\varphi(t)]$ 在点 t 处可导,且有

$$\frac{\mathrm{d}z}{\mathrm{d}t}=\frac{\partial z}{\partial u}\cdot\frac{\mathrm{d}u}{\mathrm{d}t}+\frac{\partial z}{\partial v}\cdot\frac{\mathrm{d}v}{\mathrm{d}t}.$$

这时 z 对 t 的导数 $\dfrac{\mathrm{d}z}{\mathrm{d}t}$ 称为**全导数**.

例 1　设函数 $z=u^v$,其中 $u=\sin t, v=\cos t$,求 $\dfrac{\mathrm{d}z}{\mathrm{d}t}$.

解　由多元复合函数的全导数公式,得

$$\begin{aligned}\frac{\mathrm{d}z}{\mathrm{d}t}&=\frac{\partial z}{\partial u}\cdot\frac{\mathrm{d}u}{\mathrm{d}t}+\frac{\partial z}{\partial v}\cdot\frac{\mathrm{d}v}{\mathrm{d}t}\\&=vu^{v-1}\cos t+u^v\ln u(-\sin t)\\&=vu^{v-1}\cos t-u^v\ln u\sin t\\&=(\sin t)^{\cos t-1}\cos^2 t-(\sin t)^{\cos t+1}\ln(\sin t).\end{aligned}$$

2. 多元函数与多元函数复合的情况

定理 2　如果函数 $u=\psi(x,y)$ 及 $v=\varphi(x,y)$ 都在点 (x,y) 处具有对 x 和 y 的偏导数,函数 $z=f(u,v)$ 在对应点 (u,v) 处具有连续偏导数,则复合函数 $z=f[\psi(x,y),\varphi(x,y)]$ 在点 (x,y) 处的两个偏导数存在,且有

$$\frac{\partial z}{\partial x}=\frac{\partial z}{\partial u}\cdot\frac{\partial u}{\partial x}+\frac{\partial z}{\partial v}\cdot\frac{\partial v}{\partial x},$$
$$\frac{\partial z}{\partial y}=\frac{\partial z}{\partial u}\cdot\frac{\partial u}{\partial y}+\frac{\partial z}{\partial v}\cdot\frac{\partial v}{\partial y}.$$

例 2　设函数 $z=e^u\sin v$,而 $u=xy, v=x+y$,求 $\dfrac{\partial z}{\partial x}$ 和 $\dfrac{\partial z}{\partial y}$.

解　$\dfrac{\partial z}{\partial x}=\dfrac{\partial z}{\partial u}\cdot\dfrac{\partial u}{\partial x}+\dfrac{\partial z}{\partial v}\cdot\dfrac{\partial v}{\partial x}$

$\qquad=e^u\sin v\cdot y+e^u\cos v\cdot 1$

$\qquad=e^{xy}[y\sin(x+y)+\cos(x+y)],$

$\dfrac{\partial z}{\partial y}=\dfrac{\partial z}{\partial u}\cdot\dfrac{\partial u}{\partial y}+\dfrac{\partial z}{\partial v}\cdot\dfrac{\partial v}{\partial y}$

$\qquad=e^u\sin v\cdot x+e^u\cos v\cdot 1$

$\qquad=e^{xy}[x\sin(x+y)+\cos(x+y)].$

推论 1　设函数 $z=f(u,v,w), u=\psi(x,y), v=\varphi(x,y), w=\omega(x,y)$，则

$$\frac{\partial z}{\partial x}=\frac{\partial z}{\partial u}\cdot\frac{\partial u}{\partial x}+\frac{\partial z}{\partial v}\cdot\frac{\partial v}{\partial x}+\frac{\partial z}{\partial w}\cdot\frac{\partial w}{\partial x},$$

$$\frac{\partial z}{\partial y}=\frac{\partial z}{\partial u}\cdot\frac{\partial u}{\partial y}+\frac{\partial z}{\partial v}\cdot\frac{\partial v}{\partial y}+\frac{\partial z}{\partial w}\cdot\frac{\partial w}{\partial y}.$$

例 3　设函数 $u=f(x,y,z), z=z(x,y)$，求 $\dfrac{\partial u}{\partial x}$.

解　为了应用多元复合函数的求导公式，可把函数写成如下形式：

$$u=f(x,y,z),$$

其中 $x=x, y=y, z=z(x,y)$. 这是三个中间变量、两个自变量的多元复合函数，所以

$$\frac{\partial u}{\partial x}=\frac{\partial f}{\partial x}\cdot\frac{\partial x}{\partial x}+\frac{\partial f}{\partial y}\cdot\frac{\partial y}{\partial x}+\frac{\partial f}{\partial z}\cdot\frac{\partial z}{\partial x}$$

$$=\frac{\partial f}{\partial x}\cdot 1+\frac{\partial f}{\partial y}\cdot 0+\frac{\partial f}{\partial z}\cdot\frac{\partial z}{\partial x}$$

$$=\frac{\partial f}{\partial x}+\frac{\partial f}{\partial z}\cdot\frac{\partial z}{\partial x},$$

其中 $\dfrac{\partial u}{\partial x}$ 是把复合函数 $u=f[x,y,z(x,y)]$ 中的 y 看作常数而对 x 的偏导数，$\dfrac{\partial f}{\partial x}$ 是把 $u=f(x,y,z)$ 中的 y 及 z 看作常数而对 x 的偏导数. $\dfrac{\partial u}{\partial y}$ 与 $\dfrac{\partial f}{\partial y}$ 也有类似的区别.

二、隐函数的求导公式

与一元函数的隐函数类似，多元函数的隐函数也是由方程所确定的一个函数，如通过方程 $F(x,y,z)=0$ 可以确定 z 是 x 和 y 的二元函数. 但不是所有的方程都能确定一个函数，或者即使确定了一个函数，也不能保证这个函数是连续的和可以求导的.

定理 3（隐函数存在定理 1）　设函数 $F(x,y)$ 在点 $P(x_0,y_0)$ 的某个邻域内具有连续偏导数，且 $F(x_0,y_0)=0, F_y(x_0,y_0)\neq 0$，则方程 $F(x,y)=0$ 在点 $P(x_0,y_0)$ 的某个邻域内恒能唯一确定一个单值连续且具有连续导数的函数 $y=f(x)$，它满足条件 $y_0=f(x_0)$，并有

$$\frac{\mathrm{d}y}{\mathrm{d}x}=-\frac{F_x}{F_y}.$$

例 4　已知 $\ln\sqrt{x^2+y^2}=\arctan\dfrac{y}{x}$，求 $\dfrac{\mathrm{d}y}{\mathrm{d}x}$.

解　令 $F(x,y)=\ln\sqrt{x^2+y^2}-\arctan\dfrac{y}{x}$，则

$$F_x=\frac{x+y}{x^2+y^2},\quad F_y=\frac{y-x}{x^2+y^2},$$

于是当 $y-x\neq 0$ 时，有

$$\frac{\mathrm{d}y}{\mathrm{d}x}=-\frac{F_x}{F_y}=\frac{x+y}{x-y}.$$

定理 4（隐函数存在定理 2）　设函数 $F(x,y,z)$ 在点 $P(x_0,y_0,z_0)$ 的某个邻域内具有连续偏导数，且 $F(x_0,y_0,z_0)=0, F_z(x_0,y_0,z_0)\neq 0$，则方程 $F(x,y,z)=0$ 在点 $P(x_0,y_0,z_0)$ 的某个邻域内恒能唯一确定一个单值连续且具有连续偏导数的函数 $z=f(x,y)$，它满足条件 $z_0=f(x_0,y_0)$，并有

$$\frac{\partial z}{\partial x}=-\frac{F_x}{F_z},\quad \frac{\partial z}{\partial y}=-\frac{F_y}{F_z}.$$

例 5　求由方程 $z^3-3xyz=a^3$ 所确定的隐函数 $z=z(x,y)$ 的偏导数 $\dfrac{\partial z}{\partial x},\dfrac{\partial z}{\partial y}$.

解　令 $F(x,y,z)=z^3-3xyz-a^3$，则

$$F_x=-3yz,\quad F_y=-3xz,\quad F_z=3z^2-3xy.$$

所以，当 $3z^2-3xy\neq 0$ 时，有

$$\frac{\partial z}{\partial x}=-\frac{F_x}{F_z}=-\frac{-3yz}{3z^2-3xy}=\frac{yz}{z^2-xy},$$

$$\frac{\partial z}{\partial y}=-\frac{F_y}{F_z}=-\frac{-3xz}{3z^2-3xy}=\frac{xz}{z^2-xy}.$$

例 6　设函数 $z=f(x+y+z,xyz)$，求 $\dfrac{\partial z}{\partial x},\dfrac{\partial x}{\partial y},\dfrac{\partial y}{\partial z}$.

思路：把 z 看成 x,y 的函数，对 x 求偏导数得 $\dfrac{\partial z}{\partial x}$；把 x 看成 z,y 的函数，对 y 求偏导数得 $\dfrac{\partial x}{\partial y}$；把 y 看成 x,z 的函数，对 z 求偏导数得 $\dfrac{\partial y}{\partial z}$.

解　令 $u=x+y+z, v=xyz$，则 $z=f(u,v)$.

把 z 看成 x,y 的函数，对 x 求偏导数得

$$\frac{\partial z}{\partial x}=f_u\left(1+\frac{\partial z}{\partial x}\right)+f_v\left(yz+xy\frac{\partial z}{\partial x}\right),$$

整理得

$$\frac{\partial z}{\partial x}=\frac{f_u+yzf_v}{1-f_u-xyf_v}.$$

把 x 看成 z,y 的函数，对 y 求偏导数得

$$0=f_u\left(\frac{\partial x}{\partial y}+1\right)+f_v\left(xz+yz\frac{\partial x}{\partial y}\right),$$

整理得

$$\frac{\partial x}{\partial y}=-\frac{f_u+xzf_v}{f_u+yzf_v}.$$

把 y 看成 x,z 的函数，对 z 求偏导数得

$$1=f_u\left(\frac{\partial y}{\partial z}+1\right)+f_v\left(xy+xz\frac{\partial y}{\partial z}\right),$$

整理得

$$\frac{\partial y}{\partial z} = \frac{1 - f_u - xyf_v}{f_u + xzf_v}.$$

习 题 8.3

1. 设函数 $z = u^2 - v^2$，而 $u = x + y, v = x - y$，求 $\dfrac{\partial z}{\partial x}, \dfrac{\partial z}{\partial y}$.

2. 设函数 $z = e^{x-2y}$，而 $x = \sin t, y = t^3$，求 $\dfrac{dz}{dt}$.

3. 设函数 $z = \arctan(xy)$，而 $y = e^x$，求 $\dfrac{dz}{dx}$.

4. 设函数 $u = \dfrac{e^{ax}(y-z)}{a^2+1}$，而 $y = a\sin x, z = \cos x$，求 $\dfrac{du}{dx}$.

5. 设函数 $z = \arctan\dfrac{x}{y}$，而 $x = u + v, y = u - v$，证明：$\dfrac{\partial z}{\partial u} + \dfrac{\partial z}{\partial v} = \dfrac{u - v}{u^2 + v^2}$.

6. 设函数 $z = f(x^2 + y^2)$，其中 f 具有二阶导数，求 $\dfrac{\partial^2 z}{\partial x^2}, \dfrac{\partial^2 z}{\partial x \partial y}, \dfrac{\partial^2 z}{\partial y^2}$.

7. 设 $\sin y + e^x - xy^2 = 0$，求 $\dfrac{dy}{dx}$.

8. 设 $x + 2y + z - 2\sqrt{xyz} = 0$，求 $\dfrac{\partial z}{\partial x}, \dfrac{\partial z}{\partial y}$.

8.4 多元函数的极值与最值

一、极值

1. 二元函数极值的定义

定义 1 设函数 $z = f(x, y)$ 在点 (x_0, y_0) 的某个邻域内有定义，对于该邻域内任何异于点 (x_0, y_0) 的点 (x, y)，如果都有
$$f(x, y) < f(x_0, y_0),$$
则称 $z = f(x, y)$ 在点 (x_0, y_0) 处有**极大值** $f(x_0, y_0)$；如果都有
$$f(x, y) > f(x_0, y_0),$$
则称 $z = f(x, y)$ 在点 (x_0, y_0) 处有**极小值** $f(x_0, y_0)$. 极大值和极小值统称为**极值**，使函数取得极值的点称为**极值点**.

注意：极值点一定是区域内部的点，而不是边界点.

二元函数的极值概念可推广到 n 元函数. 设 n 元函数 $u = f(P)$ 在点 P_0 的某个邻域内有定义. 如果对于该邻域内异于点 P_0 的点 P，都有
$$f(P) < f(P_0) \quad [f(P) > f(P_0)],$$

则称函数 $f(P)$ 在点 P_0 处有极大值（极小值）$f(P_0)$.

2. 极值存在的条件

定理 1（极值存在的必要条件） 设函数 $z=f(x,y)$ 在点 (x_0,y_0) 处具有偏导数，且在点 (x_0,y_0) 处有极值，则
$$f_x(x_0,y_0)=0, \quad f_y(x_0,y_0)=0.$$
此定理可推广到 n 元函数.

同时满足 $f_x(x_0,y_0)=0, f_y(x_0,y_0)=0$ 的点 (x_0,y_0) 称为函数 $z=f(x,y)$ 的驻点.

定理 2（极值存在的充分条件） 设函数 $z=f(x,y)$ 在点 (x_0,y_0) 的某个邻域内具有一阶及二阶连续偏导数，又有
$$f_x(x_0,y_0)=0, \quad f_y(x_0,y_0)=0.$$
记 $f_{xx}(x_0,y_0)=A, f_{xy}(x_0,y_0)=B, f_{yy}(x_0,y_0)=C$，则 $f(x,y)$ 在点 (x_0,y_0) 处是否取得极值的条件如下：

(1) 当 $AC-B^2>0$ 时有极值，且当 $A<0$ 时有极大值，当 $A>0$ 时有极小值；

(2) 当 $AC-B^2<0$ 时没有极值；

(3) 当 $AC-B^2=0$ 时可能有极值，也可能没有极值.

根据极值存在的条件，可归纳得到求具有二阶连续偏导数的函数 $z=f(x,y)$ 的极值的步骤如下：

(1) 求偏导数 $f_x(x,y), f_y(x,y), f_{xx}(x,y), f_{xy}(x,y), f_{yy}(x,y)$；

(2) 解方程组 $\begin{cases} f_x(x,y)=0, \\ f_y(x,y)=0, \end{cases}$ 求出一切驻点；

(3) 对于每一个驻点 (x_0,y_0)，求出 $f_{xx}(x_0,y_0)=A, f_{xy}(x_0,y_0)=B, f_{yy}(x_0,y_0)=C$ 的值；

(4) 依照 $AC-B^2$ 的符号，判定 $f(x_0,y_0)$ 是否是极值，若是，是极大值还是极小值.

例 1 求函数 $f(x,y)=x^3+y^3-3xy$ 的极值.

解 解方程组
$$\begin{cases} f_x(x,y)=3x^2-3y=0, \\ f_y(x,y)=3y^2-3x=0, \end{cases}$$
得
$$\begin{cases} x=0, \\ y=0, \end{cases} \quad \begin{cases} x=1, \\ y=1, \end{cases}$$
即驻点为 $(0,0)$ 与 $(1,1)$.
$$f_{xx}(x,y)=6x, \quad f_{xy}(x,y)=-3, \quad f_{yy}(x,y)=6y.$$
在驻点 $(0,0)$ 处，
$$A=f_{xx}(0,0)=0, \quad B=f_{xy}(0,0)=-3, \quad C=f_{yy}(0,0)=0.$$
因为
$$AC-B^2=-9<0,$$
所以函数 $f(x,y)$ 在点 $(0,0)$ 处没有极值.

在驻点 $(1,1)$ 处，

$$A = f_{xx}(1,1) = 6, \quad B = f_{xy}(1,1) = -3, \quad C = f_{yy}(1,1) = 6.$$

因为
$$AC - B^2 = 27 > 0, \quad 且 \quad A > 0,$$

所以函数 $f(x,y)$ 在点 $(1,1)$ 处有极小值 $f(1,1) = -1$.

二、最值

有界闭区域 D 上的连续函数一定有最大值和最小值. 若使函数取得最大值或最小值的点在区域 D 的内部,则该点必然是函数的驻点或者是一阶偏导数中至少有一个不存在的点. 最大值和最小值也可能在区域 D 的边界上取得. 因此,求有界闭区域 D 上二元函数的最大值和最小值时,首先要求出函数在 D 内部的驻点和一阶偏导数不存在的点处的函数值,以及函数在 D 的边界上的最大值和最小值,比较这些值,其中最大者就是函数在 D 上的最大值,最小者就是函数在 D 上的最小值.

在实际问题中,如果根据问题的性质知道函数在区域 D 内一定有最大(小)值,而函数在 D 内只有一个驻点,那么可以断定该驻点处的函数值就是函数在 D 内的最大(小)值.

例 2 求函数 $z = (x^2 + y^2 - 2x)^2$ 在圆域 $D = \{(x,y) \mid x^2 + y^2 \leqslant 2x\}$ 上的最大值和最小值.

解 在圆域 D 内求驻点,令

$$\begin{cases} \dfrac{\partial z}{\partial x} = 2(x^2 + y^2 - 2x) \cdot (2x - 2) = 0, \\ \dfrac{\partial z}{\partial y} = 2(x^2 + y^2 - 2x) \cdot 2y = 0, \end{cases}$$

则在圆域 D 内有唯一的驻点 $(1,0)$, $z\big|_{(1,0)} = 1$. 在圆域 D 的边界上有 $z\big|_{x^2+y^2-2x=0} = 0$, 所以在圆域 D 上, $z_{\max} = 1$, $z_{\min} = 0$.

例 3 某厂要用铁板做成一个体积为 2 m^3 的有盖长方体水箱,问长、宽、高各取怎样的尺寸时,才能使用料最省?

解 设水箱的长为 x m,宽为 y m,则高为 $\dfrac{2}{xy}$ m. 此水箱所用材料的面积为

$$A = 2\left(xy + y\dfrac{2}{xy} + x\dfrac{2}{xy}\right),$$

即

$$A = 2\left(xy + \dfrac{2}{x} + \dfrac{2}{y}\right) \quad (x > 0, y > 0).$$

令

$$\begin{cases} A_x = 2\left(y - \dfrac{2}{x^2}\right) = 0, \\ A_y = 2\left(x - \dfrac{2}{y^2}\right) = 0, \end{cases}$$

解得 $x=y=\sqrt[3]{2}$.

因为函数 A 在定义域 $D=\{(x,y)\mid x>0,y>0\}$ 内只有唯一的驻点 $(\sqrt[3]{2},\sqrt[3]{2})$,又由问题的实际意义可知,函数 A 在定义域 D 内一定有最小值,所以当水箱的长和宽均为 $\sqrt[3]{2}$ m,高为 $\dfrac{2}{\sqrt[3]{2}\times\sqrt[3]{2}}$ m $=\sqrt[3]{2}$ m 时,水箱所用的材料最省.

三、条件极值

前面所涉及的极值问题,对于函数 $z=f(x,y)$ 的自变量 x,y,仅仅限制在函数的定义域内,此外无其他约束条件,这类极值问题称为**无条件极值**.但在实际问题中,常会遇到另一类极值问题,即对函数的自变量还有附加条件 $\varphi(x,y)=0$ 的极值问题,这类极值问题称为**条件极值**,其中 $\varphi(x,y)=0$ 称为约束条件.若 $\varphi(x,y)=0$ 可转化为由一个变量用另一个变量表示的解析式,可将此解析式代入 $z=f(x,y)$,那么条件极值就转化为无条件极值.但在许多情况下,将条件极值转化为无条件极值并不容易,为此我们引入一种直接求条件极值的方法,即**拉格朗日乘数法**.

拉格朗日乘数法 要找函数 $z=f(x,y)$ 在约束条件 $\varphi(x,y)=0$ 下的可能极值点,可以先构造拉格朗日函数
$$L(x,y)=f(x,y)+\lambda\varphi(x,y),$$
求其对 x,y 的偏导数,并使之为零,然后与约束条件 $\varphi(x,y)=0$ 联立,有
$$\begin{cases} f_x(x,y)+\lambda\varphi_x(x,y)=0, \\ f_y(x,y)+\lambda\varphi_y(x,y)=0, \\ \varphi(x,y)=0. \end{cases}$$
由该方程组解出 x,y 及 λ,这样得到的 (x,y) 就是函数 $z=f(x,y)$ 在约束条件 $\varphi(x,y)=0$ 下的可能极值点.

注意:(1) 若由问题的实际意义知必存在条件极值,且定义域内只有唯一的驻点,则该驻点即为所求的极值点.

(2) 拉格朗日乘数法可推广到自变量多于两个而约束条件多于一个的情形.

例如,求函数 $u=f(x,y,z,t)$ 在约束条件 $\varphi(x,y,z,t)=0,\psi(x,y,z,t)=0$ 下的极值,可构造拉格朗日函数
$$L(x,y,z,t)=f(x,y,z,t)+\lambda_1\varphi(x,y,z,t)+\lambda_2\psi(x,y,z,t).$$

例 4 求表面积为 a^2 且体积为最大的长方体的体积.

解 设长方体的长、宽、高分别为 x,y,z,则问题就是在条件
$$\varphi(x,y,z)=2xy+2yz+2xz-a^2=0$$
下,求函数
$$V=xyz \quad (x>0,y>0,z>0)$$
的最大值.构造拉格朗日函数

$$L(x,y,z) = xyz + \lambda(2xy + 2yz + 2xz - a^2),$$

求其对 x,y,z 的偏导数,并使之为零,然后与约束条件 $\varphi(x,y,z) = 0$ 联立,有

$$\begin{cases} yz + 2\lambda(y+z) = 0, \\ xz + 2\lambda(x+z) = 0, \\ xy + 2\lambda(x+y) = 0, \\ 2xy + 2yz + 2xz - a^2 = 0, \end{cases}$$

解这个方程组得定义域内唯一解 $x = y = z = \dfrac{a}{\sqrt{6}}$.

因为在定义域 $D = \{(x,y,z) \mid x > 0, y > 0, z > 0\}$ 内函数 V 只有唯一的驻点 $\left(\dfrac{a}{\sqrt{6}}, \dfrac{a}{\sqrt{6}}, \dfrac{a}{\sqrt{6}}\right)$,而函数 V 在 D 内必有最大值,所以函数 V 在该驻点处取得最大值,即当长、宽、高均为 $\dfrac{a}{\sqrt{6}}$ 时,长方体有最大体积 $V_{\max} = \dfrac{\sqrt{6}}{36} a^3$.

例 5 某公司可通过电台及报纸两种方式对某种商品做广告,据统计资料,销售收入 R(单位:万元)与电台广告费 x_1(单位:万元)及报纸广告费 x_2(单位:万元)之间有如下经验公式:

$$R(x_1, x_2) = 15 + 14x_1 + 32x_2 - 8x_1 x_2 - 2x_1^2 - 10x_2^2.$$

若该公司提供的广告费用为 1.5 万元,求相应的最优广告策略.

解 利润函数为

$$L(x_1, x_2) = 15 + 14x_1 + 32x_2 - 8x_1 x_2 - 2x_1^2 - 10x_2^2 - (x_1 + x_2)$$
$$= 15 + 13x_1 + 31x_2 - 8x_1 x_2 - 2x_1^2 - 10x_2^2.$$

若该公司广告费用为 1.5 万元,则问题转化为求利润函数

$$L(x_1, x_2) = 15 + 13x_1 + 31x_2 - 8x_1 x_2 - 2x_1^2 - 10x_2^2$$

在条件 $x_1 + x_2 = 1.5$ 下的最大值.构造拉格朗日函数

$$Q(x_1, x_2) = 15 + 13x_1 + 31x_2 - 8x_1 x_2 - 2x_1^2 - 10x_2^2 + \lambda(x_1 + x_2 - 1.5),$$

求其对 x_1, x_2 的偏导数,并使之为零,然后与约束条件 $x_1 + x_2 = 1.5$ 联立,有

$$\begin{cases} -4x_1 - 8x_2 + 13 + \lambda = 0, \\ -8x_1 - 20x_2 + 31 + \lambda = 0, \\ x_1 + x_2 - 1.5 = 0, \end{cases}$$

解得唯一的驻点 $x_1 = 0, x_2 = 1.5$.而函数在定义域内必有最大值,则将广告费用 1.5 万元全部用于报纸广告,可使利润最大.

习 题 8.4

1. 求函数 $f(x,y) = 4(x-y) - x^2 - y^2$ 的极值.
2. 求函数 $z = xy$ 在约束条件 $x + y = 1$ 下的极大值.
3. 从斜边长为 l 的一切直角三角形中,求有最大周长的直角三角形.

4. 要造一个容积等于定数 k 的长方体无盖水池,应如何选择水池的尺寸方可使表面积最小?

5. 将周长为 $2p$ 的矩形绕它的一边旋转一周而成一个圆柱体,问:矩形的边长各为多少时,才可使圆柱体的体积最大?

6. 求内接于半径为 a 的球且有最大体积的长方体.

复习题八

1. 求函数 $f(x,y) = \dfrac{\sqrt{4x-y^2}}{\ln(1-x^2-y^2)}$ 的定义域,并求 $\lim\limits_{(x,y) \to (\frac{1}{2},0)} f(x,y)$.

2. 证明极限 $\lim\limits_{(x,y) \to (0,0)} \dfrac{xy^2}{x^2+y^4}$ 不存在.

3. 设函数
$$f(x,y) = \begin{cases} \dfrac{x^2 y}{x^2+y^2}, & x^2+y^2 \neq 0, \\ 0, & x^2+y^2 = 0, \end{cases}$$
求 $f_x(x,y), f_y(x,y)$.

4. 求下列函数的一阶和二阶偏导数:
(1) $z = \ln(x+y^2)$;   (2) $z = x^y$.

5. 求函数 $z = \dfrac{xy}{x^2-y^2}$ 当 $x=2, y=1, \Delta x=0.001, \Delta y=0.03$ 时的增量和全微分.

6. 设函数
$$f(x,y) = \begin{cases} \dfrac{x^2 y^2}{(x^2+y^2)^{\frac{3}{2}}}, & x^2+y^2 \neq 0, \\ 0, & x^2+y^2 = 0, \end{cases}$$
证明:$f(x,y)$ 在点 $(0,0)$ 处连续且偏导数存在,但不可微.

7. 设函数 $u = x^y$,而 $x = \varphi(t), y = \psi(t)$ 都是可微函数,求 $\dfrac{du}{dt}$.

8. 设函数 $z = f(u,x,y), u = xe^y$,其中 f 具有二阶连续偏导数,求 $\dfrac{\partial z}{\partial x}$.

9. 求函数 $f(x,y) = (6x-x^2)(4y-y^2)$ 的极值.

10. 求平面 $\dfrac{x}{3} + \dfrac{y}{4} + \dfrac{z}{5} = 1$ 和柱面 $x^2+y^2=1$ 的交线上与 xOy 平面距离最短的点.

11. 在第一卦限内作椭球面 $\dfrac{x^2}{a^2} + \dfrac{y^2}{b^2} + \dfrac{z^2}{c^2} = 1$ 的切平面,使该切平面与三个坐标平面所围成的四面体的体积最小,求此切平面的切点,并求此最小体积.

12. 抛物面 $z = x^2+y^2$ 被平面 $x+y+z=1$ 截成一椭圆,求原点到该椭圆的最长与最短距离.

典型问题

问题 8.1 一元函数的可导、可微及连续有哪些关系？多元函数的可导、可微及连续有哪些关系？

问题 8.2 讨论多元函数极限时有哪些求极限的方法？

问题 8.3 求复合函数的偏导数时应注意哪些常见错误？

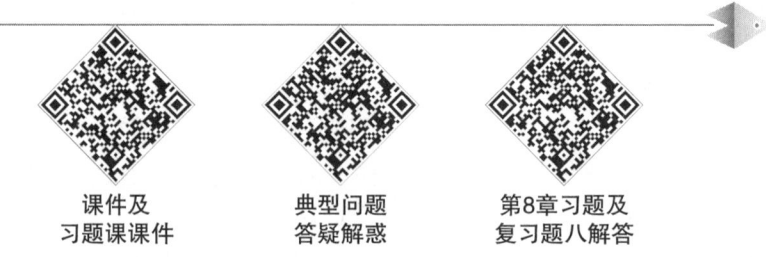

课件及习题课课件　　典型问题答疑解惑　　第8章习题及复习题八解答

第9章 重 积 分

许多几何、物理及其他实际问题,不仅需要一元函数的积分(即定积分),而且还需要各种不同形式的多元函数的积分. 本章主要介绍二重积分和三重积分的概念、性质、计算方法以及它们的一些具体应用.

9.1 二重积分的概念与性质

一、二重积分的概念

1. 曲顶柱体的体积

所谓**曲顶柱体**是指这样的立体,它的底是 xOy 平面上的闭区域 D[①],它的侧面是以 D 的边界曲线为准线而母线平行于 z 轴的柱面,它的顶是定义在 D 上的连续函数 $z=f(x,y)$ 所表示的曲面,这里 $f(x,y) \geqslant 0$,如图 9-1(a) 所示. 现在我们的问题是如何定义并计算这个曲顶柱体的体积 V.

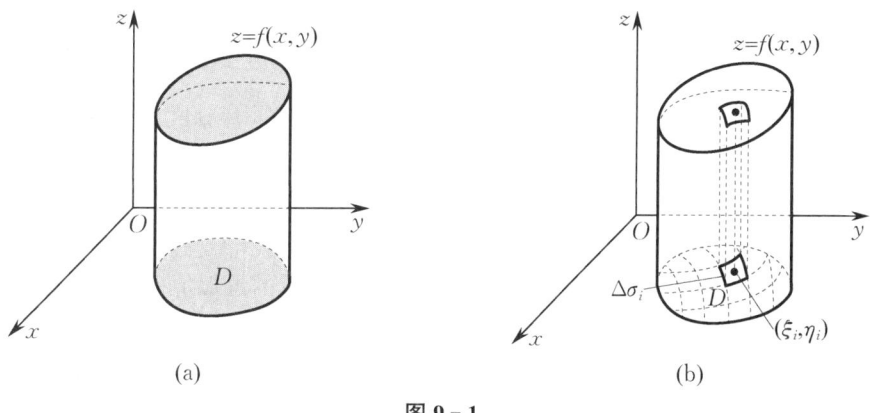

图 9-1

---

① 为了简便起见,本章以后除特别说明外,都假定平面闭区域和空间闭区域都是有界的,且平面闭区域有有限面积,空间闭区域有有限体积.

试想,如果 $f(x,y)=$ 常数,此时柱体是平顶柱体,即其高是不变的,则它的体积可以用公式
$$体积 = 高 \times 底面积$$
来定义和计算. 而现在讨论的柱体是曲顶柱体,即当点 (x,y) 在闭区域 D 内变动时,高度 $f(x,y)$ 是个变量,因此它的体积不能直接用上式来定义和计算. 自然地,我们想到前面处理曲边梯形面积的方法.

首先,我们用任意连续、逐段光滑的曲线网把闭区域 D 分成 n 个小闭区域
$$\Delta\sigma_1, \quad \Delta\sigma_2, \quad \cdots, \quad \Delta\sigma_n.$$
分别以这些小闭区域的边界曲线为准线,作母线平行于 z 轴的柱面,这些柱面把原来的曲顶柱体分成 n 个小曲顶柱体. 这 n 个小曲顶柱体的体积之和就是原曲顶柱体的体积.

其次,当这些小闭区域的直径①很小时,由于 $f(x,y)$ 连续,对同一个小闭区域来说,$f(x,y)$ 变化很小,这时小曲顶柱体可近似看作平顶柱体. 在每个小闭区域 $\Delta\sigma_i$(其面积也记作 $\Delta\sigma_i$)内任取一点 (ξ_i,η_i),以 $f(\xi_i,\eta_i)$ 为高、以 $\Delta\sigma_i$ 为底的小平顶柱体[见图 9-1(b)]的体积为
$$f(\xi_i,\eta_i)\Delta\sigma_i \quad (i=1,2,\cdots,n).$$
这 n 个小平顶柱体体积之和
$$\sum_{i=1}^{n} f(\xi_i,\eta_i)\Delta\sigma_i$$
可以认为是整个曲顶柱体体积的近似值. 令 n 个小闭区域的直径中的最大值(记作 λ)趋于零,取上述和式的极限,所得的极限便自然地定义为所求曲顶柱体的体积 V,即
$$V = \lim_{\lambda \to 0} \sum_{i=1}^{n} f(\xi_i,\eta_i)\Delta\sigma_i.$$
上式右边的极限应该与区域 D 的分法及点 (ξ_i,η_i) 在 $\Delta\sigma_i$ 内的取法无关.

2. 平面薄片的质量

设有一平面薄片占有 xOy 平面上的闭区域 D,它在点 (x,y) 处的面密度为 $\mu(x,y)$,其中 $\mu(x,y) > 0$ 且在 D 上连续. 现在要计算该薄片的质量 m.

我们知道,如果薄片是均匀的,即面密度 $\mu(x,y) =$ 常数,那么薄片的质量可以用公式
$$质量 = 面密度 \times 面积$$
来计算. 而现在面密度 $\mu(x,y)$ 是变量,薄片的质量就不能直接用上式来计算. 但是上述用来处理曲顶柱体体积问题的方法完全适用于本问题.

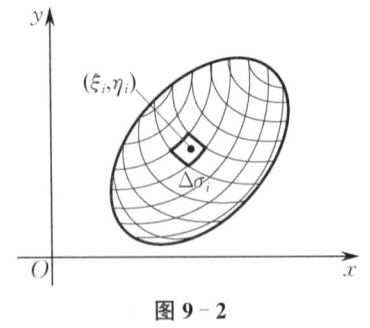

图 9-2

由于 $\mu(x,y)$ 连续,把薄片分成 n 个小块后,只要每个小块所占的小闭区域 $\Delta\sigma_i(i=1,2,\cdots,n)$ 的直径很小,这些小块就可以近似看作均匀薄片. 在 $\Delta\sigma_i$ 上任取一点 (ξ_i,η_i),则
$$\mu(\xi_i,\eta_i)\Delta\sigma_i \quad (i=1,2,\cdots,n)$$
可看作第 i 个小块的质量的近似值(见图 9-2). 通过求和、取极限便得出该薄片的质量为
$$m = \lim_{\lambda \to 0} \sum_{i=1}^{n} \mu(\xi_i,\eta_i)\Delta\sigma_i,$$
其中 λ 为 n 个小闭区域的直径中的最大值.

---

① 一个区域的直径是指该区域内任意两点间的最大距离.

上面两个问题的实际意义虽然不同,但所求量都归结为同一形式的和式的极限.在物理、力学、几何和工程技术中,有许多物理量或几何量都可归结为这一形式的和式的极限,因此我们有必要抛开具体的实际意义来研究这种和式的极限,并抽象出下述二重积分的定义.

定义 1 设 $f(x,y)$ 是闭区域 D 上的有界函数,将闭区域 D 任意分成 n 个小闭区域
$$\Delta\sigma_1, \quad \Delta\sigma_2, \quad \cdots, \quad \Delta\sigma_n,$$
其中 $\Delta\sigma_i(i=1,2,\cdots,n)$ 表示第 i 个小闭区域,也表示它的面积.在每个 $\Delta\sigma_i$ 上任取一点 (ξ_i,η_i),做乘积 $f(\xi_i,\eta_i)\Delta\sigma_i(i=1,2,\cdots,n)$,并做和 $\sum_{i=1}^{n}f(\xi_i,\eta_i)\Delta\sigma_i$.如果当各小闭区域的直径中的最大值 $\lambda\to 0$ 时,上述和式的极限总存在,且与闭区域 D 的分法及点 (ξ_i,η_i) 的取法无关,则称函数 $f(x,y)$ 在 D 上**可积**,其极限值称为函数 $f(x,y)$ 在闭区域 D 上的**二重积分**,记作 $\iint_D f(x,y)\mathrm{d}\sigma$,即

$$\iint_D f(x,y)\mathrm{d}\sigma = \lim_{\lambda\to 0}\sum_{i=1}^{n}f(\xi_i,\eta_i)\Delta\sigma_i, \tag{9.1}$$

其中 $f(x,y)$ 称为**被积函数**,$f(x,y)\mathrm{d}\sigma$ 称为**被积表达式**,$\mathrm{d}\sigma$ 称为**面积元素**,x 与 y 称为**积分变量**,D 称为**积分区域**,$\sum_{i=1}^{n}f(\xi_i,\eta_i)\Delta\sigma_i$ 称为**积分和**.

在二重积分的定义中,对闭区域 D 的分法是任意的,如果在直角坐标系中用平行于坐标轴的直线网来划分 D,那么除了包含边界点的一些小闭区域外①,其余的小闭区域都是矩形闭区域.设矩形闭区域 $\Delta\sigma_i$ 的边长为 Δx_j 和 Δy_k,则 $\Delta\sigma_i=\Delta x_j\Delta y_k$.因此,在直角坐标系中,有时也把面积元素 $\mathrm{d}\sigma$ 记作 $\mathrm{d}x\mathrm{d}y$,而把二重积分记作

$$\iint_D f(x,y)\mathrm{d}x\mathrm{d}y,$$

其中 $\mathrm{d}x\mathrm{d}y$ 称为**直角坐标系中的面积元素**.

这里需要指出,当函数 $f(x,y)$ 在闭区域 D 上连续时,式(9.1)右边的和式的极限必定存在,也就是说,$f(x,y)$ 在 D 上的二重积分必定存在.在本章后面的内容中,我们总假定函数 $f(x,y)$ 在闭区域 D 上连续,所以 $f(x,y)$ 在 D 上的二重积分都是存在的,以后就不再赘述.

由二重积分的定义可知,曲顶柱体的体积 V 是其曲顶 $f(x,y)$ 在底 D 上的二重积分,即

$$V=\iint_D f(x,y)\mathrm{d}\sigma;$$

平面薄片的质量 m 是它的面密度 $\mu(x,y)$ 在薄片所占闭区域 D 上的二重积分,即

$$m=\iint_D \mu(x,y)\mathrm{d}\sigma.$$

一般地,如果被积函数 $f(x,y)\geqslant 0$,则 $f(x,y)$ 可以解释为曲顶柱体的曲顶在点 (x,y) 处的高,所以二重积分的几何意义就是曲顶柱体的体积.如果 $f(x,y)<0$,曲顶柱体就在 xOy 平面的下方,二重积分的绝对值仍等于曲顶柱体的体积,但二重积分的值是负的.如果 $f(x,y)$ 在 D 的若干部分区域上是正的,而在其他部分区域上是负的,那么二重积分就等于 xOy 平面上方的曲顶柱体体积与 xOy 平面下方的曲顶柱体体积的差.

---

① 求和式的极限时,这些小闭区域所对应的项的和的极限为零,因此这些小闭区域可以略去不计.

二、二重积分的性质

二重积分与定积分具有类似的定义,所以它们也具有类似的性质.下面列出二重积分的六条性质,其中只给出二重积分中值定理的证明,其余性质的证明从略.

性质 1 如果在闭区域 D 上,$f(x,y)=1$,σ 为 D 的面积,那么
$$\sigma = \iint_D 1 d\sigma = \iint_D d\sigma.$$

性质 1 的几何意义是很明显的,因为高为 1 的平顶柱体的体积在数值上就等于平顶柱体的底面积.

性质 2 设 α 与 β 为常数,则
$$\iint_D [\alpha f(x,y) + \beta g(x,y)] d\sigma = \alpha \iint_D f(x,y) d\sigma + \beta \iint_D g(x,y) d\sigma.$$

性质 3(区域可加性) 如果闭区域 D 被有限条曲线分为有限个部分闭区域,那么在 D 上的二重积分等于在各个部分闭区域上的二重积分的和.

例如,若闭区域 D 被分为两个闭区域 D_1 与 D_2,则
$$\iint_D f(x,y) d\sigma = \iint_{D_1} f(x,y) d\sigma + \iint_{D_2} f(x,y) d\sigma.$$

性质 3 表示二重积分对积分区域具有可加性.

性质 4 如果在闭区域 D 上有 $f(x,y) \leqslant g(x,y)$,那么
$$\iint_D f(x,y) d\sigma \leqslant \iint_D g(x,y) d\sigma.$$

特殊地,由于
$$-|f(x,y)| \leqslant f(x,y) \leqslant |f(x,y)|,$$
因此有
$$\left| \iint_D f(x,y) d\sigma \right| \leqslant \iint_D |f(x,y)| d\sigma.$$

性质 5 设 M 和 m 分别是 $f(x,y)$ 在闭区域 D 上的最大值和最小值,σ 为 D 的面积,则有
$$m\sigma \leqslant \iint_D f(x,y) d\sigma \leqslant M\sigma.$$

上述不等式是对二重积分估值的不等式.因为 $m \leqslant f(x,y) \leqslant M$,所以由性质 4 有
$$\iint_D m d\sigma \leqslant \iint_D f(x,y) d\sigma \leqslant \iint_D M d\sigma.$$

再利用性质 1 和性质 2,便得此估值不等式.

性质 6(二重积分中值定理) 设函数 $f(x,y)$ 在闭区域 D 上连续,σ 为 D 的面积,则在 D 上至少存在一点 (ξ,η),使得
$$\iint_D f(x,y) d\sigma = f(\xi,\eta) \sigma.$$

证 显然 $\sigma \neq 0$.把性质 5 中估值不等式两边同除以 σ,有
$$m \leqslant \frac{1}{\sigma} \iint_D f(x,y) d\sigma \leqslant M.$$

这就是说,确定的数值 $\dfrac{1}{\sigma}\iint\limits_{D} f(x,y)\mathrm{d}\sigma$ 是介于函数 $f(x,y)$ 的最大值 M 与最小值 m 之间的. 根据闭区域上多元连续函数的介值定理,在 D 上至少存在一点 (ξ,η),使得 $f(x,y)$ 在该点处的函数值与这个确定的数值相等,即

$$\dfrac{1}{\sigma}\iint\limits_{D} f(x,y)\mathrm{d}\sigma = f(\xi,\eta).$$

上式两边同乘以 σ,便得所需要证明的公式.

习 题 9.1

1. 设二重积分

$$I_1 = \iint\limits_{D_1} (x^2+y^2)^3 \mathrm{d}\sigma,$$

其中 $D_1 = \{(x,y) \mid -1 \leqslant x \leqslant 1, -2 \leqslant y \leqslant 2\}$;

$$I_2 = \iint\limits_{D_2} (x^2+y^2)^3 \mathrm{d}\sigma,$$

其中 $D_2 = \{(x,y) \mid 0 \leqslant x \leqslant 1, 0 \leqslant y \leqslant 2\}$. 试利用二重积分的几何意义说明 I_1 与 I_2 的大小关系.

2. 利用二重积分的定义证明:

(1) $\iint\limits_{D} \mathrm{d}\sigma = \sigma$,其中 σ 为闭区域 D 的面积;

(2) $\iint\limits_{D} kf(x,y)\mathrm{d}\sigma = k\iint\limits_{D} f(x,y)\mathrm{d}\sigma$,其中 k 为常数;

(3) $\iint\limits_{D} f(x,y)\mathrm{d}\sigma = \iint\limits_{D_1} f(x,y)\mathrm{d}\sigma + \iint\limits_{D_2} f(x,y)\mathrm{d}\sigma$,其中闭区域 D 被分为两个小闭区域 D_1,D_2.

3. 根据二重积分的性质,比较下列二重积分的大小:

(1) $\iint\limits_{D} (x+y)^2 \mathrm{d}\sigma$ 与 $\iint\limits_{D} (x+y)^3 \mathrm{d}\sigma$,其中 D 是由 x 轴、y 轴与直线 $x+y=1$ 所围成的闭区域;

(2) $\iint\limits_{D} (x+y)^2 \mathrm{d}\sigma$ 与 $\iint\limits_{D} (x+y)^3 \mathrm{d}\sigma$,其中 D 是由圆周 $(x-2)^2+(y-1)^2 = 2$ 所围成的闭区域;

(3) $\iint\limits_{D} \ln(x+y)\mathrm{d}\sigma$ 与 $\iint\limits_{D} [\ln(x+y)]^2 \mathrm{d}\sigma$,其中 D 是三角形闭区域,三顶点的坐标分别为 $(1,0)$,$(1,1)$,$(2,0)$;

(4) $\iint\limits_{D} \ln(x+y)\mathrm{d}\sigma$ 与 $\iint\limits_{D} [\ln(x+y)]^2 \mathrm{d}\sigma$,其中 $D = \{(x,y) \mid 3 \leqslant x \leqslant 5, 0 \leqslant y \leqslant 1\}$.

4. 利用二重积分的性质,估计下列二重积分的值:

(1) $I = \iint\limits_{D} xy(x+y)\mathrm{d}\sigma$,其中 $D = \{(x,y) \mid 0 \leqslant x \leqslant 1, 0 \leqslant y \leqslant 1\}$;

(2) $I = \iint\limits_{D} \sin^2 x \sin^2 y \mathrm{d}\sigma$,其中 $D = \{(x,y) \mid 0 \leqslant x \leqslant \pi, 0 \leqslant y \leqslant \pi\}$;

(3) $I = \iint\limits_{D} (x+y+1)\mathrm{d}\sigma$,其中 $D = \{(x,y) \mid 0 \leqslant x \leqslant 1, 0 \leqslant y \leqslant 2\}$;

(4) $I = \iint\limits_{D} (x^2 + 4y^2 + 9) \mathrm{d}\sigma$,其中 $D = \{(x,y) \mid x^2 + y^2 \leqslant 4\}$.

9.2 二重积分的计算法

按照二重积分的定义来计算二重积分,对少数特别简单的被积函数和积分区域来说是可行的,但对一般的被积函数和积分区域来说,这不是一种切实可行的方法. 本节介绍一种计算二重积分的方法,这种方法是把二重积分化为二次积分来计算.

一、利用直角坐标计算二重积分

下面用几何观点来讨论二重积分 $\iint\limits_{D} f(x,y) \mathrm{d}\sigma$ 的计算问题. 在讨论中我们假定 $f(x,y) \geqslant 0$.

设积分区域 D 可以用不等式
$$\varphi_1(x) \leqslant y \leqslant \varphi_2(x), \quad a \leqslant x \leqslant b$$
来表示(见图 9-3),其中函数 $\varphi_1(x)$ 与 $\varphi_2(x)$ 在区间 $[a,b]$ 上连续.

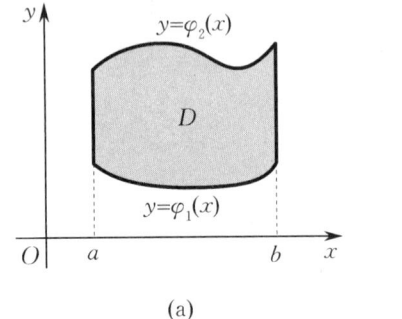
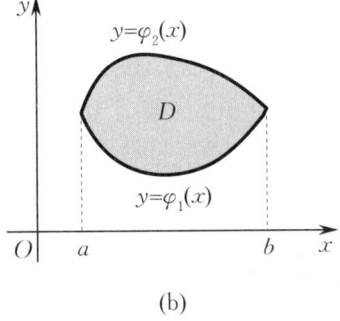

图 9-3

按照二重积分的几何意义,二重积分 $\iint\limits_{D} f(x,y) \mathrm{d}\sigma$ 的值等于以 D 为底、以曲面 $z = f(x,y)$ 为顶的曲顶柱体(见图 9-4)的体积. 下面我们应用第 7 章中计算"平行截面面积已知的立体的体积"的方法来计算这个曲顶柱体的体积.

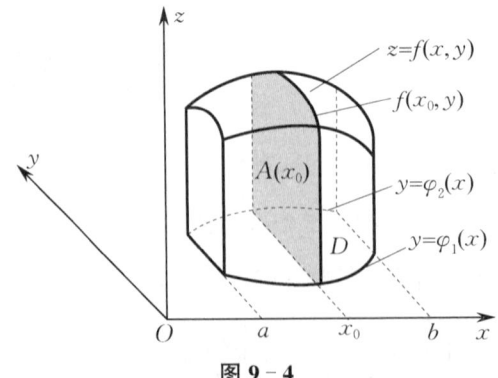

图 9-4

先计算截面面积. 为此,在区间 $[a,b]$ 上任取一点 x_0,作平行于 yOz 平面的平面 $x = x_0$,该平面截曲顶柱体所得的截面是一个以区间 $[\varphi_1(x_0), \varphi_2(x_0)]$ 为底、曲线 $z = f(x_0, y)$ 为曲

边的曲边梯形(即图 9-4 中的阴影部分),该截面面积为

$$A(x_0) = \int_{\varphi_1(x_0)}^{\varphi_2(x_0)} f(x_0, y) dy.$$

一般地,过区间 $[a,b]$ 上任一点 x 且平行于 yOz 平面的平面截曲顶柱体所得的截面面积为

$$A(x) = \int_{\varphi_1(x)}^{\varphi_2(x)} f(x, y) dy.$$

于是,应用计算平行截面面积已知的立体的体积的方法,得到这个曲顶柱体的体积为

$$V = \int_a^b A(x) dx = \int_a^b \left[\int_{\varphi_1(x)}^{\varphi_2(x)} f(x, y) dy \right] dx,$$

也就是所求二重积分的值,从而有

$$\iint_D f(x, y) d\sigma = \int_a^b \left[\int_{\varphi_1(x)}^{\varphi_2(x)} f(x, y) dy \right] dx. \tag{9.2}$$

式(9.2)右边的积分称为**先对 y、后对 x 的二次积分**.就是说,先把 x 看作常数,把 $f(x,y)$ 只看作 y 的函数,并对 y 计算从 $\varphi_1(x)$ 到 $\varphi_2(x)$ 的定积分;然后把算得的结果(是 x 的函数)再对 x 计算在区间 $[a,b]$ 上的定积分.这个先对 y、后对 x 的二次积分也常记作

$$\int_a^b dx \int_{\varphi_1(x)}^{\varphi_2(x)} f(x, y) dy.$$

因此,式(9.2)也写成

$$\iint_D f(x, y) d\sigma = \int_a^b dx \int_{\varphi_1(x)}^{\varphi_2(x)} f(x, y) dy. \tag{9.2'}$$

式(9.2)或式(9.2′)就是把二重积分化为先对 y、后对 x 的二次积分的公式.

在上述讨论中,我们假定 $f(x,y) \geqslant 0$,但实际上,式(9.2)并不受此条件限制.

类似地,如果积分区域 D 可以用不等式

$$\psi_1(y) \leqslant x \leqslant \psi_2(y), \quad c \leqslant y \leqslant d$$

来表示(见图 9-5),其中函数 $\psi_1(y), \psi_2(y)$ 在区间 $[c,d]$ 上连续,那么就有

$$\iint_D f(x, y) d\sigma = \int_c^d \left[\int_{\psi_1(y)}^{\psi_2(y)} f(x, y) dx \right] dy. \tag{9.3}$$

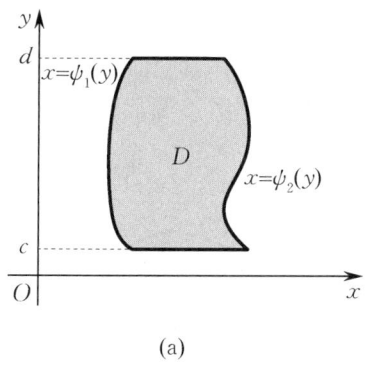
(a)

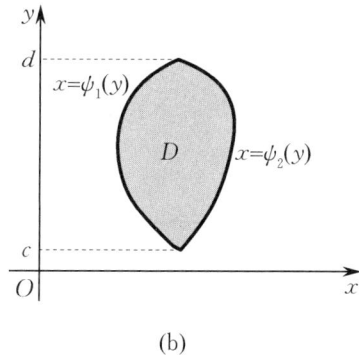
(b)

图 9-5

式(9.3)右边的积分称为**先对 x、后对 y 的二次积分**,这个积分也常记作

$$\int_c^d dy \int_{\psi_1(y)}^{\psi_2(y)} f(x, y) dx.$$

因此,式(9.3)也写成

$$\iint_D f(x,y)\mathrm{d}\sigma = \int_c^d \mathrm{d}y \int_{\psi_1(y)}^{\psi_2(y)} f(x,y)\mathrm{d}x. \tag{9.3'}$$

式(9.3)或式(9.3')就是把二重积分化为先对 x、后对 y 的二次积分的公式.

我们称图 9-3 所示的积分区域为 X-**型区域**,图 9-5 所示的积分区域为 Y-**型区域**. 应用式(9.2)时,积分区域必须是 X-型区域,X-型区域 D 的特点是:穿过 D 内部且平行于 y 轴的直线与 D 的边界相交不多于两点;而应用式(9.3)时,积分区域必须是 Y-型区域,Y-型区域 D 的特点是:穿过 D 内部且平行于 x 轴的直线与 D 的边界相交不多于两点. 如果积分区域 D 如图 9-6 所示,既有一部分使穿过 D 内部且平行于 y 轴的直线与 D 的边界相交多于两点,又有一部分使穿过 D 内部且平行于 x 轴的直线与 D 的边界相交多于两点,那么 D 既不是 X-型区域,也不是 Y-型区域. 对于这种情形,可以把 D 分成几部分,使每个部分是 X-型区域或 Y-型区域. 例如,在图 9-6 中,把 D 分成三部分 Ⅰ,Ⅱ,Ⅲ,它们都是 X-型区域,从而在这三部分上的二重积分都可应用式(9.2). 各部分上的二重积分求得后,根据二重积分对积分区域的可加性,它们的和就是在 D 上的二重积分.

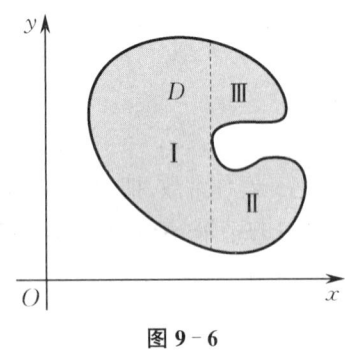

图 9-6

如果积分区域 D 既是 X-型区域,可用不等式 $\varphi_1(x) \leqslant y \leqslant \varphi_2(x), a \leqslant x \leqslant b$ 表示,又是 Y-型区域,可用不等式 $\psi_1(y) \leqslant x \leqslant \psi_2(y), c \leqslant y \leqslant d$ 表示(见图 9-7),那么由式(9.2')及式(9.3')可得

$$\int_a^b \mathrm{d}x \int_{\varphi_1(x)}^{\varphi_2(x)} f(x,y)\mathrm{d}y = \int_c^d \mathrm{d}y \int_{\psi_1(y)}^{\psi_2(y)} f(x,y)\mathrm{d}x. \tag{9.4}$$

上式表明,这两个不同次序的二次积分相等,因为它们都等于同一个二重积分

$$\iint_D f(x,y)\mathrm{d}\sigma.$$

将二重积分化为二次积分时,确定积分限是一个关键. 积分限是根据积分区域 D 来确定的. 先画出积分区域 D 的图形,如果积分区域 D 是 X-型区域,如图 9-8 所示,在区间 $[a,b]$ 上任意取定一个 x 值,积分区域上以这个 x 值为横坐标的点在一段平行于 y 轴的线段上,该线段上点的纵坐标从 $\varphi_1(x)$ 变到 $\varphi_2(x)$,这就是式(9.2)中先把 x 看作常数而对 y 积分时的下限和上限. 因为上面的 x 值是在 $[a,b]$ 上任意取定的,所以再把 x 看作变量而对 x 积分时,积分区间就是 $[a,b]$.

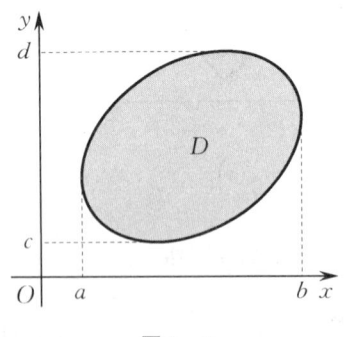

图 9-7

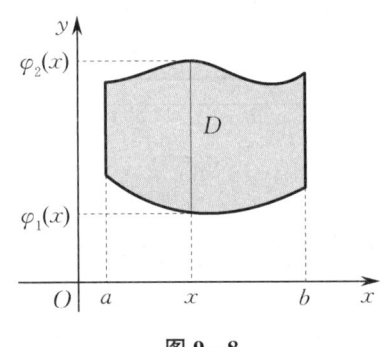

图 9-8

例 1 计算二重积分 $\iint\limits_{D} xy\,d\sigma$,其中 D 是由直线 $y=1, x=2$ 及 $y=x$ 所围成的闭区域.

解 1 首先画出积分区域 D 的图形(见图 9-9).将 D 视为 X-型区域,D 上的点的横坐标的变化范围是区间 $[1,2]$.在区间 $[1,2]$ 上任意取定一个 x 值,则 D 上以这个 x 值为横坐标的点在一段平行于 y 轴的线段上,该线段上点的纵坐标从 $y=1$ 变到 $y=x$.利用式(9.2)得

$$\iint\limits_{D} xy\,d\sigma = \int_1^2 \left(\int_1^x xy\,dy\right)dx = \int_1^2 x\frac{y^2}{2}\bigg|_1^x dx$$

$$= \int_1^2 \left(\frac{x^3}{2} - \frac{x}{2}\right)dx = \left(\frac{x^4}{8} - \frac{x^2}{4}\right)\bigg|_1^2 = \frac{9}{8}.$$

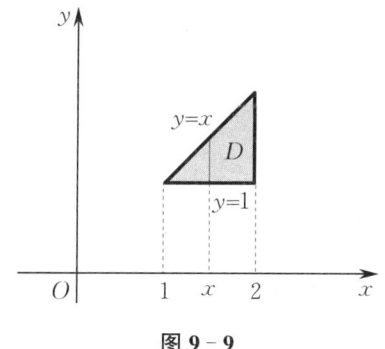

图 9-9

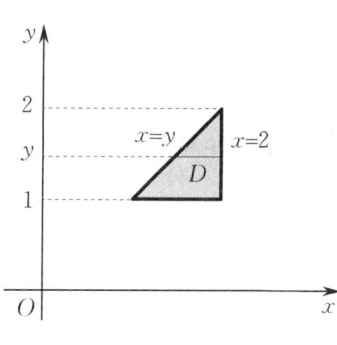

图 9-10

解 2 如图 9-10 所示,将 D 视为 Y-型区域,D 上的点的纵坐标的变化范围是区间 $[1,2]$.在区间 $[1,2]$ 上任意取定一个 y 值,则 D 上以这个 y 值为纵坐标的点在一段平行于 x 轴的线段上,该线段上点的横坐标从 $x=y$ 变到 $x=2$.利用式(9.3)得

$$\iint\limits_{D} xy\,d\sigma = \int_1^2 \left(\int_y^2 xy\,dx\right)dy = \int_1^2 y\frac{x^2}{2}\bigg|_y^2 dy$$

$$= \int_1^2 \left(2y - \frac{y^3}{2}\right)dy = \left(y^2 - \frac{y^4}{8}\right)\bigg|_1^2 = \frac{9}{8}.$$

例 2 计算二重积分 $\iint\limits_{D} xy\,d\sigma$,其中 D 是由抛物线 $y^2=x$ 及直线 $y=x-2$ 所围成的闭区域.

解 首先画出积分区域 D 的图形(见图 9-11).D 既是 X-型区域,又是 Y-型区域.若利用式(9.3),可得

$$\iint\limits_{D} xy\,d\sigma = \int_{-1}^{2}\left(\int_{y^2}^{y+2} xy\,dx\right)dy$$

$$= \int_{-1}^{2} y\frac{x^2}{2}\bigg|_{y^2}^{y+2} dy = \frac{1}{2}\int_{-1}^{2}[y(y+2)^2 - y^5]dy$$

$$= \frac{1}{2}\left(\frac{y^4}{4} + \frac{4}{3}y^3 + 2y^2 - \frac{y^6}{6}\right)\bigg|_{-1}^{2} = \frac{45}{8}.$$

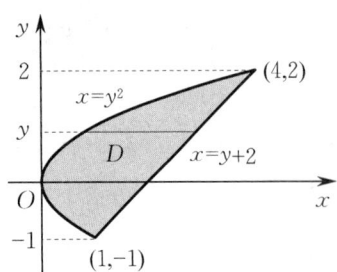
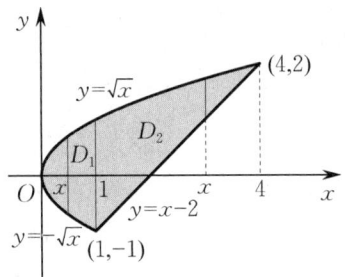

图 9-11　　　　　　　　　　　　　图 9-12

若利用式(9.2)来计算,由于在区间$[0,1]$及$[1,4]$上$\varphi_1(x)$的表达式不同,要用经过交点$(1,-1)$且平行于y轴的直线$x=1$把积分区域D分成D_1和D_2两部分(见图 9-12),其中

$$D_1=\{(x,y)\mid -\sqrt{x}\leqslant y\leqslant \sqrt{x},0\leqslant x\leqslant 1\},$$
$$D_2=\{(x,y)\mid x-2\leqslant y\leqslant \sqrt{x},1\leqslant x\leqslant 4\}.$$

因此,根据二重积分对积分区域的可加性,就有

$$\iint\limits_{D}xy\,\mathrm{d}\sigma=\iint\limits_{D_1}xy\,\mathrm{d}\sigma+\iint\limits_{D_2}xy\,\mathrm{d}\sigma$$
$$=\int_0^1\left(\int_{-\sqrt{x}}^{\sqrt{x}}xy\,\mathrm{d}y\right)\mathrm{d}x+\int_1^4\left(\int_{x-2}^{\sqrt{x}}xy\,\mathrm{d}y\right)\mathrm{d}x=\frac{45}{8}.$$

由此可见,这里用式(9.2)来计算需要先将原积分化为两个二次积分的和.

例 3　计算二重积分$\iint\limits_{D}y\sqrt{1+x^2-y^2}\,\mathrm{d}\sigma$,其中$D$是由直线$y=1,x=-1$及$y=x$所围成的闭区域.

解　首先画出积分区域D的图形(见图 9-13).D既是X-型区域,又是Y-型区域.若利用式(9.2),可得

$$\iint\limits_{D}y\sqrt{1+x^2-y^2}\,\mathrm{d}\sigma=\int_{-1}^1\left(\int_x^1 y\sqrt{1+x^2-y^2}\,\mathrm{d}y\right)\mathrm{d}x$$
$$=-\frac{1}{3}\int_{-1}^1(1+x^2-y^2)^{\frac{3}{2}}\Big|_x^1\mathrm{d}x$$
$$=-\frac{1}{3}\int_{-1}^1(|x|^3-1)\mathrm{d}x$$
$$=-\frac{2}{3}\int_0^1(x^3-1)\mathrm{d}x=\frac{1}{2}.$$

若利用式(9.3)(见图 9-14),就有

$$\iint\limits_{D}y\sqrt{1+x^2-y^2}\,\mathrm{d}\sigma=\int_{-1}^1\left[\int_{-1}^y y\sqrt{1+x^2-y^2}\,\mathrm{d}x\right]\mathrm{d}y,$$

其中关于x的不定积分计算比较麻烦.所以这里利用式(9.2)计算比较方便.

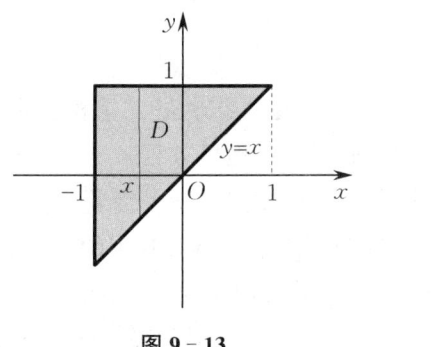
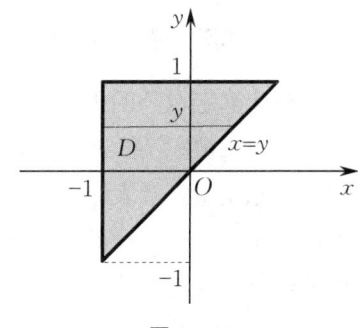

图 9-13　　　　　　　　　　　　　图 9-14

上述几个例子说明,在化二重积分为二次积分时,为了计算简便,需要选择恰当的积分次序. 这时,既要考虑积分区域 D 的形状,又要考虑被积函数 $f(x,y)$ 的特性.

例 4　求两个底圆半径都等于 R 的直交圆柱面所围成的立体的体积.

解　设这两个圆柱面的方程分别为
$$x^2 + y^2 = R^2, \quad x^2 + z^2 = R^2.$$
利用立体关于坐标平面的对称性,只要算出它在第一卦限部分[如图 9-15(a) 所示阴影部分]的体积 V_1,然后再乘以 8 就得到所求立体的体积.

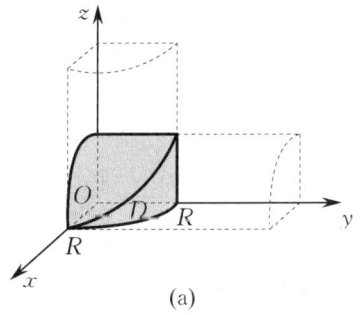
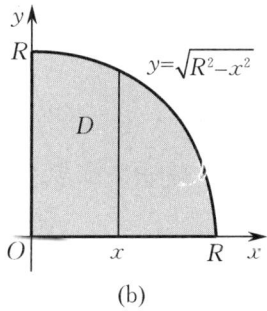

(a)　　　　　　　　　　　　　　　(b)

图 9-15

所求立体在第一卦限部分可以看成一个曲顶柱体. 如图 9-15(b) 所示,它的底为
$$D = \{(x,y) \mid 0 \leqslant y \leqslant \sqrt{R^2 - x^2}, 0 \leqslant x \leqslant R\},$$
它的顶为柱面 $z = \sqrt{R^2 - x^2}$,于是
$$V_1 = \iint_D \sqrt{R^2 - x^2} \, d\sigma.$$

利用式(9.2),得
$$V_1 = \iint_D \sqrt{R^2 - x^2} \, d\sigma = \int_0^R \left(\int_0^{\sqrt{R^2 - x^2}} \sqrt{R^2 - x^2} \, dy \right) dx$$
$$= \int_0^R \sqrt{R^2 - x^2} \, y \Big|_0^{\sqrt{R^2 - x^2}} dx = \int_0^R (R^2 - x^2) dx = \frac{2}{3} R^3,$$

从而所求立体的体积为
$$V = 8V_1 = \frac{16}{3} R^3.$$

二、利用极坐标计算二重积分

变量替换是计算定积分的重要方法,也是计算二重积分的重要方法.二重积分的变量替换可以简化积分区域或被积函数.若积分区域 D 的边界曲线用极坐标方程来表示比较方便,且被积函数用极坐标变量 ρ,θ 表达比较简单,我们就可以考虑利用极坐标来计算二重积分.首先讨论在极坐标变换下二重积分的计算公式,然后介绍二重积分在一般变换下的计算公式.

假定从极点 O 出发且穿过闭区域 D 内部的射线与 D 的边界曲线相交不多于两点.利用以极点为中心的一族同心圆:$\rho=$ 常数,以及从极点出发的一族射线:$\theta=$ 常数,把闭区域 D 分成 n 个小闭区域(见图 9-16).除了包含边界点的一些小闭区域外,小闭区域的面积 $\Delta\sigma$ 可计算如下:

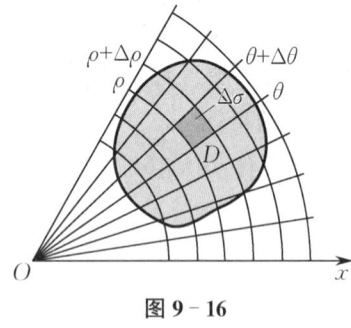

图 9-16

$$\Delta\sigma = \frac{1}{2}(\rho+\Delta\rho)^2\Delta\theta - \frac{1}{2}\rho^2\Delta\theta$$
$$= \rho\Delta\rho\Delta\theta + \frac{1}{2}(\Delta\rho)^2\Delta\theta,$$

其中 $\frac{1}{2}(\Delta\rho)^2\Delta\theta$ 是 $\Delta\rho\Delta\theta$ 的高阶无穷小量.当各小闭区域的直径中的最大值 $\lambda\to 0$ 时,在极坐标系下的面积元素

$$\mathrm{d}\sigma = \rho\mathrm{d}\rho\mathrm{d}\theta.$$

于是,在直角坐标系与极坐标系之间的变换公式 $x=\rho\cos\theta, y=\rho\sin\theta$ 下,二重积分的极坐标变换公式为

$$\iint\limits_D f(x,y)\mathrm{d}\sigma = \iint\limits_D f(\rho\cos\theta,\rho\sin\theta)\rho\mathrm{d}\rho\mathrm{d}\theta.$$

把点看作在同一平面上的点的极坐标表示,上式右边的积分区域仍然记作 D.因为在直角坐标系中 $\iint\limits_D f(x,y)\mathrm{d}\sigma$ 也常记作 $\iint\limits_D f(x,y)\mathrm{d}x\mathrm{d}y$,所以上式又可以写成

$$\iint\limits_D f(x,y)\mathrm{d}x\mathrm{d}y = \iint\limits_D f(\rho\cos\theta,\rho\sin\theta)\rho\mathrm{d}\rho\mathrm{d}\theta. \tag{9.5}$$

这就是二重积分的变量从直角坐标变换为极坐标的变换公式.

式(9.5)表明,要把二重积分中的变量从直角坐标变换为极坐标,只要把被积函数中的 x 与 y 分别换成 $\rho\cos\theta$ 与 $\rho\sin\theta$,并把直角坐标系中的面积元素 $\mathrm{d}x\mathrm{d}y$ 换成极坐标系中的面积元素 $\rho\mathrm{d}\rho\mathrm{d}\theta$ 即可.

在极坐标系下,式(9.5)仍可化为二次积分来计算.

假设积分区域 D 可以用不等式

$$\varphi_1(\theta) \leqslant \rho \leqslant \varphi_2(\theta), \quad \alpha \leqslant \theta \leqslant \beta$$

来表示(见图 9-17),其中函数 $\varphi_1(\theta), \varphi_2(\theta)$ 在区间 $[\alpha,\beta]$ 上连续.

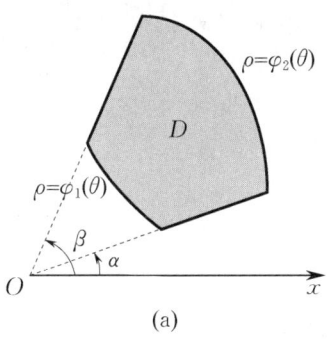
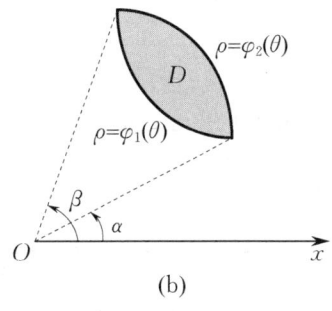

图 9-17

在区间 $[\alpha,\beta]$ 上任意取定一个 θ 值,对应于这个 θ 值,D 上(即图 9-18 中线段 MN 上)的点的极径 ρ 从 $\varphi_1(\theta)$ 变到 $\varphi_2(\theta)$. 又 θ 是在区间 $[\alpha,\beta]$ 上任意取定的,所以 θ 的取值范围是 $[\alpha,\beta]$. 这样就可看出,极坐标系中的二重积分化为二次积分的公式为

$$\iint\limits_{D} f(\rho\cos\theta,\rho\sin\theta)\rho\,\mathrm{d}\rho\,\mathrm{d}\theta = \int_{\alpha}^{\beta}\left[\int_{\varphi_1(\theta)}^{\varphi_2(\theta)} f(\rho\cos\theta,\rho\sin\theta)\rho\,\mathrm{d}\rho\right]\mathrm{d}\theta. \tag{9.6}$$

式(9.6) 可以写成

$$\iint\limits_{D} f(\rho\cos\theta,\rho\sin\theta)\rho\,\mathrm{d}\rho\,\mathrm{d}\theta = \int_{\alpha}^{\beta}\mathrm{d}\theta\int_{\varphi_1(\theta)}^{\varphi_2(\theta)} f(\rho\cos\theta,\rho\sin\theta)\rho\,\mathrm{d}\rho. \tag{9.6'}$$

图 9-18

如果积分区域 D 是图 9-19 所示的曲边扇形,那么可以把它看作图 9-17(a) 中当 $\varphi_1(\theta)=0$,$\varphi_2(\theta)=\varphi(\theta)$ 时的特例. 这时闭区域 D 可以用不等式

$$0\leqslant\rho\leqslant\varphi(\theta),\quad \alpha\leqslant\theta\leqslant\beta$$

来表示,而式(9.6′) 成为

$$\iint\limits_{D} f(\rho\cos\theta,\rho\sin\theta)\rho\,\mathrm{d}\rho\,\mathrm{d}\theta = \int_{\alpha}^{\beta}\mathrm{d}\theta\int_{0}^{\varphi(\theta)} f(\rho\cos\theta,\rho\sin\theta)\rho\,\mathrm{d}\rho.$$

如果积分区域 D 如图 9-20 所示,极点在 D 的内部,那么可以把它看作图 9-19 中当 $\alpha=0$ 且 $\beta=2\pi$ 时的特例. 这时闭区域 D 可以用不等式

$$0\leqslant\rho\leqslant\varphi(\theta),\quad 0\leqslant\theta\leqslant 2\pi$$

来表示,而式(9.6′) 成为

$$\iint\limits_{D} f(\rho\cos\theta,\rho\sin\theta)\rho\,\mathrm{d}\rho\,\mathrm{d}\theta = \int_{0}^{2\pi}\mathrm{d}\theta\int_{0}^{\varphi(\theta)} f(\rho\cos\theta,\rho\sin\theta)\rho\,\mathrm{d}\rho.$$

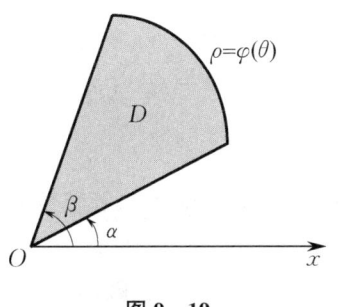
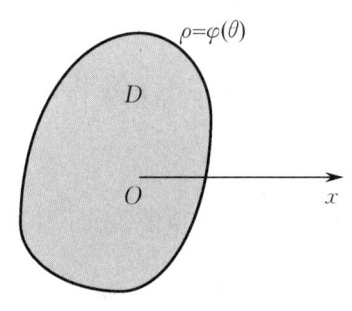

图 9-19　　　　　　图 9-20

由二重积分的性质知,闭区域 D 的面积 σ 可以表示为
$$\sigma = \iint_D d\sigma.$$
在极坐标系中,面积元素 $d\sigma = \rho\,d\rho\,d\theta$,上式成为
$$\sigma = \iint_D \rho\,d\rho\,d\theta.$$
如果闭区域 D 如图 9-17(a) 所示,那么由式(9.6′) 有
$$\sigma = \iint_D \rho\,d\rho\,d\theta = \int_\alpha^\beta d\theta \int_{\varphi_1(\theta)}^{\varphi_2(\theta)} \rho\,d\rho = \frac{1}{2}\int_\alpha^\beta [\varphi_2^2(\theta) - \varphi_1^2(\theta)]d\theta.$$
特别地,如果闭区域 D 如图 9-19 所示,那么 $\varphi_1(\theta) = 0, \varphi_2(\theta) = \varphi(\theta)$,则有
$$\sigma = \frac{1}{2}\int_\alpha^\beta \varphi^2(\theta) d\theta.$$

当积分区域是圆域或圆域的一部分,或者被积函数形如 $f(x^2 + y^2)$ 或 $f\left(\dfrac{x}{y}\right)$ 时,采用极坐标计算二重积分往往简便得多.

例 5 计算二重积分 $\iint_D \sin\sqrt{x^2 + y^2}\,dx\,dy$,其中 $D = \{(x,y) \mid \pi^2 \leqslant x^2 + y^2 \leqslant 4\pi^2\}$,如图 9-21 所示.

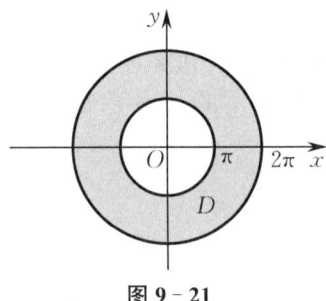

图 9-21

解 在极坐标系中,闭区域 D 可表示为
$$\pi \leqslant \rho \leqslant 2\pi, \quad 0 \leqslant \theta \leqslant 2\pi.$$
由式(9.5) 及式(9.6′) 有
$$\iint_D \sin\sqrt{x^2 + y^2}\,dx\,dy = \int_0^{2\pi} d\theta \int_\pi^{2\pi} \rho \sin\rho\,d\rho$$
$$= \int_0^{2\pi} (-\rho\cos\rho + \sin\rho)\Big|_\pi^{2\pi} d\theta = -6\pi^2.$$

例 6 计算二重积分 $\iint_D e^{-x^2-y^2}\,dx\,dy$,其中 D 是由圆心在原点、半径为 r 的圆周所围成的闭区域.

解 如果选择在直角坐标系下计算,由于不定积分 $\int e^{-x^2}\,dx$ 不能用初等函数表示,二重积分 $\iint_D e^{-x^2-y^2}\,dx\,dy$ 计算不出来. 而在极坐标系中,闭区域 D 可表示为

$$0 \leqslant \rho \leqslant r, \quad 0 \leqslant \theta \leqslant 2\pi.$$

由式(9.5)及式(9.6′)有

$$\iint_D e^{-x^2-y^2} dx\,dy = \iint_D e^{-\rho^2} \rho\,d\rho\,d\theta = \int_0^{2\pi} d\theta \int_0^r e^{-\rho^2} \rho\,d\rho$$

$$= \int_0^{2\pi} -\frac{1}{2} e^{-\rho^2} \Big|_0^r d\theta = \pi(1-e^{-r^2}).$$

现在我们利用上述结果来计算工程上常使用的反常积分 $\int_0^{+\infty} e^{-x^2} dx$.

设

$D_1 = \{(x,y) \mid x^2+y^2 \leqslant R^2, x \geqslant 0, y \geqslant 0\}$,
$D_2 = \{(x,y) \mid x^2+y^2 \leqslant 2R^2, x \geqslant 0, y \geqslant 0\}$,
$S = \{(x,y) \mid 0 \leqslant x \leqslant R, 0 \leqslant y \leqslant R\}$,

可以看出 $D_1 \subset S \subset D_2$(见图 9-22). 由于 $e^{-x^2-y^2} > 0$, 从而二重积分 $\iint_{D_1} e^{-x^2-y^2} dx\,dy$, $\iint_S e^{-x^2-y^2} dx\,dy$ 及 $\iint_{D_2} e^{-x^2-y^2} dx\,dy$ 之间满足下列不等式

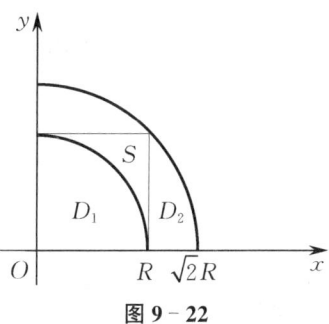

图 9-22

$$\iint_{D_1} e^{-x^2-y^2} dx\,dy < \iint_S e^{-x^2-y^2} dx\,dy < \iint_{D_2} e^{-x^2-y^2} dx\,dy.$$

因为

$$\iint_S e^{-x^2-y^2} dx\,dy = \int_0^R e^{-x^2} dx \int_0^R e^{-y^2} dy = \left(\int_0^R e^{-x^2} dx\right)^2 \quad (\text{结论见习题 9.2 第 2 题}),$$

再利用例 6 的结果, 有

$$\iint_{D_1} e^{-x^2-y^2} dx\,dy = \frac{\pi}{4}(1-e^{-R^2}), \quad \iint_{D_2} e^{-x^2-y^2} dx\,dy = \frac{\pi}{4}(1-e^{-2R^2}),$$

于是不等式 $\iint_{D_1} e^{-x^2-y^2} dx\,dy < \iint_S e^{-x^2-y^2} dx\,dy < \iint_{D_2} e^{-x^2-y^2} dx\,dy$ 可以写成

$$\frac{\pi}{4}(1-e^{-R^2}) < \left(\int_0^R e^{-x^2} dx\right)^2 < \frac{\pi}{4}(1-e^{-2R^2}).$$

若令 $R \to +\infty$, 有

$$\lim_{R \to +\infty} \frac{\pi}{4}(1-e^{-R^2}) = \lim_{R \to +\infty} \frac{\pi}{4}(1-e^{-2R^2}) = \frac{\pi}{4}.$$

所以, 由极限的夹逼准则知

$$\lim_{R \to +\infty} \left(\int_0^R e^{-x^2} dx\right)^2 = \frac{\pi}{4},$$

从而

$$\int_0^{+\infty} e^{-x^2} dx = \frac{\sqrt{\pi}}{2}.$$

例 7 计算球体 $x^2+y^2+z^2 \leqslant 4a^2$ 被圆柱面 $x^2+y^2 = 2ax\,(a>0)$ 所截得的(含在圆柱面内的部分)立体的体积.

解 由对称性可知，所求体积 V 为图 9-23(a) 中阴影部分体积的四倍，即
$$V = 4\iint\limits_{D} \sqrt{4a^2 - x^2 - y^2}\,\mathrm{d}x\,\mathrm{d}y,$$

其中 D 为半圆周 $y = \sqrt{2ax - x^2}$ 及直线 $y = 0$ 所围成的闭区域[见图 9-23(b)]. 在极坐标系中，闭区域 D 可表示为
$$0 \leqslant \rho \leqslant 2a\cos\theta, \quad 0 \leqslant \theta \leqslant \frac{\pi}{2},$$

从而
$$V = 4\iint\limits_{D} \sqrt{4a^2 - \rho^2}\,\rho\,\mathrm{d}\rho\,\mathrm{d}\theta = 4\int_0^{\frac{\pi}{2}} \mathrm{d}\theta \int_0^{2a\cos\theta} \sqrt{4a^2 - \rho^2}\,\rho\,\mathrm{d}\rho$$
$$= \frac{32}{3}a^3 \int_0^{\frac{\pi}{2}} (1 - \sin^3\theta)\,\mathrm{d}\theta = \frac{32}{3}a^3 \left(\frac{\pi}{2} - \frac{2}{3}\right).$$

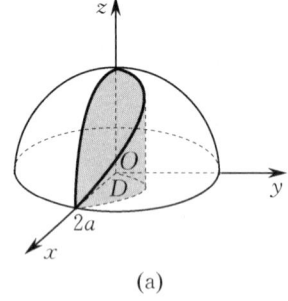
(a)

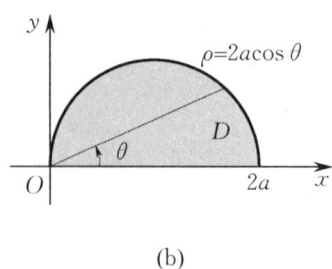
(b)

图 9-23

例 8 计算双纽线 $(x^2 + y^2)^2 = 2a^2(x^2 - y^2)\ (a > 0)$ 所围成闭区域的面积.

解 双纽线关于 x 轴和 y 轴均对称（见图 9-24），于是双纽线所围成闭区域的面积 S 是第一象限内那部分闭区域 D 的面积的四倍. 做极坐标变换 $x = \rho\cos\theta, y = \rho\sin\theta$，得双纽线的极坐标方程为
$$\rho^2 = 2a^2\cos 2\theta \quad (a > 0),$$

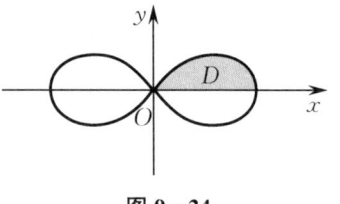

图 9-24

从而
$$S = 4\iint\limits_{D} \rho\,\mathrm{d}\rho\,\mathrm{d}\theta.$$

由于极点在边界上，因此在极坐标系中，闭区域 D 可表示为
$$0 \leqslant \rho \leqslant a\sqrt{2\cos 2\theta}, \quad 0 \leqslant \theta \leqslant \frac{\pi}{4},$$

从而
$$S = 4\int_0^{\frac{\pi}{4}} \mathrm{d}\theta \int_0^{a\sqrt{2\cos 2\theta}} \rho\,\mathrm{d}\rho = 4a^2\int_0^{\frac{\pi}{4}} \cos 2\theta\,\mathrm{d}\theta = 2a^2.$$

三、一般情形下二重积分的换元法

上面介绍的二重积分的变量从直角坐标变换为极坐标的变换公式，是二重积分换元法的一种特殊情形. 在这种情形下，我们把平面上同一个点，既用直角坐标 (x, y) 表示，又用极坐标 (ρ, θ) 表示，它们之间的关系为

$$\begin{cases} x = \rho\cos\theta, \\ y = \rho\sin\theta. \end{cases} \tag{9.7}$$

也就是说,式(9.7) 联系的点 (x,y) 和点 (ρ,θ) 是同一个平面上的同一个点,只是采用不同的坐标表示. 现在采用另一种观点来加以解释. 把式(9.7) 看成从极坐标平面 $\rho O\theta$ 到直角坐标平面 xOy 的一种变换,即对于 $\rho O\theta$ 平面上的一点 $P'(\rho,\theta)$,通过式(9.7),变换成 xOy 平面上的一点 $P(x,y)$. 在两个平面各自限定的某个范围内,这种变换还是一对一的,即该变换是一一映射. 下面就采用这种观点来讨论二重积分换元法的一般情形.

定理 1 设 $f(x,y)$ 在 xOy 平面上的闭区域 D 上连续,若变换

$$T: \begin{cases} x = x(u,v), \\ y = y(u,v) \end{cases} \tag{9.8}$$

将 uOv 平面上的闭区域 D' 变为 xOy 平面上的闭区域 D,且满足:

(1) $x(u,v), y(u,v)$ 在 D' 上具有连续偏导数;

(2) 在 D' 上,雅可比行列式

$$J(u,v) = \frac{\partial(x,y)}{\partial(u,v)} = \begin{vmatrix} \dfrac{\partial x}{\partial u} & \dfrac{\partial x}{\partial v} \\ \dfrac{\partial y}{\partial u} & \dfrac{\partial y}{\partial v} \end{vmatrix} \neq 0;$$

(3) 变换 $T: D' \to D$ 是一对一的,

则有

$$\iint_D f(x,y)\,\mathrm{d}x\,\mathrm{d}y = \iint_{D'} f[x(u,v), y(u,v)] \,|J(u,v)|\,\mathrm{d}u\,\mathrm{d}v. \tag{9.9}$$

式(9.9) 称为**二重积分的换元公式**.

证 在定理的假设下,易知式(9.9) 两边的二重积分都存在. 由于二重积分与积分区域的分法无关,因此利用平行于坐标轴的直线网来分割 D',使得除去包含边界点的小闭区域外,其余的小闭区域都为边长是 h 的正方形闭区域[见图 9-25(a)]. 从中任意取一个小正方形闭区域,设其四个顶点分别为

$$P_1'(u,v), \quad P_2'(u+h,v), \quad P_3'(u+h,v+h), \quad P_4'(u,v+h),$$

其面积为 $\Delta\sigma' = h^2$. 小正方形闭区域 $P_1'P_2'P_3'P_4'$ 经变换(9.8) 变成 xOy 平面上的一个曲边四边形 $P_1P_2P_3P_4$[见图 9-25(b)],它的四个顶点的坐标分别是

$P_1(x_1,y_1): x_1 = x(u,v), \quad y_1 = y(u,v)$;

$P_2(x_2,y_2): x_2 = x(u+h,v) = x(u,v) + x_u(u,v)h + o(h)$,

$\qquad\qquad\quad y_2 = y(u+h,v) = y(u,v) + y_u(u,v)h + o(h)$;

$P_3(x_3,y_3): x_3 = x(u+h,v+h) = x(u,v) + x_u(u,v)h + x_v(u,v)h + o(h)$,

$\qquad\qquad\quad y_3 = y(u+h,v+h) = y(u,v) + y_u(u,v)h + y_v(u,v)h + o(h)$;

$P_4(x_4,y_4): x_4 = x(u,v+h) = x(u,v) + x_v(u,v)h + o(h)$,

$\qquad\qquad\quad y_4 = y(u,v+h) = y(u,v) + y_v(u,v)h + o(h)$,

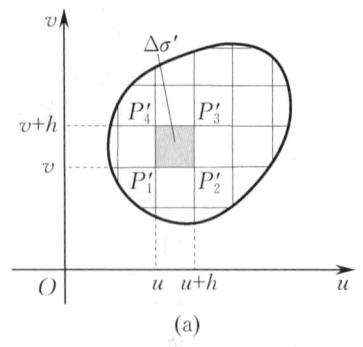
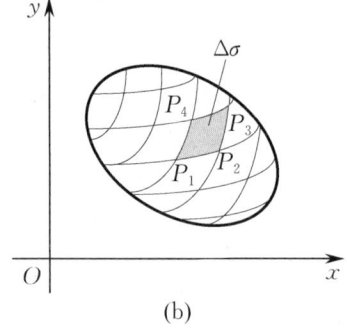

图 9 - 25

其面积为 $\Delta\sigma$. 可以证明,曲边四边形 $P_1P_2P_3P_4$ 的面积与直边四边形 $P_1P_2P_3P_4$(四个顶点用直线相连)的面积当 $h \to 0$ 时只相差高阶无穷小量. 此外,由上述这些坐标表示式可知,若不计高阶无穷小量,有

$$x_2 - x_1 = x_3 - x_4,$$
$$y_2 - y_1 = y_3 - y_4,$$
$$x_4 - x_1 = x_3 - x_2,$$
$$y_4 - y_1 = y_3 - y_2.$$

这表示,直边四边形 $P_1P_2P_3P_4$ 的对边的长度可看作两两相等. 因此,若不计高阶无穷小量,曲边四边形 $P_1P_2P_3P_4$ 可看作平行四边形,于是它的面积 $\Delta\sigma$ 近似等于三角形 $P_1P_2P_3$ 的面积的两倍. 根据解析几何,三角形 $P_1P_2P_3$ 的面积的两倍等于行列式

$$\begin{vmatrix} x_2 - x_1 & x_3 - x_2 \\ y_2 - y_1 & y_3 - y_2 \end{vmatrix} \tag{9.10}$$

的绝对值.

由于

$$x_2 - x_1 = x_u(u,v)h + o(h), \quad x_3 - x_2 = x_v(u,v)h + o(h),$$
$$y_2 - y_1 = y_u(u,v)h + o(h), \quad y_3 - y_2 = y_v(u,v)h + o(h),$$

因此行列式(9.10)与行列式

$$\begin{vmatrix} x_u(u,v)h & x_v(u,v)h \\ y_u(u,v)h & y_v(u,v)h \end{vmatrix} = h^2 \begin{vmatrix} x_u(u,v) & x_v(u,v) \\ y_u(u,v) & y_v(u,v) \end{vmatrix}$$

只相差一个 h^2 的高阶无穷小量. 于是

$$\Delta\sigma = \left| \frac{\partial(x,y)}{\partial(u,v)} \right| \Delta\sigma' + o(\Delta\sigma') \quad (h \to 0). \tag{9.11}$$

把 $f(x,y) = f[x(u,v), y(u,v)]$ 的两边分别与式(9.11)两边相乘,得

$$f(x,y)\Delta\sigma = f[x(u,v), y(u,v)] \left| \frac{\partial(x,y)}{\partial(u,v)} \right| \Delta\sigma' + f[x(u,v), y(u,v)]o(\Delta\sigma').$$

上式对一切小正方形闭区域取和,并令 $h \to 0$ 求极限,由于上式右边第二项的和的极限为零,于是得到式(9.9).

需要指出的是,如果雅可比行列式 $J(u,v)$ 只在 D' 内个别点上或一条曲线上为零,而在其他点上不为零,那么式(9.9)仍成立.

特别地,考虑极坐标变换 $x = \rho\cos\theta, y = \rho\sin\theta$. 这时,雅可比行列式

$$J(\rho,\theta)=\begin{vmatrix}\dfrac{\partial x}{\partial \rho} & \dfrac{\partial x}{\partial \theta}\\[6pt] \dfrac{\partial y}{\partial \rho} & \dfrac{\partial y}{\partial \theta}\end{vmatrix}=\begin{vmatrix}\cos\theta & -\rho\sin\theta\\ \sin\theta & \rho\cos\theta\end{vmatrix}=\rho,$$

它仅在 $\rho=0$ 处为零,故不论闭区域 D' 是否含有极点,换元公式仍然成立,即有

$$\iint\limits_{D}f(x,y)\mathrm{d}x\mathrm{d}y=\iint\limits_{D'}f(\rho\cos\theta,\rho\sin\theta)\rho\mathrm{d}\rho\mathrm{d}\theta,$$

这里 D' 是 D 在极坐标平面 $\rho O\theta$ 上的对应区域. 而在式(9.5)中使用的是 D 而不是 D', 这是因为当积分区域 D 用极坐标表示时, 其形式与上式右边的形式完全等同.

例 9 计算二重积分 $\iint\limits_{D}\mathrm{e}^{\frac{y-x}{y+x}}\mathrm{d}x\mathrm{d}y$, 其中 D 是由 x 轴、y 轴及直线 $x+y=2$ 所围成的闭区域.

解 令 $u=y-x,v=y+x$,则 $x=\dfrac{v-u}{2}, y=\dfrac{v+u}{2}$,从而做变换

$$\begin{cases}x=\dfrac{v-u}{2},\\ y=\dfrac{v+u}{2}.\end{cases}$$

xOy 平面上的闭区域 D 和它在 uOv 平面上的对应闭区域 D' 分别如图 9-26(a), (b) 所示.

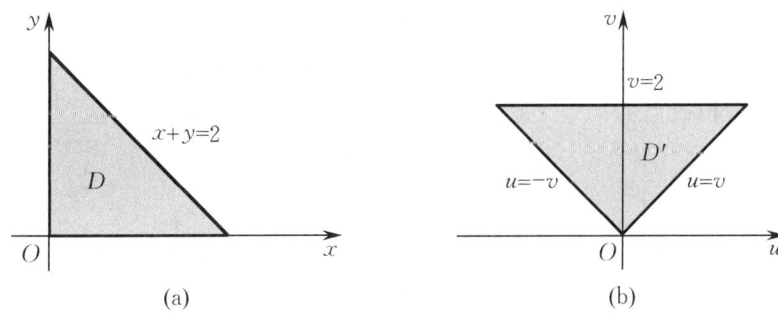

图 9-26

雅可比行列式为

$$J(u,v)=\dfrac{\partial(x,y)}{\partial(u,v)}=\begin{vmatrix}-\dfrac{1}{2} & \dfrac{1}{2}\\[6pt] \dfrac{1}{2} & \dfrac{1}{2}\end{vmatrix}=-\dfrac{1}{2}\neq 0.$$

由式(9.9),得

$$\iint\limits_{D}\mathrm{e}^{\frac{y-x}{y+x}}\mathrm{d}x\mathrm{d}y=\iint\limits_{D'}\mathrm{e}^{\frac{u}{v}}\left|-\dfrac{1}{2}\right|\mathrm{d}u\mathrm{d}v=\dfrac{1}{2}\int_{0}^{2}\mathrm{d}v\int_{-v}^{v}\mathrm{e}^{\frac{u}{v}}\mathrm{d}u$$

$$=\dfrac{1}{2}\int_{0}^{2}(\mathrm{e}-\mathrm{e}^{-1})v\mathrm{d}v=\mathrm{e}-\mathrm{e}^{-1}.$$

例 10 求由直线 $x+y=c, x+y=d, y=ax, y=bx$ $(0<c<d, 0<a<b)$ 所围成的闭区域 D [见图 9-27(a)] 的面积 S.

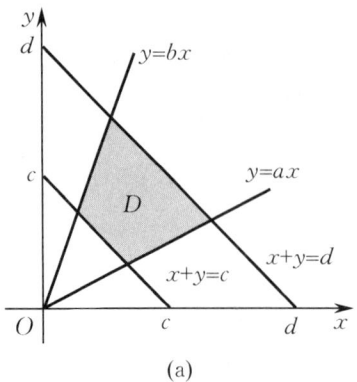
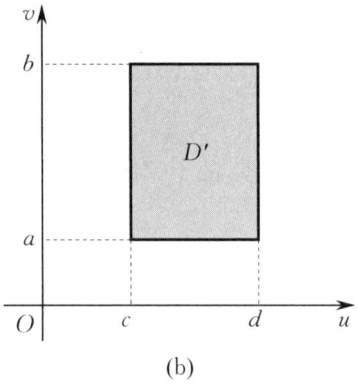

图 9-27

解 所求面积

$$S = \iint_D dx\,dy.$$

上述二重积分直接化为二次积分计算比较麻烦,故应用换元公式. 现令 $u = x+y, v = \dfrac{y}{x}$,则对应的变换为

$$\begin{cases} x = \dfrac{u}{1+v}, \\ y = \dfrac{uv}{1+v}. \end{cases}$$

在这个变换下,D 的边界 $x+y=c, x+y=d, y=ax, y=bx$ 依次与 $u=c, u=d, v=a, v=b$ 对应. 而后者构成与 D 对应的闭区域 D',如图 9-27(b) 所示,于是

$$D' = \{(u,v) \mid c \leqslant u \leqslant d, a \leqslant v \leqslant b\}.$$

雅可比行列式为

$$J(u,v) = \frac{\partial(x,y)}{\partial(u,v)} = \frac{u}{(1+v)^2} \neq 0, \quad (u,v) \in D',$$

从而所求面积

$$S = \iint_D dx\,dy = \iint_{D'} \frac{u}{(1+v)^2} du\,dv$$
$$= \int_a^b \frac{1}{(1+v)^2} dv \int_c^d u\,du = \frac{(b-a)(d^2-c^2)}{2(1+a)(1+b)}.$$

例 11 计算椭球体

$$\frac{x^2}{a^2} + \frac{y^2}{b^2} + \frac{z^2}{c^2} \leqslant 1 \quad (a>0, b>0, c>0)$$

的体积.

解 由椭球体的对称性,只需求出椭球体在第一卦限的体积,然后再乘以 8 即得到椭球体的体积. 而椭球体在第一卦限的部分是以

$$z = c\sqrt{1 - \frac{x^2}{a^2} - \frac{y^2}{b^2}}$$

为曲顶,以
$$D = \left\{(x,y) \,\Big|\, 0 \leqslant y \leqslant b\sqrt{1-\frac{x^2}{a^2}}, 0 \leqslant x \leqslant a\right\}$$
为底的曲顶柱体,所以椭球体的体积为
$$V = 8\iint_D c\sqrt{1-\frac{x^2}{a^2}-\frac{y^2}{b^2}}\,\mathrm{d}x\,\mathrm{d}y.$$

做广义极坐标变换
$$\begin{cases} x = a\rho\cos\theta, \\ y = b\rho\sin\theta. \end{cases}$$

在该变换下,与 D 对应的闭区域为
$$D' = \left\{(\rho,\theta) \,\Big|\, 0 \leqslant \rho \leqslant 1, 0 \leqslant \theta \leqslant \frac{\pi}{2}\right\}.$$

雅可比行列式为
$$J(\rho,\theta) = \frac{\partial(x,y)}{\partial(\rho,\theta)} = \begin{vmatrix} a\cos\theta & -a\rho\sin\theta \\ b\sin\theta & b\rho\cos\theta \end{vmatrix} = ab\rho,$$

而 $J(\rho,\theta)$ 在 D' 内仅在 $\rho = 0$ 处为零,所以换元公式仍成立,从而有
$$V = 8\iint_D c\sqrt{1-\frac{x^2}{a^2}-\frac{y^2}{b^2}}\,\mathrm{d}x\,\mathrm{d}y = 8\iint_{D'} c\sqrt{1-\rho^2}\,ab\rho\,\mathrm{d}\rho\,\mathrm{d}\theta = \frac{4}{3}\pi abc.$$

特别地,当 $a = b = c = R$ 时,便得到以 R 为半径的球体的体积为 $\frac{4}{3}\pi R^3$.

习 题 9.2

1. 计算下列二重积分:

(1) $\iint\limits_D (x^2+y^2)\mathrm{d}\sigma$,其中 $D = \{(x,y) \mid |x| \leqslant 1, |y| \leqslant 1\}$;

(2) $\iint\limits_D (3x+2y)\mathrm{d}\sigma$,其中 D 是由两坐标轴及直线 $x+y=2$ 所围成的闭区域;

(3) $\iint\limits_D (x^3+3x^2y+y^2)\mathrm{d}\sigma$,其中 $D = \{(x,y) \mid 0 \leqslant x \leqslant 1, 0 \leqslant y \leqslant 1\}$;

(4) $\iint\limits_D x\sqrt{y}\,\mathrm{d}\sigma$,其中 D 是由两条抛物线 $y=\sqrt{x}, y=x^2$ 所围成的闭区域;

(5) $\iint\limits_D xy^2\,\mathrm{d}\sigma$,其中 D 是由半圆周 $x^2+y^2=4(x \geqslant 0)$ 及 y 轴所围成的闭区域;

(6) $\iint\limits_D \mathrm{e}^{x+y}\,\mathrm{d}\sigma$,其中 $D = \{(x,y) \mid |x|+|y| \leqslant 1\}$;

(7) $\iint\limits_D (x^2+y^2-x)\,\mathrm{d}\sigma$,其中 D 是由直线 $y=2, y=x$ 及 $y=2x$ 所围成的闭区域.

2. 如果二重积分 $\iint\limits_D f(x,y)\mathrm{d}x\mathrm{d}y$ 的被积函数 $f(x,y)$ 是两个函数 $f_1(x)$ 及 $f_2(y)$ 的乘积,即 $f(x,y) = f_1(x)f_2(y)$,积分区域 $D = \{(x,y) \mid a \leqslant x \leqslant b, c \leqslant y \leqslant d\}$,证明:这个二

重积分等于两个定积分的乘积,即

$$\iint_D f_1(x)f_2(y)\mathrm{d}x\mathrm{d}y = \left[\int_a^b f_1(x)\mathrm{d}x\right] \cdot \left[\int_c^d f_2(y)\mathrm{d}y\right].$$

3. 化二重积分 $I = \iint_D f(x,y)\mathrm{d}\sigma$ 为二次积分(分别列出对两个变量先后次序不同的两个二次积分),其中积分区域 D 分别是:

(1) 由直线 $y=x$ 及抛物线 $y^2=4x$ 所围成的闭区域;

(2) 由 x 轴及半圆周 $x^2+y^2=r^2(y \geqslant 0)$ 所围成的闭区域;

(3) 由直线 $y=x, x=2$ 及双曲线 $y=\dfrac{1}{x}(x>0)$ 所围成的闭区域;

(4) 环形闭区域 $\{(x,y) \mid 1 \leqslant x^2+y^2 \leqslant 4\}$.

4. 改变下列二次积分的积分次序:

(1) $\displaystyle\int_0^1 \mathrm{d}y \int_0^y f(x,y)\mathrm{d}x$;

(2) $\displaystyle\int_1^2 \mathrm{d}x \int_{2-x}^{\sqrt{2x-x^2}} f(x,y)\mathrm{d}y$;

(3) $\displaystyle\int_0^2 \mathrm{d}y \int_{y^2}^{2y} f(x,y)\mathrm{d}x$;

(4) $\displaystyle\int_1^e \mathrm{d}x \int_0^{\ln x} f(x,y)\mathrm{d}y$.

5. 设平面薄片所占的闭区域 D 由直线 $x+y=2, y=x$ 和 x 轴所围成,它的面密度为 $\mu(x,y)=x^2+y^2$,求该薄片的质量.

6. 计算由四个平面 $x=0, y=0, x=1, y=1$ 所围成的柱体被平面 $z=0$ 及 $2x+3y+z=6$ 截得的立体的体积.

7. 求由平面 $x=0, y=0, x+y=1$ 所围成的柱体被平面 $z=0$ 及抛物面 $x^2+y^2=6-z$ 截得的立体的体积.

8. 化下列二次积分为极坐标形式的二次积分:

(1) $\displaystyle\int_0^1 \mathrm{d}x \int_0^1 f(x,y)\mathrm{d}y$;

(2) $\displaystyle\int_0^1 \mathrm{d}x \int_{1-x}^{\sqrt{1-x^2}} f(x,y)\mathrm{d}y$.

9. 利用极坐标计算下列二重积分:

(1) $\displaystyle\iint_D e^{x^2+y^2}\mathrm{d}\sigma$,其中 D 是由圆周 $x^2+y^2=4$ 所围成的闭区域;

(2) $\displaystyle\iint_D \ln(1+x^2+y^2)\mathrm{d}\sigma$,其中 D 是由圆周 $x^2+y^2=1$ 及坐标轴所围成的在第一象限内的闭区域.

9.3 三重积分

一、三重积分的概念

三重积分虽然没有明显的几何背景,但也是为了解决某些实际问题而产生的,如计算某物体的质量等.

设在三维空间中闭区域 Ω 内分布着某种不均匀的物体,物体的密度函数 $\mu(x,y,z)$ 在闭

区域 Ω 上连续,这里 $\mu(x,y,z)>0$,求此物体的质量 M.

由于密度函数 $\mu(x,y,z)$ 是变量,不能直接利用公式

质量＝密度×体积

进行计算. 但是我们可以采用类似二重积分解决问题的思想,将闭区域 Ω 任意分成 n 个小闭区域 $\Delta v_1,\Delta v_2,\cdots,\Delta v_n$,其中 Δv_i 表示第 i 个小闭区域$(i=1,2,\cdots,n)$,同时也表示它的体积. 在每个小闭区域 Δv_i 上任取一点(ξ_i,η_i,ζ_i),以点 (ξ_i,η_i,ζ_i) 处的密度 $\mu(\xi_i,\eta_i,\zeta_i)$ 近似代替小闭区域 Δv_i 上每一点的密度(见图9-28),则第 i 个小闭区域 Δv_i 的质量的近似值为 $\mu(\xi_i,\eta_i,\zeta_i)\Delta v_i$. 于是,

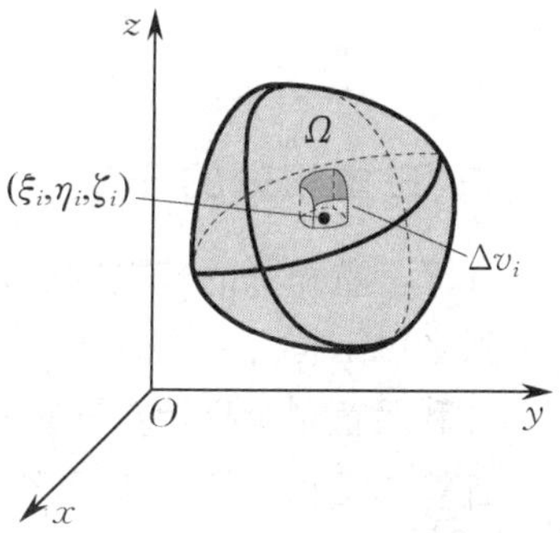

$$\sum_{i=1}^{n}\mu(\xi_i,\eta_i,\zeta_i)\Delta v_i$$

图 9-28

就是所求物体质量 M 的近似值. 令 n 个小闭区域的直径中的最大值(记作 λ)趋于零,取上述和式的极限,所得极限就为物体的质量 M,即

$$M=\lim_{\lambda\to 0}\sum_{i=1}^{n}\mu(\xi_i,\eta_i,\zeta_i)\Delta v_i.$$

这种类型的和式的极限就是三重积分的实际背景.

定义 1 设 $f(x,y,z)$ 是空间闭区域 Ω 上的有界函数. 将 Ω 任意分成 n 个小闭区域

$$\Delta v_1,\quad \Delta v_2,\quad \cdots,\quad \Delta v_n,$$

其中 Δv_i 表示第 i 个小闭区域,也表示它的体积. 在每个 Δv_i 上任取一点(ξ_i,η_i,ζ_i),做乘积 $f(\xi_i,\eta_i,\zeta_i)\Delta v_i(i=1,2,\cdots,n)$,并做和 $\sum_{i=1}^{n}f(\xi_i,\eta_i,\zeta_i)\Delta v_i$. 如果当各小闭区域直径中的最大值 $\lambda\to 0$ 时,上述和式的极限总存在,且与闭区域 Ω 的分法及点(ξ_i,η_i,ζ_i) 的取法无关,那么称此极限为函数 $f(x,y,z)$ 在闭区域 Ω 上的**三重积分**,记作 $\iiint\limits_{\Omega}f(x,y,z)\mathrm{d}v$,即

$$\iiint\limits_{\Omega}f(x,y,z)\mathrm{d}v=\lim_{\lambda\to 0}\sum_{i=1}^{n}f(\xi_i,\eta_i,\zeta_i)\Delta v_i, \tag{9.12}$$

其中 $f(x,y,z)$ 称为**被积函数**,$\mathrm{d}v$ 称为**体积元素**,Ω 称为**积分区域**.

在直角坐标系中,如果采用平行于坐标平面的平面来划分 Ω,那么除了包含 Ω 的边界点的一些不规则小闭区域外,得到的小闭区域 Δv_i 为长方体. 设长方体小闭区域 Δv_i 的边长为 $\Delta x_j,\Delta y_k$ 与 Δz_l,则 $\Delta v_i=\Delta x_j\Delta y_k\Delta z_l$. 因此,在直角坐标系中,有时也把体积元素 $\mathrm{d}v$ 记作 $\mathrm{d}x\mathrm{d}y\mathrm{d}z$,而把三重积分记作

$$\iiint\limits_{\Omega}f(x,y,z)\mathrm{d}x\mathrm{d}y\mathrm{d}z,$$

其中 $\mathrm{d}x\mathrm{d}y\mathrm{d}z$ 称为**直角坐标系中的体积元素**.

当函数 $f(x,y,z)$ 在闭区域 Ω 上连续时,式(9.12)右边的和式的极限必定存在,也就是函数 $f(x,y,z)$ 在闭区域 Ω 上的三重积分必定存在. 以后我们总假定函数 $f(x,y,z)$ 在闭区域 Ω 上是连续的. 同样,三重积分也具有与二重积分相仿的性质. 例如,当 $f(x,y,z)=1$ 时,三重积分 $\iiint\limits_{\Omega}\mathrm{d}x\mathrm{d}y\mathrm{d}z$ 表示闭区域 Ω 的体积.

由三重积分的定义可知,密度函数为 $\mu(x,y,z)$ 的物体的质量 M 为其所占闭区域 Ω 上的三重积分,即

$$M = \iiint_\Omega \mu(x,y,z)\,\mathrm{d}v.$$

二、三重积分的计算

计算三重积分的基本方法是将三重积分化为三次积分来计算. 下面按利用直角坐标和变量替换来讨论将三重积分化为三次积分的方法, 且只限于方法叙述.

1. 利用直角坐标计算三重积分

计算三重积分的方法是将三重积分化成一次定积分与一次二重积分, 从而进一步将三重积分化成三次积分. 将三重积分化成一次定积分与一次二重积分的方法有以下两种.

(1) "穿针法".

假设平行于 z 轴且穿过闭区域 Ω 内部的直线与闭区域 Ω 的边界曲面 S 相交不多于两点.

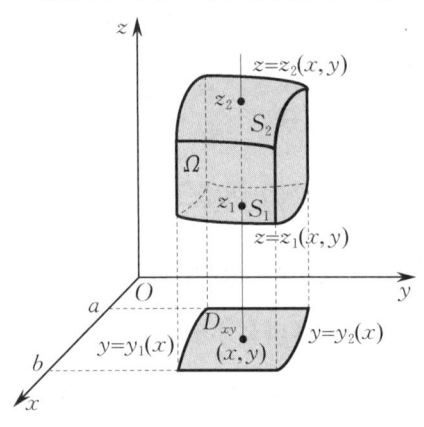

图 9-29

把闭区域 Ω 投影到 xOy 平面上, 得一平面闭区域 D_{xy} (见图 9-29). 以 D_{xy} 的边界曲线为准线作母线平行于 z 轴的柱面, 该柱面与曲面 S 的交线从 S 中分出上、下两部分, 它们的方程分别为

$$S_2: z = z_2(x,y), \quad S_1: z = z_1(x,y),$$

其中 $z_1(x,y)$ 与 $z_2(x,y)$ 都是 D_{xy} 上的连续函数, 且 $z_1(x,y) \leqslant z_2(x,y)$. 过 D_{xy} 内任一点 (x,y) 作平行于 z 轴的直线, 该直线通过曲面 S_1 穿入 Ω, 然后通过曲面 S_2 穿出 Ω, 穿入点与穿出点的竖坐标分别为 $z_1(x,y)$ 与 $z_2(x,y)$.

在这种情形下, 积分区域 Ω 可表示为

$$\Omega = \{(x,y,z) \mid z_1(x,y) \leqslant z \leqslant z_2(x,y), (x,y) \in D_{xy}\}.$$

先将 x,y 看作定值, 将 $f(x,y,z)$ 只看作 z 的函数, 在区间 $[z_1(x,y), z_2(x,y)]$ 上对 z 积分. 积分的结果是 x,y 的函数, 记作 $F(x,y)$, 即

$$F(x,y) = \int_{z_1(x,y)}^{z_2(x,y)} f(x,y,z)\,\mathrm{d}z.$$

然后计算 $F(x,y)$ 在闭区域 D_{xy} 上的二重积分

$$\iint_{D_{xy}} F(x,y)\,\mathrm{d}x\,\mathrm{d}y = \iint_{D_{xy}} \left[\int_{z_1(x,y)}^{z_2(x,y)} f(x,y,z)\,\mathrm{d}z\right]\mathrm{d}x\,\mathrm{d}y.$$

把这个二重积分化为二次积分, 便得到三重积分的计算公式

$$\iiint_\Omega f(x,y,z)\,\mathrm{d}x\,\mathrm{d}y\,\mathrm{d}z = \int_a^b \mathrm{d}x \int_{y_1(x)}^{y_2(x)} \mathrm{d}y \int_{z_1(x,y)}^{z_2(x,y)} f(x,y,z)\,\mathrm{d}z. \tag{9.13}$$

式 (9.13) 把三重积分化为先对 z、次对 y、最后对 x 的三次积分.

如果平行于 x 轴或 y 轴且穿过闭区域 Ω 内部的直线与 Ω 的边界曲面 S 相交不多于两点, 也可以把闭区域 Ω 投影到 yOz 平面或 zOx 平面上, 这样便可把三重积分化为按其他顺序的三次积分. 如果平行于坐标轴且穿过闭区域 Ω 内部的直线与 Ω 的边界曲面 S 的交点多于两个, 也

可像处理二重积分那样,把 Ω 分成若干部分,使 Ω 上的三重积分化为各部分闭区域上的三重积分的和.

例 1 计算三重积分 $\iiint\limits_{\Omega} x\,\mathrm{d}x\,\mathrm{d}y\,\mathrm{d}z$,其中 Ω 为三个坐标平面及平面 $x+2y+z=1$ 所围成的闭区域.

解 首先画出闭区域 Ω 的图形,如图 9-30 所示. 将 Ω 投影到 xOy 平面上,投影区域 D_{xy} 为三角形闭区域 OAB. 直线 OA,OB 及 AB 的方程依次为 $y=0$,$x=0$ 及 $x+2y=1$,所以

$$D_{xy}=\left\{(x,y)\,\middle|\,0\leqslant y\leqslant \frac{1-x}{2},0\leqslant x\leqslant 1\right\}.$$

在 D_{xy} 内任取一点 (x,y),过此点作平行于 z 轴的直线,该直线通过平面 $z=0$ 穿入 Ω,然后通过平面 $z=1-x-2y$ 穿出 Ω. 于是,由式(9.13)得

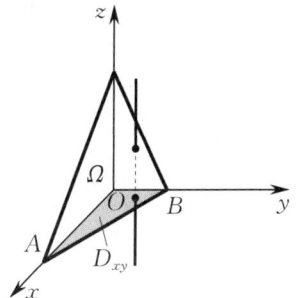

图 9-30

$$\iiint\limits_{\Omega} x\,\mathrm{d}x\,\mathrm{d}y\,\mathrm{d}z = \int_0^1 \mathrm{d}x\int_0^{\frac{1-x}{2}}\mathrm{d}y\int_0^{1-x-2y} x\,\mathrm{d}z = \int_0^1 \mathrm{d}x\int_0^{\frac{1-x}{2}}(1-x-2y)\,\mathrm{d}y$$

$$= \frac{1}{4}\int_0^1 (x-2x^2+x^3)\,\mathrm{d}x = \frac{1}{48}.$$

式(9.13)是将三重积分化为先计算一个定积分、再计算一个二重积分,也可化为先计算一个二重积分、再计算一个定积分,即所谓的"切片法".

(2) "切片法".

将闭区域 Ω 投影在 z 轴上,得一区间 $[c_1,c_2]$,即 Ω 夹在两平面 $z=c_1$ 与 $z=c_2$ 之间. 过 (c_1,c_2) 内的任意一点 z 作平行于 xOy 平面的平面,与 Ω 的截面记作 D_z,即 D_z 是竖坐标为 z 的平面截 Ω 所得到的一个平面闭区域(见图 9-31). 在这种情形下,积分区域 Ω 可表示为

$$\Omega=\{(x,y,z)\mid (x,y)\in D_z, c_1\leqslant z\leqslant c_2\}.$$

于是,有

$$\iiint\limits_{\Omega} f(x,y,z)\,\mathrm{d}x\,\mathrm{d}y\,\mathrm{d}z = \int_{c_1}^{c_2}\mathrm{d}z\iint\limits_{D_z} f(x,y,z)\,\mathrm{d}x\,\mathrm{d}y. \qquad (9.14)$$

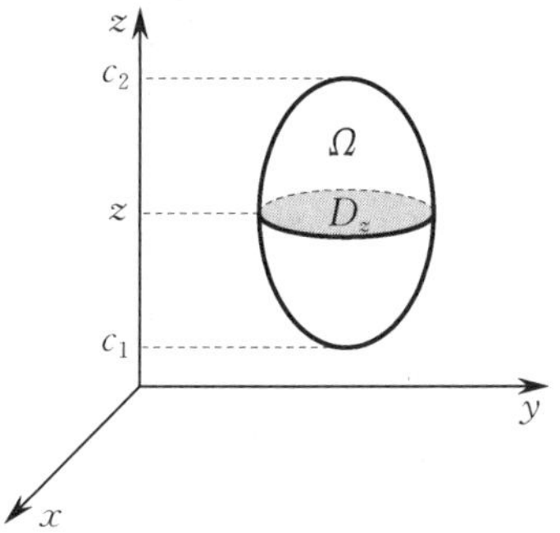

图 9-31

必须指出,利用三次积分计算三重积分时,积分次序的选择是非常重要的.

例 2 计算三重积分 $\iiint\limits_{\Omega} z^2\,\mathrm{d}x\,\mathrm{d}y\,\mathrm{d}z$,其中 Ω 是由椭球面 $\dfrac{x^2}{a^2}+\dfrac{y^2}{b^2}+\dfrac{z^2}{c^2}=1(a>0,b>0,c>0)$ 所围成的空间闭区域.

解 空间闭区域 Ω 可表示为

$$\Omega=\left\{(x,y,z)\,\middle|\,\frac{x^2}{a^2}+\frac{y^2}{b^2}\leqslant 1-\frac{z^2}{c^2},-c\leqslant z\leqslant c\right\},$$

如图 9-32 所示,从而由式(9.14)得

$$\iiint_\Omega z^2 \mathrm{d}x\mathrm{d}y\mathrm{d}z = \int_{-c}^{c} z^2 \mathrm{d}z \iint_{D_z} \mathrm{d}x\mathrm{d}y = \pi ab \int_{-c}^{c}\left(1-\frac{z^2}{c^2}\right)z^2\mathrm{d}z = \frac{4}{15}\pi abc^3.$$

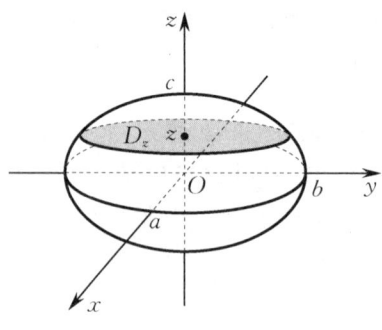

图 9-32

2. 三重积分的变量替换

与二重积分一样,有时利用变量替换可以简化三重积分的计算.

设函数 $f(x,y,z)$ 在闭区域 Ω 上连续,若变换

$$T:\begin{cases} x=x(u,v,w), \\ y=y(u,v,w), \\ z=z(u,v,w), \end{cases} (u,v,w)\in \Omega'$$

将闭区域 Ω' 一对一地变换成闭区域 Ω,$x(u,v,w)$,$y(u,v,w)$,$z(u,v,w)$ 在 Ω' 上具有连续偏导数,且雅可比行列式 $J(u,v,w)=\dfrac{\partial(x,y,z)}{\partial(u,v,w)}\neq 0$,则有

$$\iiint_\Omega f(x,y,z)\mathrm{d}x\mathrm{d}y\mathrm{d}z = \iiint_{\Omega'} f[x(u,v,w),y(u,v,w),z(u,v,w)]|J(u,v,w)|\mathrm{d}u\mathrm{d}v\mathrm{d}w.$$

(9.15)

式(9.15)称为**三重积分的换元公式**.

下面介绍两种最常用的三重积分的变量替换.

(1) 柱面坐标变换.

设空间一点 $M(x,y,z)$ 在 xOy 平面上的投影为点 $P(x,y)$.如果点 P 的极坐标为 (ρ,θ),则称 (ρ,θ,z) 为点 M 的**柱面坐标**,其中 ρ 是点 M 到 z 轴的距离,θ 是 zOx 平面与 POM 平面的夹角[见图 9-33(a)].这里规定 ρ,θ,z 的取值范围为

$$0\leqslant \rho<+\infty,\quad 0\leqslant \theta\leqslant 2\pi,\quad -\infty<z<+\infty.$$

三组坐标平面分别为:

$\rho=$ 常数,即以 z 轴为轴的圆柱面;

$\theta=$ 常数,即过 z 轴的半平面;

$z=$ 常数,即与 xOy 平面平行的平面.

由点 M 的直角坐标与柱面坐标之间的关系可得柱面坐标变换为

$$\begin{cases} x=\rho\cos\theta, \\ y=\rho\sin\theta, \\ z=z. \end{cases}$$

(9.16)

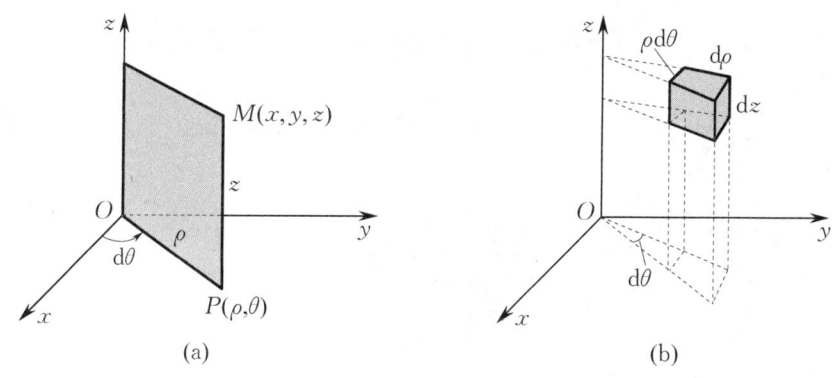

图 9-33

现在要把三重积分 $\iiint\limits_{\Omega} f(x,y,z)\mathrm{d}x\mathrm{d}y\mathrm{d}z$ 中的变量换为柱面坐标. 为此, 用三组坐标平面 $\rho =$ 常数、$\theta =$ 常数、$z =$ 常数把 Ω 分成许多小闭区域, 除了包含 Ω 的边界点的一些不规则小闭区域外, 这种小闭区域都是柱体. 现考虑由 ρ,θ 和 z 各取得微小增量 $\mathrm{d}\rho,\mathrm{d}\theta$ 和 $\mathrm{d}z$ 所成的柱体的体积[见图 9-33(b)]. 这个体积等于高与底面积的乘积. 现在高为 $\mathrm{d}z$, 底面积在不计高阶无穷小量时为 $\rho\mathrm{d}\rho\mathrm{d}\theta$(即极坐标系中的面积元素), 于是得
$$\mathrm{d}v = \rho\mathrm{d}\rho\mathrm{d}\theta\mathrm{d}z,$$
这就是柱面坐标系中的体积元素. 再注意到式(9.16), 就有
$$\iiint\limits_{\Omega} f(x,y,z)\mathrm{d}x\mathrm{d}y\mathrm{d}z = \iiint\limits_{\Omega} f(\rho\cos\theta,\rho\sin\theta,z)\rho\mathrm{d}\rho\mathrm{d}\theta\mathrm{d}z. \tag{9.17}$$

式(9.17)就是把三重积分的变量从直角坐标变换为柱面坐标的公式. 至于变换为柱面坐标后的三重积分的计算, 则可化为三次积分来进行. 化为三次积分时, 积分限是根据 ρ,θ 和 z 在积分区域 Ω 中的变化范围来确定的.

此外, 也可以根据三重积分的换元公式(9.15)直接得到式(9.17), 这里柱面坐标变换(9.16)的雅可比行列式为
$$J(\rho,\theta,z) = \frac{\partial(x,y,z)}{\partial(\rho,\theta,z)} = \begin{vmatrix} \cos\theta & -\rho\sin\theta & 0 \\ \sin\theta & \rho\cos\theta & 0 \\ 0 & 0 & 1 \end{vmatrix} = \rho,$$
则由式(9.15), 三重积分的柱面坐标替换公式为
$$\iiint\limits_{\Omega} f(x,y,z)\mathrm{d}x\mathrm{d}y\mathrm{d}z = \iiint\limits_{\Omega'} f(\rho\cos\theta,\rho\sin\theta,z)\rho\mathrm{d}\rho\mathrm{d}\theta\mathrm{d}z, \tag{9.17'}$$
其中 Ω' 是在柱面坐标下 ρ,θ 和 z 的取值区域. 下面通过具体例子进行说明.

例 3 利用柱面坐标计算三重积分 $\iiint\limits_{\Omega}(x^2+y^2)\mathrm{d}x\mathrm{d}y\mathrm{d}z$, 其中 Ω 是由曲面 $z = x^2 + y^2$ 与平面 $z = 4$ 所围成的闭区域.

解 把闭区域 Ω 投影到 xOy 平面上, 得半径为 2 的圆形闭区域
$$D_{xy} = \{(\rho,\theta) \mid 0 \leqslant \rho \leqslant 2, 0 \leqslant \theta \leqslant 2\pi\}.$$
在 D_{xy} 内任取一点 (ρ,θ), 过此点作平行于 z 轴的直线, 此直线通过曲面 $z = x^2 + y^2$ 穿入 Ω, 然后通过平面 $z = 4$ 穿出 Ω(见图 9-34). 因此, 在柱面坐标变换下 ρ,θ 和 z 的取值区域为
$$\Omega' = \{(\rho,\theta,z) \mid \rho^2 \leqslant z \leqslant 4, 0 \leqslant \rho \leqslant 2, 0 \leqslant \theta \leqslant 2\pi\},$$
于是由式(9.17'), 得

$$\iiint_\Omega (x^2+y^2)\,\mathrm{d}x\,\mathrm{d}y\,\mathrm{d}z = \iiint_{\Omega'} \rho^3\,\mathrm{d}\rho\,\mathrm{d}\theta\,\mathrm{d}z = \int_0^{2\pi}\mathrm{d}\theta\int_0^2\mathrm{d}\rho\int_{\rho^2}^4 \rho^3\,\mathrm{d}z$$

$$= 2\pi\int_0^2 \rho^3(4-\rho^2)\,\mathrm{d}\rho = \frac{32}{3}\pi.$$

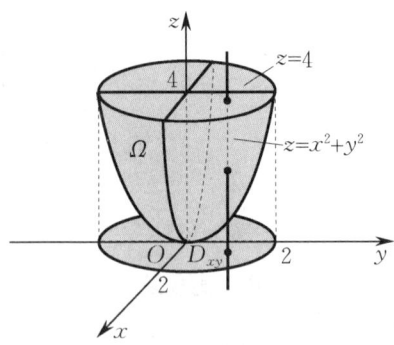

图 9-34

(2) 球面坐标变换.

设空间一点 $M(x,y,z)$ 在 xOy 平面上的投影为点 $P(x,y)$ (见图 9-35), $|OM|=r$ 为原点 O 与点 M 间的距离, φ 为有向线段 $\overrightarrow{OM}$ 与 z 轴正向的夹角, θ 是 zOx 平面与 POM 平面的夹角, 则称 (r,φ,θ) 为点 M 的**球面坐标**. 这里规定 r, φ 和 θ 的取值范围是

$$0 \leqslant r < +\infty, \quad 0 \leqslant \varphi \leqslant \pi, \quad 0 \leqslant \theta \leqslant 2\pi.$$

三组坐标平面分别为:

$r = $ 常数, 即以原点为球心的球面;

$\varphi = $ 常数, 即以原点为顶点、z 轴为轴的圆锥面;

$\theta = $ 常数, 即过 z 轴的半平面.

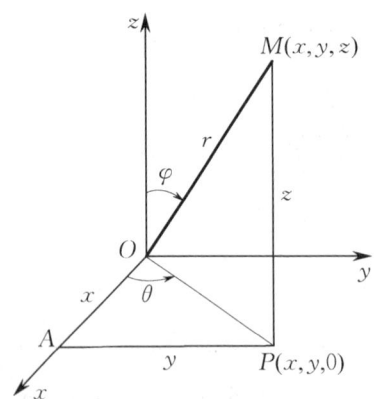

图 9-35

设点 $P(x,y)$ 在 x 轴上的投影为 A, 如图 9-35 所示, 则 $OA=x, AP=y, PM=z$. 又

$$OP = r\sin\varphi, \quad z = r\cos\varphi,$$

因此由点 M 的直角坐标与球面坐标之间的关系, 得球面坐标变换为

$$\begin{cases} x = OP\cos\theta = r\sin\varphi\cos\theta, \\ y = OP\sin\theta = r\sin\varphi\sin\theta, \\ z = r\cos\varphi. \end{cases} \tag{9.18}$$

为了把三重积分中的变量从直角坐标变换为球面坐标, 用三组坐标平面 $r=$ 常数、$\varphi=$ 常

数和 θ =常数把积分区域 Ω 分成许多小闭区域.考虑由 r,φ 和 θ 各取得微小增量 $dr,d\varphi$ 和 $d\theta$ 所成的六面体的体积(见图9-36).不计高阶无穷小量,可把这个六面体看作长方体,其经线方向的长为 $rd\varphi$,纬线方向的宽为 $r\sin\varphi d\theta$,向径方向的高为 dr,于是得

$$dv = r^2\sin\varphi dr d\varphi d\theta,$$

这就是球面坐标系中的体积元素.再由式(9.18),就有

$$\iiint_\Omega f(x,y,z)dxdydz = \iiint_\Omega f(r\sin\varphi\cos\theta, r\sin\varphi\sin\theta, r\cos\varphi)r^2\sin\varphi dr d\varphi d\theta. \quad (9.19)$$

式(9.19)就是把三重积分的变量从直角坐标变换为球面坐标的公式.

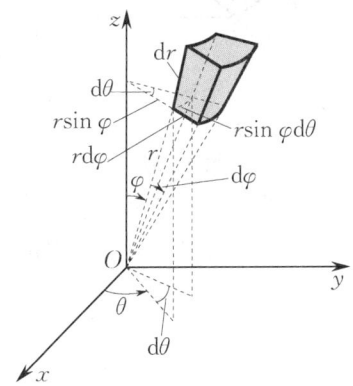

图 9-36

同样,也可以根据三重积分的换元公式(9.15)直接得到式(9.19),这里球面坐标变换(9.18)的雅可比行列式为

$$J(r,\varphi,\theta) = \frac{\partial(x,y,z)}{\partial(r,\varphi,\theta)} = \begin{vmatrix} \sin\varphi\cos\theta & r\cos\varphi\cos\theta & -r\sin\varphi\sin\theta \\ \sin\varphi\sin\theta & r\cos\varphi\sin\theta & r\sin\varphi\cos\theta \\ \cos\varphi & -r\sin\varphi & 0 \end{vmatrix} = r^2\sin\varphi,$$

则由式(9.15),三重积分的球面坐标替换公式为

$$\iiint_\Omega f(x,y,z)dxdydz = \iiint_{\Omega'} f(r\sin\varphi\cos\theta, r\sin\varphi\sin\theta, r\cos\varphi)r^2\sin\varphi dr d\varphi d\theta, \quad (9.19')$$

其中 Ω' 是在球面坐标下 r,φ 和 θ 的取值区域.

要计算变量变换为球面坐标后的三重积分,可把它化为对 r、对 φ 和对 θ 的三次积分.若积分区域 Ω 的边界曲面是一个包围原点在内的闭曲面,其球面坐标方程为 $r=r(\varphi,\theta)$,则

$$\iiint_\Omega f(x,y,z)dxdydz = \iiint_\Omega f(r\sin\varphi\cos\theta, r\sin\varphi\sin\theta, r\cos\varphi)r^2\sin\varphi dr d\varphi d\theta$$

$$= \int_0^{2\pi}d\theta\int_0^\pi d\varphi\int_0^{r(\varphi,\theta)} f(r\sin\varphi\cos\theta, r\sin\varphi\sin\theta, r\cos\varphi)r^2\sin\varphi dr.$$

当积分区域 Ω 由球面 $r=a$ 所围成时,则

$$\iiint_\Omega f(x,y,z)dxdydz = \int_0^{2\pi}d\theta\int_0^\pi d\varphi\int_0^a f(r\sin\varphi\cos\theta, r\sin\varphi\sin\theta, r\cos\varphi)r^2\sin\varphi dr.$$

特别地,当 $f(x,y,z)=1$ 时,由上式即得半径为 a 的球的体积为

$$V = \int_0^{2\pi}d\theta\int_0^\pi d\varphi\int_0^a r^2\sin\varphi dr = \frac{4}{3}\pi a^3.$$

例4 求半径为 a 的球面 $x^2+y^2+(z-a)^2=a^2(a>0)$ 与半顶角为 α 的内接锥

面 $z=\sqrt{x^2+y^2}\cot\alpha\left(0<\alpha<\dfrac{\pi}{2}\right)$ 所围成立体(见图 9-37)的体积.

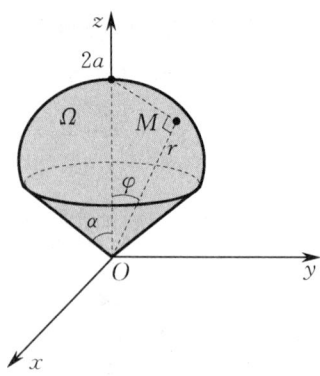

图 9-37

解 利用球面坐标变换,则球面方程 $x^2+y^2+(z-a)^2=a^2$ 变换为 $r=2a\cos\varphi$,锥面方程 $z=\sqrt{x^2+y^2}\cot\alpha$ 变换为 $\varphi=\alpha$. 由于立体所占的空间闭区域 Ω 可用不等式
$$0\leqslant r\leqslant 2a\cos\varphi,\quad 0\leqslant\varphi\leqslant\alpha,\quad 0\leqslant\theta\leqslant 2\pi$$
来表示,因此所求体积为
$$V=\iiint_\Omega \mathrm{d}x\,\mathrm{d}y\,\mathrm{d}z=\iiint_\Omega r^2\sin\varphi\,\mathrm{d}r\,\mathrm{d}\varphi\,\mathrm{d}\theta$$
$$=\int_0^{2\pi}\mathrm{d}\theta\int_0^\alpha\mathrm{d}\varphi\int_0^{2a\cos\varphi}r^2\sin\varphi\,\mathrm{d}r=2\pi\int_0^\alpha\mathrm{d}\varphi\int_0^{2a\cos\varphi}r^2\sin\varphi\,\mathrm{d}r$$
$$=\dfrac{16}{3}\pi a^3\int_0^\alpha\cos^3\varphi\sin\varphi\,\mathrm{d}\varphi=\dfrac{4}{3}\pi a^3(1-\cos^4\alpha).$$

习 题 9.3

1. 化三重积分 $I=\iiint_\Omega f(x,y,z)\,\mathrm{d}x\,\mathrm{d}y\,\mathrm{d}z$ 为三次积分,其中积分区域 Ω 分别是:

(1) 由双曲抛物面 $xy=z$ 及平面 $x+y-1=0, z=0$ 所围成的闭区域;

(2) 由曲面 $z=x^2+y^2$ 及平面 $z=1$ 所围成的闭区域;

(3) 由曲面 $z=x^2+2y^2$ 及 $z=2-x^2$ 所围成的闭区域;

(4) 由曲面 $cz=xy(c>0), \dfrac{x^2}{a^2}+\dfrac{y^2}{b^2}=1(a>0,b>0), z=0$ 所围成的在第一卦限内的闭区域.

2. 设有一物体占有空间闭区域 $\Omega=\{(x,y,z)\mid 0\leqslant x\leqslant 1, 0\leqslant y\leqslant 1, 0\leqslant z\leqslant 1\}$,在点 (x,y,z) 处的密度为 $\rho(x,y,z)=x+y+z$,计算该物体的质量.

3. 如果三重积分 $\iiint_\Omega f(x,y,z)\,\mathrm{d}x\,\mathrm{d}y\,\mathrm{d}z$ 的被积函数 $f(x,y,z)$ 是三个函数 $f_1(x), f_2(y), f_3(z)$ 的乘积,即 $f(x,y,z)=f_1(x)f_2(y)f_3(z)$,积分区域 $\Omega=\{(x,y,z)\mid a\leqslant x\leqslant b, c\leqslant y\leqslant d, l\leqslant z\leqslant m\}$,证明:这个三重积分等于三个定积分的乘积,即
$$\iiint_\Omega f_1(x)f_2(y)f_3(z)\,\mathrm{d}x\,\mathrm{d}y\,\mathrm{d}z=\left[\int_a^b f_1(x)\,\mathrm{d}x\right]\cdot\left[\int_c^d f_2(y)\,\mathrm{d}y\right]\cdot\left[\int_l^m f_3(z)\,\mathrm{d}z\right].$$

4. 计算三重积分 $\iiint\limits_{\Omega} xy^2z^3 \mathrm{d}x\mathrm{d}y\mathrm{d}z$,其中 Ω 是由曲面 $z=xy$ 与平面 $y=x$,$x=1$ 和 $z=0$ 所围成的闭区域.

5. 计算三重积分 $\iiint\limits_{\Omega} \dfrac{1}{(1+x+y+z)^3}\mathrm{d}x\mathrm{d}y\mathrm{d}z$,其中 Ω 为由平面 $x=0,y=0,z=0$,$x+y+z=1$ 所围成的四面体.

6. 计算三重积分 $\iiint\limits_{\Omega} xyz\mathrm{d}x\mathrm{d}y\mathrm{d}z$,其中 Ω 为由球面 $x^2+y^2+z^2=1$ 及三个坐标平面所围成的在第一卦限内的闭区域.

7. 利用柱面坐标计算下列三重积分:

(1) $\iiint\limits_{\Omega} z\mathrm{d}v$,其中 Ω 是由曲面 $z=\sqrt{2-x^2-y^2}$ 及 $z=x^2+y^2$ 所围成的闭区域;

(2) $\iiint\limits_{\Omega} (x^2+y^2)\mathrm{d}v$,其中 Ω 是由曲面 $x^2+y^2=2z$ 及平面 $z=2$ 所围成的闭区域.

8. 利用球面坐标计算下列三重积分:

(1) $\iiint\limits_{\Omega} (x^2+y^2+z^2)\mathrm{d}v$,其中 Ω 是由球面 $x^2+y^2+z^2=1$ 所围成的闭区域;

(2) $\iiint\limits_{\Omega} z\mathrm{d}v$,其中闭区域 Ω 由不等式 $x^2+y^2+(z-a)^2 \leqslant a^2$,$x^2+y^2 \leqslant z^2$ 所确定.

9.4 重积分的应用

由前面的讨论可知,曲顶柱体的体积、平面薄片的质量可用二重积分计算,空间物体的质量可用三重积分计算. 本节把定积分应用中的元素法推广到重积分的应用中,利用重积分的元素法来讨论重积分在几何、物理上的一些其他应用.

一、曲面的面积

设曲面 S 的方程为
$$z=f(x,y),\quad (x,y)\in D,$$
其中 D 是曲面 S 在 xOy 平面上的投影区域,函数 $f(x,y)$ 在 D 上具有连续偏导数 $f_x(x,y)$ 和 $f_y(x,y)$. 现在要计算曲面 S 的面积 A.

为了计算曲面 S 的面积,将闭区域 D 划分成 n 个小闭区域,并任取一直径很小的闭区域 $\mathrm{d}\sigma$(其面积也记作 $\mathrm{d}\sigma$). 在 $\mathrm{d}\sigma$ 上任取一点 $P(x,y)$,曲面 S 上对应地有一点 $M(x,y,f(x,y))$,点 M 在 xOy 平面上的投影为点 P. 点 M 处曲面 S 的切平面设为 T(见图 9-38). 以小闭区域 $\mathrm{d}\sigma$ 的边界曲线为准线作母线平行于 z 轴的柱面,该柱面在曲面 S 上截下一小片曲面,在切平面 T 上截下一小片平面. 由于 $\mathrm{d}\sigma$ 的直径很小,切平面 T 上的那一小片平面的面积 $\mathrm{d}A$ 可近

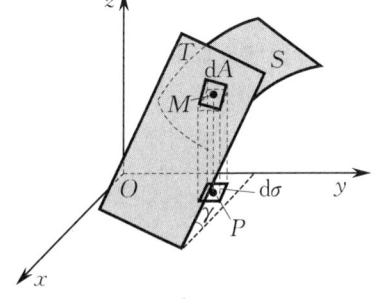

图 9-38

似代替相应的那一小片曲面的面积. 设点 M 处曲面 S 上的法线(指向朝上)与 z 轴所成的角为 γ,则

$$\mathrm{d}A = \frac{\mathrm{d}\sigma}{\cos\gamma}. \tag{9.20}$$

*式(9.20)的证明如下:设两平面 Π_1,Π_2 的夹角为 θ(取锐角),Π_1 上的闭区域 D 在 Π_2 上的投影区域为 D_0,则 D 的面积 A 与 D_0 的面积 σ 之间有下列关系:

$$A = \frac{\sigma}{\cos\theta}.$$

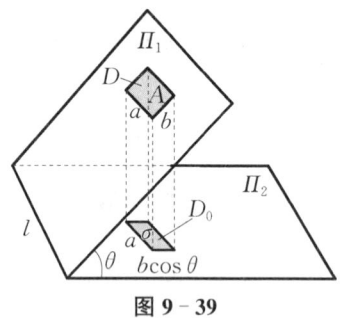

图 9-39

事实上,先假定 D 是矩形闭区域,且其一边平行于平面 Π_1,Π_2 的交线 l,边长为 a,另一边长为 b(见图 9-39),则 D_0 也是矩形闭区域,且边长分别为 a 及 $b\cos\theta$,从而

$$\sigma = ab\cos\theta = A\cos\theta,$$

即

$$A = \frac{\sigma}{\cos\theta}.$$

在一般情况,可把 D 分成上述类型的 m 个小矩形闭区域(不计含边界点的不规则部分),则小矩形闭区域的面积 A_k 及其投影区域的面积 σ_k 之间符合 $A_k = \frac{\sigma_k}{\cos\theta}(k=1,2,\cdots,m)$,从而

$$\sum_{k=1}^{m} A_k = \frac{\sum_{k=1}^{m}\sigma_k}{\cos\theta}.$$

使各小闭区域的直径中的最大值趋于零,取极限便得 $A = \frac{\sigma}{\cos\theta}$.

由于

$$\cos\gamma = \frac{1}{\sqrt{1+f_x^2(x,y)+f_y^2(x,y)}},$$

因此

$$\mathrm{d}A = \sqrt{1+f_x^2(x,y)+f_y^2(x,y)}\,\mathrm{d}\sigma.$$

这就是曲面 S 的面积元素,以它为被积表达式在闭区域 D 上积分,便得到所求曲面 S 的面积

$$A = \iint_D \sqrt{1+f_x^2(x,y)+f_y^2(x,y)}\,\mathrm{d}\sigma.$$

上式也可写成

$$A = \iint_D \sqrt{1+\left(\frac{\partial z}{\partial x}\right)^2+\left(\frac{\partial z}{\partial y}\right)^2}\,\mathrm{d}x\,\mathrm{d}y.$$

这就是计算曲面面积的公式.

设曲面的方程为 $x=g(y,z)$ 或 $y=h(x,z)$,可分别把曲面投影到 yOz 平面上(投影区域记作 D_{yz})或 zOx 平面上(投影区域记作 D_{zx}),类似地可得

$$A = \iint_{D_{yz}} \sqrt{1+\left(\frac{\partial x}{\partial y}\right)^2+\left(\frac{\partial x}{\partial z}\right)^2}\,\mathrm{d}y\,\mathrm{d}z$$

或

$$A = \iint_{D_{zx}} \sqrt{1 + \left(\frac{\partial y}{\partial z}\right)^2 + \left(\frac{\partial y}{\partial x}\right)^2}\, dz\, dx.$$

例 1 求半径为 R 的球的表面积.

解 取上半球面方程为 $z = \sqrt{R^2 - x^2 - y^2}$,则它在 xOy 平面上的投影区域为
$$D = \{(x,y) \mid x^2 + y^2 \leqslant R^2\}.$$

由 $\dfrac{\partial z}{\partial x} = \dfrac{-x}{\sqrt{R^2 - x^2 - y^2}}, \dfrac{\partial z}{\partial y} = \dfrac{-y}{\sqrt{R^2 - x^2 - y^2}}$,得
$$\sqrt{1 + \left(\frac{\partial z}{\partial x}\right)^2 + \left(\frac{\partial z}{\partial y}\right)^2} = \frac{R}{\sqrt{R^2 - x^2 - y^2}}.$$

由于 $\dfrac{R}{\sqrt{R^2 - x^2 - y^2}}$ 在闭区域 D 上无界,不能直接应用计算曲面面积的公式. 先取闭区域 $D_1 = \{(x,y) \mid x^2 + y^2 \leqslant b^2\}(0 < b < R)$ 为积分区域,算出 D_1 上的上半球面面积
$$A_1 = \iint_{D_1} \frac{R}{\sqrt{R^2 - x^2 - y^2}}\, dx\, dy,$$

利用极坐标,得
$$A_1 = \iint_{D_1} \frac{R}{\sqrt{R^2 - \rho^2}} \rho\, d\rho\, d\theta = \int_0^{2\pi} d\theta \int_0^b \frac{R}{\sqrt{R^2 - \rho^2}} \rho\, d\rho = 2\pi R(R - \sqrt{R^2 - b^2}).$$

然后,令 $b \to R$, A_1 的极限就为闭区域 D 上的上半球面面积,从而整个球面的表面积为
$$A = 2\lim_{b \to R} A_1 = 2\lim_{b \to R} 2\pi R(R - \sqrt{R^2 - b^2}) = 4\pi R^2.$$

例 2 设有一颗地球同步轨道通信卫星,距地面的高度为 $h = 36\,000$ km,运行的角速度与地球自转的角速度相同. 试计算该通信卫星的覆盖面积与地球表面积的比值(取地球半径 $R = 6\,400$ km).

解 取地心为坐标原点 O,地心到通信卫星中心的连线为 z 轴,建立坐标系,如图 9 - 40 所示.

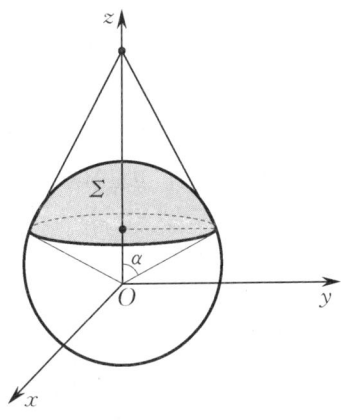

图 9 - 40

通信卫星覆盖的曲面 Σ 是上半球面被半顶角为 α 的圆锥面所截得的部分. Σ 的方程为
$$z = \sqrt{R^2 - x^2 - y^2}, \quad x^2 + y^2 \leqslant R^2 \sin^2 \alpha,$$

从而通信卫星的覆盖面积为

$$A = \iint\limits_{D_{xy}} \sqrt{1+\left(\frac{\partial z}{\partial x}\right)^2 + \left(\frac{\partial z}{\partial y}\right)^2}\,\mathrm{d}x\,\mathrm{d}y = \iint\limits_{D_{xy}} \frac{R}{\sqrt{R^2-x^2-y^2}}\,\mathrm{d}x\,\mathrm{d}y,$$

其中 D_{xy} 是曲面 Σ 在 xOy 平面上的投影区域,

$$D_{xy} = \{(x,y) \mid x^2+y^2 \leqslant R^2\sin^2\alpha\}.$$

利用极坐标,得

$$A = \int_0^{2\pi}\mathrm{d}\theta \int_0^{R\sin\alpha} \frac{R}{\sqrt{R^2-\rho^2}}\rho\,\mathrm{d}\rho = 2\pi R^2(1-\cos\alpha).$$

由于 $\cos\alpha = \dfrac{R}{R+h}$,代入上式得

$$A = 2\pi R^2\left(1-\frac{R}{R+h}\right) = 2\pi R^2\,\frac{h}{R+h}.$$

由此得这颗通信卫星的覆盖面积与地球表面积之比为

$$\frac{A}{4\pi R^2} = \frac{h}{2(R+h)} = \frac{36\times 10^3}{2\times(36+6.4)\times 10^3} \approx 42.5\%.$$

由以上结果可知,该通信卫星覆盖了地球三分之一以上的面积,故使用三颗相隔 $\dfrac{2}{3}\pi$ 角度的该通信卫星就几乎可以覆盖地球全部表面.

* 利用曲面的参数方程求曲面的面积

若曲面 S 由参数方程

$$\begin{cases} x = x(u,v), \\ y = y(u,v), \quad (u,v)\in D \\ z = z(u,v), \end{cases}$$

给出,其中 D 是一个平面有界闭区域,又 $x(u,v),y(u,v),z(u,v)$ 在 D 上具有连续偏导数,且

$$\frac{\partial(x,y)}{\partial(u,v)},\quad \frac{\partial(y,z)}{\partial(u,v)},\quad \frac{\partial(z,x)}{\partial(u,v)}$$

不全为零,则曲面 S 的面积为

$$A = \iint\limits_{D} \sqrt{EG-F^2}\,\mathrm{d}u\,\mathrm{d}v,$$

其中

$$E = x_u^2+y_u^2+z_u^2,\quad F = x_ux_v+y_uy_v+z_uz_v,\quad G = x_v^2+y_v^2+z_v^2.$$

下面利用球面的参数方程按上述公式对例 2 中通信卫星的覆盖面积进行计算.

曲面 Σ 的参数方程为

$$\begin{cases} x = R\sin\varphi\cos\theta, \\ y = R\sin\varphi\sin\theta, \quad (\varphi,\theta)\in D_{\varphi\theta}. \\ z = R\cos\varphi, \end{cases}$$

这里 $D_{\varphi\theta} = \{(\varphi,\theta) \mid 0\leqslant\varphi\leqslant\alpha, 0\leqslant\theta\leqslant 2\pi\}$.

由于 $\sqrt{EG-F^2} = R^2\sin\varphi$,于是

$$A = \iint\limits_{D_{\varphi\theta}} \sqrt{EG-F^2}\,\mathrm{d}\varphi\,\mathrm{d}\theta = \iint\limits_{D_{\varphi\theta}} R^2\sin\varphi\,\mathrm{d}\varphi\,\mathrm{d}\theta$$

$$= R^2\int_0^{2\pi}\mathrm{d}\theta\int_0^\alpha \sin\varphi\,\mathrm{d}\varphi = 2\pi R^2(1-\cos\alpha) = 2\pi R^2\,\frac{h}{R+h}.$$

二、质心

质心问题是生产实践中常常遇到的问题.下面讨论平面薄片的质心问题.

设在 xOy 平面上有 n 个质点,它们分别位于点 $(x_1,y_1),(x_2,y_2),\cdots,(x_n,y_n)$ 处,质量分别为 $m_1,m_2,\cdots,m_n$. 由力学可知,该质点系的质心的坐标为

$$\bar{x}=\frac{M_y}{M}=\frac{\sum\limits_{i=1}^{n}m_ix_i}{\sum\limits_{i=1}^{n}m_i}, \quad \bar{y}=\frac{M_x}{M}=\frac{\sum\limits_{i=1}^{n}m_iy_i}{\sum\limits_{i=1}^{n}m_i},$$

其中 $M=\sum\limits_{i=1}^{n}m_i$ 为该质点系的总质量,

$$M_y=\sum_{i=1}^{n}m_ix_i, \quad M_x=\sum_{i=1}^{n}m_iy_i$$

分别为该质点系对 y 轴和 x 轴的静矩.

设有一平面薄片占有 xOy 平面上的闭区域 D,在点 (x,y) 处的面密度为 $\mu(x,y)$,假定 $\mu(x,y)$ 在 D 上连续.现在要找该薄片的质心的坐标.

在闭区域 D 上任取一直径很小的闭区域 $d\sigma$(其面积也记作 $d\sigma$),(x,y) 是这小闭区域上的一点.因为 $d\sigma$ 的直径很小,且 $\mu(x,y)$ 在 D 上连续,所以薄片中相应于 $d\sigma$ 的部分的质量近似等于 $\mu(x,y)d\sigma$,这部分质量可近似看作集中在点 (x,y) 上,于是可写出静矩元素 dM_y 及 dM_x:

$$dM_y=x\mu(x,y)d\sigma, \quad dM_x=y\mu(x,y)d\sigma.$$

以这些元素为被积表达式在闭区域 D 上积分,便得到

$$M_y=\iint\limits_{D}x\mu(x,y)d\sigma, \quad M_x=\iint\limits_{D}y\mu(x,y)d\sigma.$$

由 9.1 节知道,薄片的质量为

$$M=\iint\limits_{D}\mu(x,y)d\sigma,$$

所以薄片的质心的坐标为

$$\bar{x}=\frac{M_y}{M}=\frac{\iint\limits_{D}x\mu(x,y)d\sigma}{\iint\limits_{D}\mu(x,y)d\sigma},$$

$$\bar{y}=\frac{M_x}{M}=\frac{\iint\limits_{D}y\mu(x,y)d\sigma}{\iint\limits_{D}\mu(x,y)d\sigma}.$$

如果薄片是均匀的,即面密度为常量,那么可把上式中的 μ 提到积分号外面,并从分子、分母中约去,这样就得到均匀薄片的质心的坐标为

$$\bar{x} = \frac{1}{A}\iint_D x\,d\sigma, \quad \bar{y} = \frac{1}{A}\iint_D y\,d\sigma, \tag{9.21}$$

其中 $A = \iint_D d\sigma$ 为闭区域 D 的面积. 这时薄片的质心完全由闭区域 D 的形状所决定. 我们把均匀平面薄片的质心称为该平面薄片所占的平面图形的形心. 因此, 平面图形 D 的形心的坐标就可用式 (9.21) 计算.

例 3 求位于两圆 $\rho = 2\sin\theta$ 和 $\rho = 4\sin\theta$ 之间的均匀薄片的质心 (见图 9-41).

解 因为闭区域 D 关于 y 轴对称, 所以质心 $C(\bar{x}, \bar{y})$ 必位于 y 轴, 即 $\bar{x} = 0$.

由公式

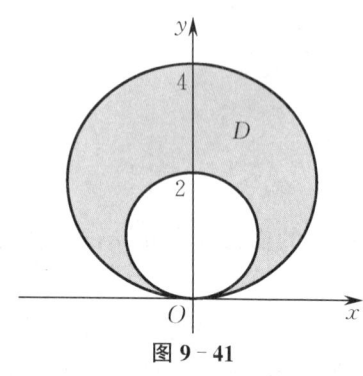

图 9-41

$$\bar{y} = \frac{1}{A}\iint_D y\,d\sigma$$

计算 $\bar{y}$. 由于闭区域 D 位于半径为 1 与半径为 2 的两个圆之间, 因此它的面积等于这两个圆的面积之差, 即 $A = 3\pi$. 再利用极坐标计算积分, 有

$$\iint_D y\,d\sigma = \iint_D \rho^2 \sin\theta\,d\rho\,d\theta = \int_0^\pi \sin\theta\,d\theta \int_{2\sin\theta}^{4\sin\theta} \rho^2\,d\rho$$
$$= \frac{56}{3}\int_0^\pi \sin^4\theta\,d\theta = 7\pi.$$

因此, $\bar{y} = \dfrac{7\pi}{3\pi} = \dfrac{7}{3}$, 所求质心是 $C\left(0, \dfrac{7}{3}\right)$.

类似地, 占有空间有界闭区域 Ω、在点 (x, y, z) 处的密度为 $\mu(x, y, z)$ [假定 $\mu(x, y, z)$ 在 Ω 上连续] 的物体的质心坐标是

$$\bar{x} = \frac{1}{M}\iiint_\Omega x\mu(x, y, z)\,dv,$$

$$\bar{y} = \frac{1}{M}\iiint_\Omega y\mu(x, y, z)\,dv,$$

$$\bar{z} = \frac{1}{M}\iiint_\Omega z\mu(x, y, z)\,dv,$$

其中 $M = \iiint_\Omega \mu(x, y, z)\,dv$.

例 4 求半径为 R 的均匀半球体的质心.

解 取半球体的对称轴为 z 轴, 坐标原点取在球心处, 则半球体所占空间闭区域为

$$\Omega = \{(x, y, z) \mid x^2 + y^2 + z^2 \leqslant R^2, z \geqslant 0\}.$$

易知, 质心在 z 轴上, 即

$$\bar{x} = \bar{y} = 0,$$

$$\bar{z} = \frac{1}{M}\iiint_\Omega z\mu\,dv = \frac{\mu}{M}\iiint_\Omega z\,dv = \frac{1}{V}\iiint_\Omega z\,dv,$$

其中 $V = \dfrac{2}{3}\pi R^3$ 为半球体的体积. 而

$$\iiint\limits_{\Omega} z\,\mathrm{d}v = \iiint\limits_{\Omega} r\cos\varphi \cdot r^2 \sin\varphi\,\mathrm{d}r\,\mathrm{d}\varphi\,\mathrm{d}\theta = \int_0^{2\pi}\mathrm{d}\theta\int_0^{\frac{\pi}{2}}\cos\varphi\sin\varphi\,\mathrm{d}\varphi\int_0^R r^3\,\mathrm{d}r$$

$$= 2\pi \left(\dfrac{\sin^2\varphi}{2}\right)\bigg|_0^{\frac{\pi}{2}} \cdot \dfrac{R^4}{4} = \dfrac{\pi R^4}{4}.$$

因此, $\bar{z} = \dfrac{3R}{8}$, 质心为 $\left(0, 0, \dfrac{3R}{8}\right)$.

三、转动惯量

由力学知道, 质点 P 对于轴 l 的转动惯量 I 是质点 P 的质量 m 和质点 P 与转动轴垂直距离 r 的平方的乘积, 即 $I = mr^2$. 根据该结论, 下面讨论平面薄片的转动惯量.

设在 xOy 平面上有 n 个质点, 它们分别位于点
$$(x_1, y_1),\quad (x_2, y_2),\quad \cdots,\quad (x_n, y_n)$$
处, 质量分别为 $m_1, m_2, \cdots, m_n$, 那么该质点系对于 x 轴以及对于 y 轴的转动惯量分别为

$$I_x = \sum_{i=1}^n y_i^2 m_i,\quad I_y = \sum_{i=1}^n x_i^2 m_i.$$

现有一薄片占有 xOy 平面上的闭区域 D, 在点 (x, y) 处的面密度为 $\mu(x, y)$, 假定 $\mu(x, y)$ 在 D 上连续. 现在要求该薄片对于 x 轴的转动惯量 I_x 以及对于 y 轴的转动惯量 I_y.

应用元素法, 首先在闭区域 D 上任取一直径很小的闭区域 $\mathrm{d}\sigma$ (其面积也记作 $\mathrm{d}\sigma$), (x, y) 是这小闭区域上的一点. 由于 $\mathrm{d}\sigma$ 的直径很小, 且 $\mu(x, y)$ 在 D 上连续, 薄片中相应于 $\mathrm{d}\sigma$ 部分的质量近似等于 $\mu(x, y)\mathrm{d}\sigma$, 这部分质量可近似看作集中在点 (x, y) 上, 于是可写出薄片对于 x 轴以及对于 y 轴的转动惯量元素

$$\mathrm{d}I_x = y^2 \mu(x, y)\mathrm{d}\sigma,\quad \mathrm{d}I_y = x^2 \mu(x, y)\mathrm{d}\sigma.$$

以这些元素为被积表达式在闭区域 D 上积分, 便得

$$I_x = \iint\limits_{D} y^2 \mu(x, y)\mathrm{d}\sigma,\quad I_y = \iint\limits_{D} x^2 \mu(x, y)\mathrm{d}\sigma.$$

例 5 求半径为 R 的均匀圆盘(面密度为常量 μ) 对于其直径的转动惯量.

解 取如图 9-42 所示的坐标系, 则圆盘所占的闭区域为
$$D = \{(x, y) \mid x^2 + y^2 \leqslant R^2\},$$
而所求转动惯量即为圆盘对于 x 轴的转动惯量 I_x.

$$I_x = \iint\limits_{D} y^2 \mu\,\mathrm{d}\sigma = \mu\iint\limits_{D} y^2\,\mathrm{d}\sigma = \mu\iint\limits_{D} \rho^3 \sin^2\theta\,\mathrm{d}\rho\,\mathrm{d}\theta$$

$$= \mu\int_0^{2\pi}\mathrm{d}\theta\int_0^R \rho^3 \sin^2\theta\,\mathrm{d}\rho = \dfrac{\pi\mu R^4}{4} = \dfrac{MR^2}{4},$$

其中 $M = \pi\mu R^2$ 为圆盘的质量.

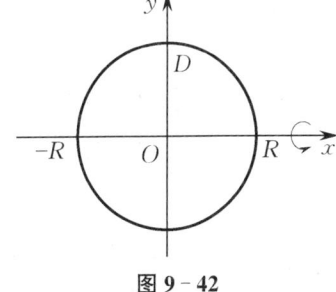

图 9-42

类似地, 占有空间闭区域 Ω、在点 (x, y, z) 处的密度为 $\mu(x, y, z)$[假定 $\mu(x, y, z)$ 在 Ω 上连续] 的物体对于 x 轴、y 轴和 z 轴的转动惯量分别为

$$I_x = \iiint_\Omega (y^2+z^2)\mu(x,y,z)\mathrm{d}v,$$

$$I_y = \iiint_\Omega (z^2+x^2)\mu(x,y,z)\mathrm{d}v,$$

$$I_z = \iiint_\Omega (x^2+y^2)\mu(x,y,z)\mathrm{d}v.$$

例 6 求密度为 μ、半径为 R 的均匀球对于过球心的一条轴 l 的转动惯量.

解 取球心为坐标原点, z 轴和轴 l 重合, 则球所占空间闭区域为
$$\Omega = \{(x,y,z) \mid x^2+y^2+z^2 \leqslant R^2\}.$$
所求转动惯量即球对于 z 轴的转动惯量, 于是
$$I_z = \iiint_\Omega (x^2+y^2)\mu\,\mathrm{d}v = \mu\iiint_\Omega (x^2+y^2)\mathrm{d}v$$
$$= \mu\iiint_\Omega (r^2\sin^2\varphi\cos^2\theta + r^2\sin^2\varphi\sin^2\theta)r^2\sin\varphi\,\mathrm{d}r\mathrm{d}\varphi\mathrm{d}\theta$$
$$= \mu\iiint_\Omega r^4\sin^3\varphi\,\mathrm{d}r\mathrm{d}\varphi\mathrm{d}\theta = \mu\int_0^{2\pi}\mathrm{d}\theta\int_0^\pi \sin^3\varphi\,\mathrm{d}\varphi\int_0^R r^4\mathrm{d}r$$
$$= \frac{8}{15}\pi\mu R^5 = \frac{2}{5}MR^2,$$

其中 $M = \frac{4}{3}\pi\mu R^3$ 为球的质量.

四、引力

下面讨论空间一物体对物体外一点 $P_0(x_0,y_0,z_0)$ 处单位质量的质点的引力问题.

设物体占有空间闭区域 Ω, 它在点 (x,y,z) 处的密度为 $\mu(x,y,z)$, 并假定 $\mu(x,y,z)$ 在 Ω 上连续. 在物体内任取一直径很小的闭区域 $\mathrm{d}v$(其体积也记作 $\mathrm{d}v$), (x,y,z) 为这一小块中的一点. 把这一小块物体的质量 $\mu\mathrm{d}v$ 近似看作集中在点 (x,y,z) 处. 于是按两质点间的引力公式, 可得这一小块物体对位于点 $P_0(x_0,y_0,z_0)$ 处的单位质量的质点的引力近似为
$$\mathrm{d}\boldsymbol{F} = (\mathrm{d}F_x, \mathrm{d}F_y, \mathrm{d}F_z)$$
$$= \left(G\frac{\mu(x,y,z)(x-x_0)}{r^3}\mathrm{d}v, G\frac{\mu(x,y,z)(y-y_0)}{r^3}\mathrm{d}v, G\frac{\mu(x,y,z)(z-z_0)}{r^3}\mathrm{d}v\right),$$
其中 $\mathrm{d}F_x, \mathrm{d}F_y, \mathrm{d}F_z$ 为引力元素 $\mathrm{d}\boldsymbol{F}$ 在三条坐标轴上的分量, G 为引力常数, $r = \sqrt{(x-x_0)^2+(y-y_0)^2+(z-z_0)^2}$. 将 $\mathrm{d}F_x, \mathrm{d}F_y, \mathrm{d}F_z$ 在 Ω 上分别积分, 即得
$$\boldsymbol{F} = (F_x, F_y, F_z)$$
$$= \left(\iiint_\Omega G\frac{\mu(x,y,z)(x-x_0)}{r^3}\mathrm{d}v, \iiint_\Omega G\frac{\mu(x,y,z)(y-y_0)}{r^3}\mathrm{d}v, \iiint_\Omega G\frac{\mu(x,y,z)(z-z_0)}{r^3}\mathrm{d}v\right).$$

如果考虑平面薄片对薄片外一点 $P_0(x_0,y_0,z_0)$ 处单位质量的质点的引力, 设平面薄片占有 xOy 平面上的有界闭区域 D, 其面密度为 $\mu(x,y)$, 那么只要将上式中的密度 $\mu(x,y,z)$

换成面密度 $\mu(x,y)$，将 Ω 上的三重积分换成 D 上的二重积分，就可得到相应的计算公式.

例 7 设半径为 R 的质量均匀的球占有空间闭区域 $\Omega = \{(x,y,z) \mid x^2+y^2+z^2 \leqslant R^2\}$，求它对位于点 $M_0(0,0,a)(a>R)$ 处的单位质量的质点的引力.

解 设球的密度为 μ_0，由球的对称性及质量分布的均匀性知 $F_x = 0, F_y = 0$，所求引力沿 z 轴的分量为

$$F_z = \iiint_\Omega G\mu_0 \frac{z-a}{[x^2+y^2+(z-a)^2]^{\frac{3}{2}}} dv$$

$$= G\mu_0 \int_{-R}^R (z-a) dz \iint_{x^2+y^2 \leqslant R^2-z^2} \frac{1}{[x^2+y^2+(z-a)^2]^{\frac{3}{2}}} dx dy$$

$$= G\mu_0 \int_{-R}^R (z-a) dz \int_0^{2\pi} d\theta \int_0^{\sqrt{R^2-z^2}} \frac{\rho}{[\rho^2+(z-a)^2]^{\frac{3}{2}}} d\rho$$

$$= 2\pi G\mu_0 \int_{-R}^R (z-a) \left(\frac{1}{a-z} - \frac{1}{\sqrt{R^2-2az+a^2}} \right) dz$$

$$= 2\pi G\mu_0 \left[-2R + \frac{1}{a} \int_{-R}^R (z-a) d(\sqrt{R^2-2az+a^2}) \right]$$

$$= 2\pi G\mu_0 \left(-2R + 2R - \frac{2R^3}{3a^2} \right) = -G \cdot \frac{4\pi R^3}{3} \mu_0 \cdot \frac{1}{a^2} = -G\frac{M}{a^2},$$

其中 $M = \frac{4\pi R^3}{3} \mu_0$ 为球的质量. 上述结果表明，质量均匀的球对球外一质点的引力如同球的质量集中于球心时两质点间的引力.

习 题 9.4

1. 求锥面 $z = \sqrt{x^2+y^2}$ 被柱面 $z^2 = 2x$ 所割下部分的曲面面积.

2. 求底面半径相同的两个直交圆柱面 $x^2+y^2 = R^2$ 及 $x^2+z^2 = R^2$ 所围立体的表面积.

3. 设薄片所占据的闭区域 D 如下，求均匀薄片的质心：

(1) D 由 $y = \sqrt{2px}, x = x_0, y = 0$ 所围成；

(2) D 是半椭圆形闭区域 $\left\{ (x,y) \mid \frac{x^2}{a^2} + \frac{y^2}{b^2} \leqslant 1, y \geqslant 0 \right\}$.

4. 设平面薄片所占据的闭区域 D 由抛物线 $y = x^2$ 及直线 $y = x$ 所围成，它在点 (x,y) 处的面密度 $\mu(x,y) = x^2 y$，求该薄片的质心.

5. 设有一等腰直角三角形薄片，腰长为 a，各点处的面密度等于该点到直角顶点的距离的平方，求薄片的质心.

6. 设球体占有闭区域 $\Omega = \{(x,y,z) \mid x^2+y^2+z^2 \leqslant 2Rz\}$，它在内部各点处的密度的大小等于该点到坐标原点的距离的平方，试求球体的质心.

7. 已知均匀矩形板（面密度 μ 为常量）的长和宽分别为 b 和 h，计算此矩形板对于通过其形心且分别与一边平行的两轴的转动惯量.

8. 一均匀物体（密度 μ 为常量）占有的闭区域 Ω 由曲面 $z = x^2+y^2$ 和平面 $z = 0, |x| = a$，$|y| = a$ 所围成，求：

(1) 物体的体积；

(2) 物体的质心；

(3) 物体对于 z 轴的转动惯量.

9. 求半径为 a、高为 h 的均匀圆柱体对于过中心而平行于母线的轴的转动惯量(设密度 $\mu = 1$).

10. 设均匀柱体密度为 μ，占有闭区域 $\Omega = \{(x,y,z) \mid x^2+y^2 \leqslant R^2, 0 \leqslant z \leqslant h\}$，求它对位于点 $M_0(0,0,a)(a > h)$ 处的单位质量的质点的引力.

复习题九

1. 选择题.

(1) 设有空间闭区域 $\Omega_1 = \{(x,y,z) \mid x^2+y^2+z^2 \leqslant R^2, z \geqslant 0\}$，$\Omega_2 = \{(x,y,z) \mid x^2+y^2+z^2 \leqslant R^2, x \geqslant 0, y \geqslant 0, z \geqslant 0\}$，则有( ).

(A) $\iiint\limits_{\Omega_1} x\,dv = 4\iiint\limits_{\Omega_2} x\,dv$

(B) $\iiint\limits_{\Omega_1} y\,dv = 4\iiint\limits_{\Omega_2} y\,dv$

(C) $\iiint\limits_{\Omega_1} z\,dv = 4\iiint\limits_{\Omega_2} z\,dv$

(D) $\iiint\limits_{\Omega_1} xyz\,dv = 4\iiint\limits_{\Omega_2} xyz\,dv$

(2) 设有平面闭区域 $D = \{(x,y) \mid -a \leqslant x \leqslant a, x \leqslant y \leqslant a\}$，$D_1 = \{(x,y) \mid 0 \leqslant x \leqslant a, x \leqslant y \leqslant a\}$，则 $\iint\limits_D (xy + \cos x \sin y)\,dx\,dy = ($).

(A) $2\iint\limits_{D_1} \cos x \sin y\,dx\,dy$

(B) $2\iint\limits_{D_1} xy\,dx\,dy$

(C) $4\iint\limits_{D_1} \cos x \sin y\,dx\,dy$

(D) 0

2. 计算下列二重积分：

(1) $\iint\limits_D (1+x)\sin y\,d\sigma$，其中 D 是顶点分别为 $(0,0),(1,0),(1,2)$ 和 $(0,1)$ 的梯形闭区域；

(2) $\iint\limits_D (x^2-y^2)\,d\sigma$，其中 $D = \{(x,y) \mid 0 \leqslant y \leqslant \sin x, 0 \leqslant x \leqslant \pi\}$；

(3) $\iint\limits_D \sqrt{R^2-x^2-y^2}\,d\sigma$，其中 D 是圆周 $x^2+y^2 = Rx$ 所围成的闭区域；

(4) $\iint\limits_D (y^2+3x-6y+9)\,d\sigma$，其中 $D = \{(x,y) \mid x^2+y^2 \leqslant R^2\}$.

3. 交换下列二次积分的次序：

(1) $\int_0^4 dy \int_{-\sqrt{4-y}}^{\frac{1}{2}(y-4)} f(x,y)\,dx$；

(2) $\int_0^1 dy \int_0^{2y} f(x,y)\,dx + \int_1^3 dy \int_0^{3-y} f(x,y)\,dx$；

(3) $\int_0^1 dx \int_{\sqrt{x}}^{1+\sqrt{1-x^2}} f(x,y) dy$.

4. 把积分 $\iint_D f(x,y) dx dy$ 表示为极坐标形式的二次积分，其中积分区域 $D = \{(x,y) \mid x^2 \leqslant y \leqslant 1, -1 \leqslant x \leqslant 1\}$.

5. 把积分 $\iiint_\Omega f(x,y,z) dx dy dz$ 化为三次积分，其中积分区域 Ω 是由曲面 $z = x^2 + y^2$, $y = x^2$ 及平面 $y = 1, z = 0$ 所围成的闭区域.

6. 计算下列三重积分：

(1) $\iiint_\Omega z^2 dx dy dz$, 其中 Ω 是两个球 $x^2 + y^2 + z^2 \leqslant R^2$ 和 $x^2 + y^2 + z^2 \leqslant 2Rz (R > 0)$ 的公共部分；

(2) $\iiint_\Omega \dfrac{z \ln(x^2 + y^2 + z^2 + 1)}{x^2 + y^2 + z^2 + 1} dv$, 其中 Ω 是由球面 $x^2 + y^2 + z^2 = 1$ 所围成的闭区域.

7. 求平面 $\dfrac{x}{a} + \dfrac{y}{b} + \dfrac{z}{c} = 1$ 被三个坐标平面所割出的有限部分的面积.

8. 求抛物线 $y = x^2$ 及直线 $y = 1$ 所围成的均匀薄片（面密度 μ 为常量）对于直线 $y = -1$ 的转动惯量.

9. 设在 xOy 平面上有一质量为 M 的匀质半圆形薄片，占有平面闭区域 $D = \{(x,y) \mid x^2 + y^2 \leqslant R^2, y \geqslant 0\}$, 过圆心 O 且垂直于薄片的直线上有一质量为 m 的质点 $P, OP = a$. 求半圆形薄片对质点 P 的引力.

典型问题

问题 9.1 确定二重积分积分次序的原则是什么？

问题 9.2 重积分有哪些应用？

问题 9.3 二重积分、三重积分分别有哪些计算方法？

课件及
习题课课件

典型问题
答疑解惑

第9章习题及
复习题九解答

附　录

测试题库及其答案

微积分发展史简介

重要数学家简介

数学文化资源

参 考 文 献

[1] 何春江. 经济数学[M]. 3 版. 北京:中国水利水电出版社,2015.
[2] 顾静相. 经济数学基础:上册[M]. 5 版. 北京:高等教育出版社,2019.
[3] 同济大学数学系. 高等数学:上册[M]. 7 版. 北京:高等教育出版社,2014.
[4] 同济大学数学系. 高等数学:下册[M]. 7 版. 北京:高等教育出版社,2014.
[5] 张国楚,史建红,武女则,等. 大学文科数学[M]. 4 版. 北京:高等教育出版社,2021.
[6] 赵树嫄. 微积分[M]. 5 版. 北京:中国人民大学出版社,2021.
[7] 同济大学数学科学学院. 微积分:上册[M]. 4 版. 北京:高等教育出版社,2021.
[8] 同济大学数学科学学院. 微积分:下册[M]. 4 版. 北京:高等教育出版社,2022.
[9] 梁贤,哈金才. 工程数学中典型问题及应用[M]. 长春:吉林大学出版社,2016.